LES INDUSTRIES

DE LA CÉRAMIQUE

A FÈS

LES INDUSTRIES DE LA CÉRAMIQUE

A FÈS

PAR

Alfred BEL

DIRECTEUR DE LA MÉDERSA DE TLEMCEN

226 FIGURES DANS LE TEXTE

ALGER
ANCIENNE MAISON BASTIDE-JOURDAN
JULES CARBONEL, Succ'
IMPRIMEUR - LIBRAIRE - ÉDITEUR
Place du Gouvernement

PARIS
A. LEROUX
LIBRAIRE-ÉDITEUR
Rue Bonaparte, 28

1918

INTRODUCTION

Parmi les industries indigènes de Fès, l'une des plus anciennes et encore des plus importantes à l'heure actuelle est celle de la poterie et de la faïence.

« Vers les murailles de la cité, nous dit Jean Léon l'Africain, sont ceux qui font la brique et fourneaux pour cuire la vaisselle de terre. Au-dessous se trouve une place grande là où se vendent les vases blancs comme sont plats, écuelles, pots et autres choses semblables. »

Léon l'Africain qui faisait sa description de Fès au début du XVIe siècle de notre ère notait en passant cette industrie de la céramique existant là depuis bien des siècles déjà, et toujours semble-t-il sur l'emplacement où se trouvent encore les ateliers des potiers et faïenciers [1]. Mais cependant on ne vend plus cette vaisselle de terre sur la grande place au-dessous des ateliers.

Tous les Européens qui passent à Fès aujourd'hui connaissent cette faïence émaillée si caractéristique et beaucoup sont allés visiter en curieux ces ateliers des *Feḫḫârîn*, les « céramistes », musulmans de Fès.

Les ateliers des *Feḫḫârîn* sont groupés à l'intérieur du

---

(1) J'ai déjà signalé la persistance d'ateliers de céramique du XIIe siècle au moins jusqu'au XXe siècle, en un même lieu, pour Tlemcen, dans mon étude : *Un atelier de poteries et de faïences du Xe siècle de J.-C.*, *découvert à Tlemcen*, un vol. in-4°. Constantine. chez Braham, 1914, p. 2.

rempart Sud-Est, entre la qaṣba de Tamdert et la Mosquée
des Andalus, non loin de Bâb-Ftûḥ, sur une surface d'une
dizaine d'hectares. Ce quartier se nomme encore aujourd'hui
Gerowawa, du nom d'une tribu berbère dont une fraction
habitait autrefois cette partie de la ville.

Dès le Moyen Age, l'industrie de la terre cuite dut prendre à
Fès un développement assez considérable [1] si l'on en juge par
les revêtements des murs intérieurs des Médersas du xive siècle,
des Mosquées et des maisons particulières, comme celle
que j'ai trouvée en ruines dans le quartier de *Sowîqat ed-
debbân* et dont quelques panneaux des mosaïques de faïence
très belles figurent aujourd'hui au Musée archéologique et dans
le salon de la Résidence à Fès.

Il semble bien du reste par ce que nous connaissons des
monuments musulmans de Tlemcen par exemple, et aussi de
ceux du Maroc, que le carreau de faïence émaillée qui sert au
pavage des cours et des chambres, au revêtement des murs
intérieurs, ne devint guère d'un usage courant avant la fin
du xiiiᵉ siècle, dans ces régions occidentales.

Pour Fès, l'auteur de la Chronique intitulée *Raùḍ ul-Qirṭâs
fî aḫbâri madinati Fâs*, qui écrivait son livre vers 1325 de
J.-C., nous apprend que les habitants, au seuil du xivᵉ siècle

---

(1) Il y avait à Fès, d'après une statistique établie à l'époque de
l'Almohade En-Naṣir (mort en 1214), cent quatre-vingts ateliers à potier
qui se trouvaient tous hors des murs de la ville Ce chiffre ne semble
pas avoir été dépassé, même à partir du xivᵉ siècle, au moment ou
l'usage du carreau émaillé se répandit.

Notons encore que lorsque fut construite en 528 (1133 de J.-C.) l'une
des portes de la Grande Mosquée d'El-Qarwiyiu, on lui donna le nom
de Bâb El-Feḫḫârin « porte des potiers », ce qui tend à prouver, déjà
à cette époque, l'importance de cette corporation. Cette porte — auprès
de laquelle on vient encore déposer aujourd'hui pour la vente quelques
objets en terre émaillée, plats de Fès ou *ṭâjîn* de Rabat — ne garda pas
longtemps ce nom qu'elle changea pour celui de Bâb Eš-Šemmâ'in (Cf.
Raùḍ ul Qirṭâs, éd. de Fès, 33 ; trad. BEAUMIER, p. 76 ; *Kitâb ul Istibçâr*,
trad. FAGNAN, p. 122-123).

— 3 —

de notre ère, « apportèrent grand soin à la construction (des maisons) en y mettant des carreaux émaillés (*zällîj*), du marbre, des sculptures et autres ornements » [1]. Cela se passait sous le règne du mérinide Solaïmân qui mourut en 710 de l'hégire (1310 de J.-C.).

Quant aux autres objets en terre émaillée, vases, plats, récipients divers, quinquets et lampes à huile, on ne saurait douter qu'on en faisait à Fès depuis bien longtemps, comme dans les ateliers d'Espagne, comme à Tlemcen, comme à la Qal'a des Beni Ḥammâd.

On peut même supposer qu'on a fait à Fès, comme dans les ateliers que je viens de mentionner, de ces beaux plats à reflets métalliques dont on admire encore quelques précieux spécimens aux Musées du Louvre et de Cluny par exemple. Rien cependant ne permet jusqu'ici de l'affirmer, bien que le collectionneur Libert [2] ait acquis à Fès même un plat hispano-moresque à reflets métalliques.

Sur les anciens potiers de Fès au Moyen Age, sur leur technique, sur les contrats de travail entre patrons et ouvriers, nous ne savons encore rien. Nous n'avons pas encore trouvé ici de ces documents écrits comme ceux qu'a publiés, pour l'Espagne musulmane, le grand collectionneur de faïences, M. de Osma, dans ses *Apuntes sobre ceramica morisca*.

---

(1) Cf. p. 286 de l'édition de Fès ; la traduction Beaumier, si médiocre, ne rend pas exactement le sens de ce passage, qu'ont également signalé W. et G. Marçais dans leurs *Monuments arabes de Tlemcen*. Paris. Fontemoing, un vol. in-8°, p. 79, note 1.

(2) La collection Libert (faïences de Fès, cuivre et bois peints ou sculptés) a été acquise par le Protectorat et transportée au Musée de Rabat (Médersa des Oudaya) en décembre 1915 Elle a même constitué le premier fonds de ce Musée des Arts marocains. On peut regretter pour l'œuvre d'éducation du goût des artisans en faïence de Fès que les belles pièces de cette collection ne soient pas restées dans cette ville où elles auraient servi de modèles aux ouvriers actuels, puisque à Rabat cette industrie n'existe pas.

Pour le moment, les seuls témoins anciens de faïences émaillées de cette ville sont ceux que nous donnent les pavages et revêtements des monuments à partir du début du XIVe siècle de J.-C.

Des très vieux plats en terre émaillée et peinte il ne subsiste vraisemblablement rien chez les musulmans de Fès qui, dans les riches maisons, préfèrent aujourd'hui la vaisselle en porcelaine de Chine.

Cependant on trouve encore parfois quelques plats, pots ou flacons, auxquels on ne doit guère attribuer plus d'une centaine d'années de date. La collection Libert, dont je viens de parler, en renfermait un grand nombre et de très beaux ; il y en a aussi quelques spécimens assez heureusement choisis dans le grand salon de la Résidence à Fès ; des particuliers en ont également acquis de fort bien, parmi eux je mentionnerai ceux de M. Mac Leod, consul d'Angleterre, qui habite Fès depuis une trentaine d'années, et la collection, importante par le nombre des pièces, de M. le capitaine G. Mellier, chef des services municipaux [1] ; j'ai moi-même réuni pour mon compte un petit nombre de pièces rares et anciennes.

---

(1) Cet officier, qui a fait à Fès une belle œuvre administrative, a quitté cette ville en juillet 1916 et a gagné depuis son quatrième galon sur le front de guerre. Avant de partir, il a laissé au Musée de cette ville sa collection de faïences de Fès. La généreuse pensée du capitaine G. Mellier a enfin doté la ville de Fès d'une collection de modèles pour la restauration de l'industrie des faïences peintes sur émail, modèles qui deviennent de plus en plus rares depuis que les Européens se rendent de plus en plus nombreux à Fès et achètent tous les produits anciens de l'industrie locale. C'est dans le but de conserver les belles pièces anciennes que l'on trouve encore à Fès de temps à autre, que j'y ai fondé, après le Musée archéologique, un Musée des industries locales. Ces deux Musées, répondant chacun à des buts différents, ont l'un et l'autre la plus grande utilité à être développés dès les premières années de notre Protectorat, pour éviter la disparition — comme à Tlemcen par exemple — de tant d'objets précieux pour la Science et les Arts marocains.

Ce qui frappe du premier coup d'œil dans ces faïences quelque peu anciennes, c'est la netteté du décor floral et géométrique, la pureté de la ligne et des éléments de la composition décorative, la délicatesse des tons et l'harmonie des couleurs. Les bleus-gris notamment sont plus purs et plus beaux, les blancs plus éclatants que ceux des pièces fabriquées aujourd'hui et dont regorgent les souks. Aujourd'hui au contraire, la composition du décor est souvent chargée, la stylisation des motifs anciens les rend méconnaissables. des motifs étrangers, et inattendus dans ces compositions, commencent à apparaître et produisent un mélange malheureux d'éléments décoratifs disparates, les émaux sont mauvais comme qualité ; il y a, comme conséquence, des empiètements d'une bande d'une couleur sur la bande voisine, il y a des bavures dues au pinceau mal dirigé du décorateur, il y a des boursouflures et éclatements de l'émail à la cuisson, dus à la mauvaise qualité des émaux et à la négligence dans la cuisson, il y a enfin des malfaçons jusque dans les formes obtenues par un tournassage négligé.

On voit que ces défauts de la faïence d'aujourd'hui ne tiennent pas seulement au mauvais goût actuel des ouvriers, mais à la valeur même des émaux employés. Par économie, la composition des bains pour l'émail est faite à prix réduit, c'est-à-dire que l'artisan élimine de plus en plus dans ses mixtures les produits qui coûtent cher. Ainsi, les bleus-gris, que nous admirons sur des faïences de revêtement du XIVe siècle dans cette capitale, sont remplacées par des bleus opaques, foncés ou clairs, mais secs, sans reflets et sans profondeur. C'est que l'ouvrier, dans la préparation de l'émail, a diminué la quantité d'oxyde d'étain qui coûte très cher. Et cela est si vrai, que j'ai vu à Fès quelques rares maisons de construction récente — celle de l'ancien grand-vizir El-Ḥajj Mohammed El-Moqri notamment. — où les carreaux bleus des mosaïques en faïence étaient absolument semblables aux anciens bleus-gris des Médersas mérinides. La raison en est que ces propriétaires ont mis le prix nécessaire pour qu'on leur fasse des émaux de bonne qualité.

C'est pour la même raison que les blancs ne sont plus aussi éclatants ni aussi purs. Le mélange d'oxyde de plomb et d'oxyde d'étain qui donne les émaux blancs constituant les fonds sur lesquels peint l'artisan, comme nous le dirons, sont aujourd'hui trop pauvres en oyxde d'étain.

Quant à la corruption du goût des artistes-décorateurs actuels, elle apparaît même à l'observateur le moins prévenu. J'y reviendrai au chapitre du décor.

Remarquons encore dès maintenant que la faïence estampée à l'aide de matrices ne se fait plus à Fès, si toutefois elle y a jamais existé d'une façon quelque peu développée. Les ouvriers en terre cuite de Fès ont estampé à la matrice quelques grands vases en tronc de cône, ces *mḥâbes* des marchands de beurre et de graisse fondue — dont il est parlé dans un appendice à cette étude — il y a encore peu d'années. Mais nous n'avons aucun témoin de décors importants dans le genre de ceux que nous avons retrouvés à Tlemcen, sur des margelles de puits, des carreaux de faïence et des objets divers de la céramique ancienne [1].

Les travaux de Velazquez Bosco [2] pour les palais des Omayyades de Cordoue au xe siècle de J.-C., ceux du général de Beylié [3] et de G. Marçais [4] pour la Qal'a des Beni Ḥammâd (Constantine) au xie siecle de J.-C., nous ont révélé

---

(1) A. BEL, *Quelques monuments de céramique récemment trouvés à Tlemcen*, extrait du *Bull. archéolog.* Paris 1912 ; *Un atelier de poteries et de faïences, loc. cit.*, p. 46 et suiv.

(2) *Madina Azzahra y Alamiriya.* Madrid, 1912.

(3) *La Kalaa des Beni Hammâd*, 1 vol. in-8°, 1909. Paris, chez Leroux.

(4) *Les poteries et faïences de la Qal'a des Beni Ḥammâd*, 1 vol. in-4', 1913. Constantine, chez Braham.

qu'à Cordoue à cette époque on ne trouve pas de céramique estampée alors qu'elle se faisait à la Qal'a et à Tlemcen vers le même temps. Les découvertes que l'on fera à Fès sur les anciens ateliers nous permettra peut-être un jour de fixer ce détail pour cette ville.

En ce qui concerne la céramique *à réserves*, que connaissaient si bien les artisans musulmans de Cordoue au xe siècle (Cf. Velasquez Bosco, *loc. cit.*, p. 77) et ceux qui ont fait les terres cuites trouvées à la Qal'a des Beni Ḥammad (Cf. G. Marçais, *loc. cit.*, p. 17), elle n'existe pas à Fès actuellement et nous ne savons pas si elle y fut connue jadis.

Dans cette Afrique du Nord où le travail de la poterie date de la plus haute antiquité, où l'on retrouve encore dans nombre de tribus berbères — de la Grande Kabylie, du Rif marocain, dans les régions de Fès et de Meknès où j'ai pu en recueillir des échantillons — des poteries à fond blanc, brun clair ou rosé, décorées de rayures et dessins en noir, en brun foncé ou en rouge, façonnées par les femmes et rappelant le décor et certaines formes des poteries prémycéniennes de l'île de Chypre (datant de 2000 ans avant J.-C.) [1], les faïences émaillées de Fès ont leur originalité marquée. Elles se distinguent aussi bien des faïences de Nabeul en Tunisie — avec lesquelles elles ont pourtant des analogies — que des pôteries ou faïences façonnées au tour, par les hommes, dans les diverses régions de la Berbérie. Seules, à ma connaissance, les faïences de Safi (Maroc occidental) appartiennent au même groupe que celles de Fès, dont elles ne diffèrent pas sensiblement, ni pour la technique de fabrication, ni par celle du décor.

---

(1) Cf. Van Gennep, *Études d'ethnographie algériennes*, tir. à p. de la *Rev. d'Ethnographie et de Sociologie*, 1911. un vol. in-8°, p. 61 et suiv. — R. Dussaud. *Les civilisations préhelléniques dans le Bassin de la Mer Egée*. Paris, chez Geuthner, 1 vol. in-8°, 1910, p. 140 et suivantes.

Je n'ai au surplus pas l'intention de poser ici le problème des origines de la faïence de Fès et encore moins la prétention de le résoudre. Vouloir apparenter, par l'étude des techniques, des formes et du décor, les produits actuels de l'industrie des artisans de la terre cuite à Fès à tels ou tels autres produits de même espèce est au-dessus de ma compétence et des ressources bibliographiques dont je dispose ici.

Si j'ai tenté à la fin de ce travail de présenter quelques réflexions au sujet du décor des faïences de Fès je n'ai nullement la prétention d'avoir voulu aborder le difficile problème des origines. MM. Bertholon et Winkler, à l'occasion d'une note qu'ils ont publiée sur une *Collection céramique marocaine du Musée de Limoges* [1], ont écrit : « Tout en reconnaissant « certaines affinités de décor entre la poterie de Tunis-Nabeul « et celle de Fès-Taza, nous croyons qu'il faut chercher en « Europe les origines des modèles et de l'ornementation de ces « dernières.

« A l'époque du bronze, on trouve beaucoup de vases se « rapprochant de la forme cylindrique, avec un renflement « en forme de bulbe dans leur portion médiane. Ce renflement « est peut-être moins accentué qu'au Maroc, mais il existe « bien marqué.

« Quant à l'ornementation florale, elle est fréquente dans « l'ancienne céramique de l'Europe occidentale. Elle s'est « conservée dans la céramique moderne. La poterie de Thun, « par exemple, a pour base une rosace à huit branches entourée « de fleurs locales. Sans aller aussi loin, on trouve en Espagne « des plats anciens ibériques qui reproduisent les formes des « plats marocains.

---

(1) *Revue tunisienne*, n° 102 (novembre 1913, p. 623 à 626. Cet article renferme une planche reproduisant une photographie de cette collection de faïences de Fès (non de Taza où l'on ne fait plus de ces faïences depuis longtemps, si tant est qu'on en ait fait dans cette ville) donnée au Musée de Limoges par le médecin principal de l'armée, M. Delabousse ; il avait recueilli ces objets dans les garnisons de la frontière du Maroc.

« Nous concluons que les formes et l'ornementation des
« spécimens céramiques de la collection Delahousse nous
« paraissent provenir originairement d'une école de l'Europe
« occidentale. Séparés depuis longtemps de ce foyer primitif,
« les céramistes marocains ont imprimé à leurs produits un
« cachet local très particulier qui permet de les reconnaître
« facilement, tout en conservant les mêmes principes de l'orne-
« mentation ».

Est-il besoin de remarquer combien ces conclusions, encore
que bien vagues, sont hâtives et prématurées. Je suis en tous
cas bien loin d'y souscrire. On s'imaginera la facilité avec
laquelle le décor a pu se modifier dans l'industrie de la céramique à Fès quand on saura avec quel entrain les artisans
marocains et ceux de Fès en particulier, vont vers le nouveau
et le changement dans le décor. C'est un des traits les plus
frappants du caractère des habitants de Fès, et c'est celui qui,
entre tous, les différencie peut-être le plus de nos musulmans
d'Algérie et de ceux de Tlemcen notamment qui, par ailleurs,
ont tant de points de ressemblance avec les Marocains.

Les artisans d'aujourd'hui dans les diverses branches de
l'industrie indigène, hommes et femmes, sont avides de mettre
dans le décor des copies plus ou moins bien imitées de décors
étrangers, européens ou autres, qu'ils remarquent sur les
objets de l'importation européenne ou orientale. Ils ne recher-
chent jamais, pas plus aujourd'hui qu'autrefois, leurs thèmes
décoratifs dans la nature elle-même. Pour eux, tout est stylisation, interprétation plus ou moins fantaisiste, non d'une
fleur ou d'une plante, mais d'un motif décoratif préexistant,
qu'ils ne copient pas du reste, mais traduisent à leur façon.

Voilà comment on trouvera dans la décoration actuelle des
faïences de Fès des motifs orientaux, persans notamment,
aussi bien que d'occidentaux, de même qu'on relève tant de
motifs persans par exemple dans les tapis de Rabat, tant d'imitations européennes dans le décor en broderie actuelle de Fès.

Des tentatives d'amélioration de la technique des céramistes de Fès ont été faites bien avant nous par des sultans marocains. Le père du sultan actuel, le grand souverain unanimement vénéré par les Marocains, Moulay-l-Ḥasan, envoya en France, — vraisemblablement à Sèvres, — vers la fin du siècle dernier, deux des meilleurs artisans faïenciers de Fès, l'un de son métier façonnait les pièces au tour-à-potier, il se nommait Aḥmed Shîma, l'autre était peintre sur émail, c'était Si Moḥammed En-Ngâsi. Je ne les ai pas connus, car ils étaient tous deux morts déjà quand je suis arrivé à Fès. Leur mission, sur laquelle il eut été intéressant d'être renseigné par eux-mêmes, dura plusieurs mois mais ne donna aucun résultat pratique et n'eut, semble-t-il, aucune influence sur l'industrie de la terre émaillée à Fès. Leurs confrères actuels m'ont raconté que ces deux artisans ne comprirent rien à ce qu'on leur montra dans notre fabrique nationale de porcelaine (*Dâr el-bellâr*, comme ils disent). C'est qu'ils n'étaient pas guidés par quelqu'un connaissant leur technique, leur capacité, leurs moyens et instruments de travail. Le travail des machines et la fabrication chimique des émaux étaient choses tellement hors de la portée de leurs connaissances qu'ils ne retirèrent de cette visite prolongée aucun profit utile.

Cette initiative d'un sultan marocain est néanmoins digne d'être soulignée. Ce qu'il faut en retenir encore c'est que de pareilles missions doivent être autrement conduites et préparées.

L'installation de notre Protectorat au Maroc nous crée, entre autres devoirs, celui de nous occuper de ces artisans indigènes de toutes les catégories et il serait opportun dès maintenant de tracer la ligne de conduite à suivre en cette matière ; elle n'est pas facile à trouver d'ailleurs et cette difficulté nous recommande la modération et la prudence.

J'ai été amené, durant mon séjour au Maroc, à m'occuper

de cette question, au point de vue administratif, et je crois utile, à l'occasion de la première étude que je publie sur une importante industrie marocaine, de résumer les observations générales auxquelles j'ai été conduit à ce sujet et les suggestions que j'ai proposées.

Notre présence au Maroc, la facilité sans cesse plus grande des communications, l'apport de plus en plus considérable de nos produits manufacturés sur les marchés du Maroc, l'habileté de nos grandes usines et de nos grands industriels à fabriquer à la machine des articles semblables à ceux de certaines industries indigènes, notamment dans les textiles, les cuivres, les métaux, que le commerce transporte facilement, sont autant de causes qui vont modifier profondément les conditions de la vie de l'artisan indigène.

C'est pour ne l'avoir pas compris assez tôt que l'Algérie a souffert et souffrira longtemps d'une crise des industries indigènes, et qu'elle a vu se former, à la ville, un véritable prolétariat industriel. Nous croyons l'avoir assez montré, mon ami Ricard et moi, pour Tlemcen en particulier, dans notre étude sur *Les Industries de la laine à Tlemcen* (un volume in-8° de 359 pages, paru à Alger, chez JOURDAN, en 1913).

Au Maroc, on peut et on doit éviter de semblables mécomptes. On a ici l'avantage de l'expérience de l'Algérie voisine et nous avons devant nous une population musulmane d'artisans marocains plus habiles, plus actifs, plus intelligents en général que ceux d'Algérie. Les Marocains sont pratiques, ils comprennent vite leur intérêt et sont prêts à entrer délibérément dans nos vues et à adopter toutes les modifications capables d'améliorer leur sort, de donner plus de rendement à leurs industries. Faut-il rappeler ici que dès le mois de décembre 1914, l'assemblée municipale de Fès (le *Mejles el-Baladi*), composée exlusivement de musulmans de la ville, émettait un vœu pour obtenir de l'Administration française une ou plusieurs écoles professionnelles pour les jeunes ouvriers et artisans de Fès. Ce vœu fait honneur aux membres de cette assemblée et nous montre bien qu'ils ont le sens des réalités et qu'ils se rendent compte des besoins immédiats de leur ville. Comment ne se hâterait-on pas de marcher quand on est stimulé par des sollicitations si judicieuses ?

A mon sens, et pour Fès, la solution à ce problème serait à peu près la suivante :

D'une part, distinguer parmi les industries d'art indigène, encore si vivantes aujourd'hui, celles qui sont capables de vivre demain dans les conditions nouvelles du commerce — c'est-à-dire celles que nos industries européennes ne sauraient tuer — et les conserver, en leur gardant soigneusement leurs caractères propres ; ramener l'artisan, qui a bien souvent une technique très convenable, à s'inspirer des bonnes formules décoratives anciennes, qu'il a négligées parce que son goût s'est gâté comme celui de ses clients, lui donner un outillage meilleur lui permettant de faire mieux et plus vite ; mais surtout ne pas pousser à la production si l'on veut, par ces premiers essais, éduquer le goût et stimuler le talent de l'artisan.

D'autre part, avec l'arrivée d'une colonie européenne de plus en plus nombreuse, ayant besoin de maisons construites à l'européenne et d'un ameublement européen, de machines agricoles, de voitures, d'automobiles, etc., il va falloir des ouvriers pour le bâtiment, l'ameublement, la carrosserie, le charronnage, l'ajustage, la réparation des machines. Ailleurs, en Algérie surtout, ce sont des ouvriers européens, des Espagnols et des Italiens en grand nombre, qui sont seuls aptes à ces travaux. Il semble sage que cette main-d'œuvre ouvrière soit, au Maroc, en grande partie indigène. Il faut donc la former sur place, préparer les jeunes marocains des classes ouvrières et populaires à ces divers métiers nouveaux pour eux, mais qu'ils sont capables d'arriver très vite à exercer. aussi bien que les Européens.

Fès, dans sa population de 100.000 musulmans environ, a toutes les ressources voulues pour fournir à ces industries des apprentis qui seront demain des ouvriers, des maîtres-ouvriers, des contremaîtres et même des patrons. Elle a aussi l'avantage considérable de posséder l'usine-école, les ateliers industriels nécessaires, grâce à son ancienne fabrique d'armes — la *Makina* comme on l'appelle — dirigée jusqu'en 1915 par une mission italienne, actionnée par quatre turbines à eau, et comptant non seulement un très grand nombre de machines-outils, pour les travaux du bois, du fer et des métaux, mais tout un personnel marocain de maîtres-ouvriers déjà formé par la mission italienne. Cette importante Makina, à l'expiration du contrat de la mission italienne, a fait retour au Makhzen, qui l'a remise, grâce à mon insistance, à la direction de l'Enseignement, au commencement de 1916, pour en faire l'Usine-école demandée. Il ne lui manquait plus, à mon départ de Fès, que le personnel français très restreint — j'avais prévu quatre personnes seulement — de techniciens bien choisis pour en assurer la réussite. Je sais que ce personnel technique pourtant facile à trouver, même en ce moment, n'a pas encore été nommé. Et cet utile projet qui date de bientôt deux ans risque fort de ne pas être de si tôt réalisé.

En ce qui concerne les industries d'art proprement indigènes, je me bornerai, maintenant que j'ai présenté la question dans son ensemble, à dire ce qui a été fait pour les industries de la terre cuite.

Dès le printemps de 1914, M. le capitaine G. Mellier, chef des Services municipaux à cette époque et dont j'ai eu ci-devant l'occasion de mentionner les initiatives bienfaisantes, avait organisé un concours pour exciter l'émulation entre les divers patrons d'ateliers en faïences polychromes. Tous ces artisans montrèrent alors beaucoup de bonne volonté et chacun d'eux chercha à se distinguer, pas toujours très heureusement d'ailleurs, car la plupart voulurent faire ce qu'ils croyaient devoir plaire à des Européens, et s'éloignèrent plus que jamais des anciennes formules décoratives. La pureté, la qualité des émaux employés furent seules peut-être à gagner à ce concours. Ces résultats montrèrent qu'il y avait beaucoup à faire pour l'éducation du goût de ces artisans, et les produits qu'ils envoyèrent à l'Exposition de Casablanca (1915) ne font que confirmer cette opinion.

En 1915, pour restaurer certains panneaux de mosaïques de faïence de la Médersa Bû-'Anânîya, il fallait rechercher certaines formules d'émaux anciens, notamment des bleus-gris d'une grande délicatesse de tons. Le Service des Beaux-Arts, s'adressant au chef de la Corporation des faïenciers, lui donna des modèles d'émaux à faire reproduire et le résultat fut très heureux. Cela prouve — comme je l'ai remarqué ci-devant à propos du décor en faïence de la maison d'El-Ḥajj Moḥammed El-Moqri — que les artisans connaissent les bonnes formules et savent les appliquer quand ils le veulent.

Enfin, lorsque j'ai quitté Fès, en 1916, M. Ricard, inspecteur de l'Enseignement industriel et artistique pour l'Algérie, mobilisé pendant la guerre et en résidence à Fès, s'occupait, pour le compte du Service des Beaux-Arts au Maroc, de l'étude de ces industries et des moyens à employer pour les faire prospérer dans leur voie traditionnelle. Les faïenciers de Fès aussi bien que les autres artisans bénéficieront certainement des conseils avisés de ce spécialiste, qui connaît si bien les techniques indigènes et les artisans musulmans de notre Afrique du Nord. Tandis que, d'une part, il faisait copier par les émailleurs de Fès de beaux modèles anciens de plats et de vases, il faisait faire par un aquarelliste et un dessinateur des relevés des belles pièces qu'il se procurait dans les collections privées et fondait ainsi l'ébauche d'un cabinet de dessin complétant heureusement le Musée des Arts indigènes, pour constituer un fonds de modèles à faire exécuter plus tard.

On arrivera ainsi à retrouver d'abord, à imposer ensuite, — grâce surtout à l'intervention du prévôt des marchands et des chefs des corporations que nous intéresserons à cette œuvre, — l'usage exclusif des beaux émaux anciens dont les tons étaient si heureux. Des soins particuliers seront en outre apportés au choix et à la préparation de l'argile. On arrivera peu à peu, espérons-le, à faire renaître le goût de formes plus châtiées, d'un décor plus pur et plus harmonieux.

Dans ces conditions, on peut supposer que les industries de la terre cuite à Fès seront appelées à y vivre demain comme hier, à se maintenir sinon à prospérer. Elles suivront sans doute des évolutions variées : les unes, comme industries d'art, et de luxe jusqu'à un certain point, par exemple la fabrication des plats, vases, amphores, aux émaux polychromes ; d'autres, s'adaptant aux conditions nouvelles, comme la fabrication du carreau de faïence. Celle-ci devra se transformer à cause de la concurrence que lui fera notre carreau décoré revenant beaucoup moins cher. Il est déjà adopté malheureusement dans quelques maisons de bourgeois musulmans de la capitale idrissite. Il faudra ici rapidement tenter de faire confectionner des carreaux assez grands, à dessins géométriques polychromes, dont l'assemblage pour les revêtements des murs rappellera l'ancienne mosaïque de faïence des intérieurs musulmans. Car le prix de celle-ci est beaucoup trop élevé et par suite le client, même riche, ne tardera pas à la délaisser.

Quant à la poterie nue ou émaillée, elle subsistera sans changements sensibles, parce que les produits de cette industrie répondent, pour la clientèle indigène, à des besoins qui ne seront pas modifiés par notre contact, et parce que la concurrence européenne ne peut rien contre ces produits, étant donné

leur bas prix et les avantages qui résultent de la fabrication
sur place pour des objets fragiles, volumineux et dont le transport à de grandes distances est pour ainsi dire impossible.

*
* *

Je dois encore ici dire dans quelles conditions j'ai réuni les
matériaux de la présente étude [1], indiquer ce qu'on y trouvera,
donner enfin, pour ne pas avoir à y revenir pour chaque
groupe d'ateliers, quelques notions générales communes à
tous, sur l'installation des ateliers, la matière employée pour
le travail, le combustible, l'organisation de la corporation et
le rôle de son chef *lâmin*, les croyances et légendes particulières à ce corps d'artisans.

Les éléments de ce travail, je les ai recueillis moi-même, sur
place, pendant le séjour que j'ai fait à Fès de mars 1914 à
août 1916. C'est en allant faire fréquemment dé longs séjours
dans chacun des ateliers des céramistes, en les regardant
travailler, en causant avec eux que je me suis instruit sur leur
façon de faire et leurs habitudes de travail. Au début de mes
visites, les ouvriers et patrons se sont montrés assez souvent
méfiants et réservés dans leurs réponses : ils croyaient que
je me documentais sur leur industrie pour monter moi-même
une usine de céramique et leur faire concurrence. Il ne m'a
pas fallu longtemps pour les détromper sur mes intentions
et au bout de quelques jours j'étais connu de tous, ils ne
voyaient plus en moi un concurrent dangereux, mais un simple
étranger curieux de leur industrie, notant ses impressions

---

(1) En fait de publications sur les industries actuelles de la terre cuite
au Maroc, je ne connais jusqu'ici que la bonne étude de *l'Industrie de la
terre cuite* à Tétouan, publiée en 1906 par A. JOLY dans les *Archives
marocaines*, et dans laquelle l'auteur a examiné le travail de la *poterie*,
des *carreaux de faïence émaillée* et de *la brique*. Cette monographie de
soixante-cinq pages est illustrée de figures schématiques très utiles.

à la façon des voyageurs musulmans du Moyen Age pour écrire sa relation de voyage. Ils n'ignoraient pas non plus mes bonnes relations avec les autorités locales, françaises ou musulmanes, relations qui me permettaient de leur rendre de temps à autre de petits services. Et puis nous ne parlions pas seulement de leur travail, mais aussi de la guerre européenne dont je leur donnais des nouvelles, de l'électricité qui éclairait déjà quelques rues de la ville, du chemin de fer qui reliait Fès à la côte, des Musulmans des autres pays et notamment de ceux d'Algérie, leurs voisins, de la France aussi, de ses industries et de mille questions de ce genre auxquelles ils s'intéressaient beaucoup. Aussi bien, l'accueil que ce monde de petits artisans m'a fait, a-t-il bientôt été aimable et prévenant. Ils se sont tous prêtés avec bonne grâce et empressement à mes interrogations, interrompant souvent leur travail pour me répondre, me donner une explication détaillée, me faire la démonstration de la manière d'opérer pour tel ou tel travail, me mettre en un mot entièrement à même de bien comprendre ce que je désirais savoir. Et la traditionnelle tasse de thé à la menthe, si chère aux Marocains, préparée dans l'atelier même sur un vieux petit fourneau en terre, leur apportait un moment de répit dans le travail, nous groupait, tous les ouvriers de l'atelier — et même les voisins — et moi, autour du plateau de cuivre, indispensable pour servir le thé, et ne contribuait pas peu à faire tomber les distances entre nous, à délier les langues et à ouvrir les cœurs, à me faire entrer, en un mot, de plain-pied dans l'intimité de ces braves gens, si dignes d'intérêt et de sympathie.

A part les briquetiers, qui ont leurs ateliers hors de la ville, comme je l'indiquerai dans la partie de cette étude qui leur est consacrée, tous les autres ateliers en terre cuite de Fès sont groupés au quartier dit, pour cette raison, des Feḫḫârîn.

Les ateliers des Feḫḫârîn sont tous d'un type à peu près

uniforme et ne présentent entre eux que quelques variantes de détail, selon qu'il s'agit de potiers ou de faïenciers. Sur l'un ou plusieurs des côtés d'une cour largement ouverte et souvent plantée d'un ou deux oliviers, s'ouvrent de petites chambres basses, couvertes en terrasse, servant pour le travail ou l'entrepôt des pièces. Un ou deux fours par atelier, servant à la cuisson des produits, sont construits sur le pourtour de la cour également. Ils sont de types différents suivant qu'ils sont destinés à la cuisson de tels ou tels objets en terre. La cour est simplement en terre battue ; elle comporte deux ou trois fosses pour détremper l'argile, et ces fosses sont pavées intérieurement à l'aide de cailloux assez gros, mais non cimentés, car les dépôts d'argile sur le fond de la fosse suffisent à la rendre imperméable. Les diverses chambres de l'atelier ont toute leur destination bien déterminée ; quelques-unes peuvent fermer à clé. Les terrasses servent au séchage, comme la cour elle-même, de certaines pièces crues et du combustible, que l'on n'achète guère d'ailleurs que peu de jours avant le chauffage du four. Toutes ces chambres sont au rez-de-chaussée, au niveau de la cour ou à un niveau à peine inférieur, de la valeur d'une ou deux marches d'escalier au plus. Les ouvriers et patrons n'habitent pas là ; ils ont tous leur logement en ville, dans la *Medina* ou partie basse du Vieux-Fès [1], et ne viennent aux ateliers que dans la journée, sauf au moment de la cuisson, où les ouvriers chargés de ce travail ne quittent pas le four, même la nuit.

L'outillage des ateliers est réduit au minimum et varie selon les travaux de chacun, mais le tour-à-potier est le même pour les potiers et pour les faïenciers (fig. 1 et 2). Il est le même

---

(1) Léon L'Africain (éd. Scheper et Cordier, p. 169) signale qu'à cette époque (xvi° siècle de J.-C.) des potiers habitaient un faubourg hors des murs de la ville. Il n'en est rien aujourd'hui et toutes les habitations sont dans l'intérieur de la ville. Cela est vraisemblablement dû à l'insécurité qui régnait dans ce pays pendant ces derniers siècles.

dans la Berbérie entière, pour tous les potiers ; il sert ici au « tournage » et au « tournassage » des pièces.

Fig. 1. — Ouvrier potier travaillant au tour.

Fig. 2. — Ouvrier faïencier travaillant au tour.
(Photos A. Bel)

Quant à l'argile employée (*laḍoqqa*) par les ateliers de **Fès** quels qu'ils soient, elle est de très belle qualité, jaunâtre ou

bleutée, et provient de trois carrières principales. Le plus
important groupe est celui des carrières des *Lwâjriyîn* (fig. 3).

Fig. 3. — Les falaises argileuses des *Lwâjriyîn* où se trouvent
les carrières.

(Photo A. Bell)

Elles se trouvent sur le flanc septentrional du mamelon de
Ḍahr Mahrez, en face du Jardin public de Fès et de l'autre

côté de la rivière, tout à côté des ateliers des briquetiers. Elles se trouvent à environ 1.500 mètres ou deux kilomètres des ateliers des Fehhârîn. Plusieurs carrières sont ouvertes en

Fig. 4. — L'extraction de l'argile dans une carrière des *Luâjriyîn.* (Photo A. Bel)

cet endroit et la figuré 4 représente l'une d'elles. L'argile y est d'un bleu-gris, surtout à la base ; vers le sommet elle est jaunâtre et n'est pas utilisée par les faïenciers. L'extraction se fait à la pioche, comme l'indique la figure 4, et le transport dans une double couffe (*šwâri*) et à dos d'ânes, de la carrière aux ateliers des Feḫḫârîn. Un groupe de quatre à six ânes est conduit par un seul ânier. A l'atelier les ânes sont déchargés dans la cour (fig. 5) et l'argile est concassée en cet endroit avant d'être transportée à la couffe par l'ouvrier chargé de la faire détremper dans la fosse avant son emploi.

Fig. 5. — L'argile apportée à dos d'âne est déchargée
dans la cour d'atelier.
(Photo A. Bel)

Les deux autres carrières d'argile se trouvent au Sud de Bâb Ftûḥ : l'une, celle de Ben Jellîq, à trois kilomètres environ, et l'autre, celle de Ṣaḥab el-Werd, plus rapprochée mais donnant une argile de qualité inférieure.

L'eau nécessaire à détremper l'argile dans la fosse d'atelier et à la façonner n'existe pas à pied d'œuvre dans le quartier des Feḫḫârîn, qui est trop élevé pour être desservi, comme les autres quartiers, par un des bras canalisés de l'Oued Fès. Quelques ateliers ont un puits profond foré dans la cour, mais qui tarit même quelquefois ; les autres se font apporter l'eau qui leur est nécessaire par un *gerrâb* ou porteur d'eau dans la grande outre appelée *gèrba* (fig. 6).

Le combustible employé pour les fours par les céramistes de Fès est de bien mauvaise qualité. Il n'y a pas ici de charbon de terre, et le bois, comme le charbon de bois, provient uniquement des grandes forêts du Moyen Atlas, à plus de 80 kilomètres au Sud de Fès, d'où il est apporté par des bêtes de somme, sur les pistes qui seules relient aujourd'hui la capitale du Nord à ces forêts. C'est dire qu'il est extrêmement rare et très cher, ce qui en fait rejeter l'emploi pour le chauffage des fours.

Le principal combustible employé pour cet usage est le palmier-nain (*eḍ-ḍôm*), encore assez abondant autour de la ville, mais qu'il faut déjà aller chercher assez loin. Le palmier-nain coupé dans la campagne par les marchands eux-mêmes est chargé sur des ânes et amené aussitôt dans la rue principale du quartier des Feḫḫârîn, où les patrons d'ateliers

Fig. 6. — Le *gerrâb*
ou porteur d'eau à Fès.
(Photo Laribe)

l'achètent (fig. 7) à des prix variables selon les saisons. Ils achètent aussi auprès des ateliers de grands chardons blancs (*järnij*), ou de grandes tiges de carottes sauvages appelées *bešnîḫa*, que de pauvres femmes de la campagne ramassent elles-mêmes et apportent sur leur dos. Les potiers (non les faïenciers) se servent aussi pour le chauffage des fours de

Fig. 7. — Achat du palmier-nain au quartier des Feḫḫârin.
(Photo A. Bel)

paille de chaume appelée *(bṛômí)* et de tourteaux d'olive *(fûṭôr)* achetés dans les moulins à huile et qui renferment encore une assez grande quantité d'huile. Mais les faïenciers pour ne pas gâter les émaux ne peuvent se servir que du palmier-nain comme combustible.

Les patrons et ouvriers de la terre cuite à Fès sont, comme tous les autres artisans, groupés en corporations. Selon la partie de l'industrie céramique à laquelle ils appartiennent, ils forment trois corporations : celle des *Lwậjrîyîn* ou briquetiers, celle des *Ḥarrâša* ou potiers, celle des *Ṭollâya* ou faïenciers. Ce

sont les groupes d'industries correspondant à chaque corporation que l'on étudiera dans les trois parties en lesquelles est
divisée la présente étude.

Chacune de ces corporations, comme toutes les autres, met à
sa tête un chef ou syndic : c'est *lämîn* (plur. *läminât* et non
el-ûmanā).

Lamîn de la corporation est élu par ses pairs, les patrons et
ouvriers, à la majorité des suffrages exprimés de vive-voix, en
présence du *mohatseb* (pour *mohtasib*) ou prévôt des marchands, qui assiste à l'élection mais sans y prendre part lui-
même. Dans le cas où il y aurait égalité des suffrages sur deux
candidats à la fonction, on tirerait au sort l'un des deux noms
et c'est celui dont le nom sortirait qui serait nommé.

Lamîn une fois élu conserve sa fonction jusqu'à sa mort ou à
sa démission ; ou encore si, ne donnant pas satisfaction à la
corporàtion, les membres de celle-ci, par un vote spécial, lui
désignent un successeur qui prendra sa place.

Les attributions de lamîn sont d'ordre technique et d'ordre
judiciaire. Au point de vue technique il doit veiller à ce que les
produits des ateliers aient toutes les qualités requises pour le
commerce ; il doit conserver en quelque sorte les traditions de
bonne fabrication et de bon goût. En fait aujourd'hui il ne
s'occupe pas de ce contrôle sur le travail de ses confrères, trop
occupé d'ailleurs par son propre travail dans son atelier, et
chacun fait ce qu'il veut. Mais il serait possible et utile, pour
ramener les artisans à un travail plus soigné qu'aujourd'hui, de
rendre à lamîn son rôle de contrôleur technique.

Lorsqu'un client cependant a quelque réclamation à formuler
au sujet de la marchandise que lui a livrée un patron d'atelier,
c'est à lamîn qu'il s'adresse. De même lorsqu'il y a différend
entre patron et ouvrier, au sujet de salaire ou de contrat de
travail ou d'association, c'est encore le chef de la corporation
qui intervient. C'est ici qu'apparaît le rôle judiciaire, si j'ose

dire, de lamin. Pourtant, même dans de pareils conflits le pouvoir du chef de la corporation est assez limité. Il peut certes, au gré des parties, prononcer le jugement à lui seul. Mais il n'en est généralement pas ainsi, et voici ce qui se passe : lamîn convoque les deux plaideurs et les invite à amener avec eux des arbitres de leur choix, chacun en nombre égal, deux ou trois par exemple. L'ensemble de ces arbitres constitue une sorte de tribunal [1] présidé par lamîn. Les plaideurs et les témoins qu'ils veulent bien présenter sont entendus et le tribunal d'arbitrage statue à la majorité des voix. Un agent du pacha (un simple *moḫazni*, ou serviteur) assiste au jugement et se tient à la disposition de lamîn. Si le jugement frappe l'un des plaideurs d'une peine pécuniaire (par exemple remboursement d'un salaire) et que le condamné accepte la sentence, l'affaire est tranchée. S'il se refuse à accepter la décision qui le frappe, il est amené au pacha par le moḫazni qui rend compte à son maître. Le pacha emploie alors à l'égard du condamné les moyens de coercition en son pouvoir, pour l'obliger à exécuter la sentence du tribunal d'arbitrage. Lorsque le tribunal a prononcé contre le plaideur une peine d'emprisonnement — ce qui est son droit — le pacha fait incarcérer le condamné et dans les conditions fixées.

Les jugements de lamîn, aussi bien que ceux du tribunal d'arbitrage qu'il préside, sont sans appel.

Cette organisation corporative, la hiérarchie ouvrière au sein de la corporation, divisée en apprentis, ouvriers et patrons, présente comme on le voit des analogies avec nos corporations de l'Ancien Régime. Ce ne sont d'ailleurs pas les points de ressemblance qui manquent entre la société musulmane marocaine actuelle et la nôtre au Moyen Age.

------

(1) Dans les tribus berbères, l'usage du tribunal d'arbitrage, sorte de *jem'a* ou d'assemblée, est courant.

-. La culture intellectuelle des potiers est celle de la plupart des ouvriers musulmans de Fès : elle est à peu près nulle et la plupart ne savent ni lire ni écrire. C'est qu'ils ont commencé très jeunes à travailler à l'atelier et n'ont pas fréquenté l'école. Quelques-uns cependant sont allés à l'école coranique ; et il est encore même de bon ton qu'un patron envoie ses fils jusqu'à 8 ou 10 ans apprendre quelques sourates du Coran, avant de les amener à l'atelier — car le métier est de tradition dans la famille des céramistes de Fès et le fils suit assez souvent la profession du père. Beaucoup de ces artisans ont le sincère désir d'apprendre à parler le français, quelques-uns même de l'écrire et je suis persuadé que des cours d'adultes, organisés le soir, avec un peu de dessin et des rudiments de calcul pourraient réussir, avec des maîtres préparés à cette tâche, et contribueraient heureusement à faciliter nos rapports avec ces artisans et à relever aussi leur éducation professionnelle. Les ouvriers céramistes de Fès ont de longues soirées à eux puisqu'ils terminent leur travail — sauf les jours de cuisson au four — à la prière d'*el-'aṣer*, c'est-à-dire environ trois heures avant le coucher du soleil.

Le folk-lore de ces potiers et faïenciers est plutôt pauvre. Ils n'ont guère le temps de s'amuser à conter de ces légendes qui plaisent tant aux indigènes de l'Afrique du Nord en général, car le travail est absorbant. D'ailleurs, le même atelier comprend des hommes d'âges très différents, depuis les enfants et les adolescents, apprentis ou aides, qui vont et viennent de la cour à la chambre de travail, jusqu'aux ouvriers accomplis et aux patrons qui sont occupés au tournassage et au décor des pièces. Entre ces ouvriers qui, par leur âge et leur fonction, ont des rôles et des goûts différents, la conversation est rare et forcément limitée aux côtés purement matériels du métier. Les apprentis eux-mêmes dans les ateliers de la terre cuite n'ont aucun de ces chants de métiers, comme on en trouve pour d'autres industries indigènes.

Il est pourtant une légende relative à l'origine de la céramique que racontent volontiers les potiers et faïenciers de Fès.

Cette légende fait remonter l'origine de cette industrie à Noé lui-même : « Ce prophète d'Allah, racontent-ils, entendit « un jour Dieu lui dire : travaille ! — A quoi ? répliqua Noé. « — Fais de la poterie !

« On n'est pas d'accord sur le mot employé par le Très-Haut « dans cette dernière phrase pour désigner la poterie. Selon « les uns ce serait *el-fḫâr* « de la poterie », selon d'autres, « *el-âniya* « des vases ». Mais ce qui suit nous montre bien « qu'il s'agissait en tous cas de vases en terre cuite. Dieu, en « effet, lui indiqua comme il devait s'y prendre pour malaxer « l'argile, la façonner et cuire au four les objets ainsi fabriqués.

« Après avoir préparé sur les indications divines un certain « nombre de vases et de pots, notre Seigneur Noé en remplit « le four qu'il avait construit et alluma le feu. La cuisson « achevée, Dieu, qui se plaît à éprouver la patience de ses « adorateurs et leur fidélité, envoya un grand coup de vent « froid qui pénétra dans le four encore très chaud. Le brusque « refroidissement produit fit fendre tous les vases de Noé.

« Navré, ce prophète d'Allah, s'adressant au Tout-Puissant, « lui dit : Seigneur ! j'ai suivi exactement Tes instructions et « pourtant voici que mon travail et ma peine sont rendus « vains d'un seul coup. — J'ai voulu, lui répondit le Seigneur, « éprouver ta patience et tu ne l'as pas compris. Cesse donc « de te plaindre à Moi des difficultés que tu rencontres dans « les missions que Je te confie et poursuis la tâche que Je t'ai « donnée. Recommence tes poteries ; peut-être seras-tu plus « heureux. Ne t'ai-Je point chargé aussi d'adresser aux hommes, « tes frères, des admonestations ? Et pourtant, ils ne t'ont pas « écouté. Mais ne désespère pas, car Je sais comment les « châtier et les punir. Patiente avec eux, montre de la ténacité « dans tout ce que Je te conseille d'entreprendre et Je t'aiderai.

«. Et Noé continua sa mission prophétique, comme aussi il
« recommença à fabriquer des vases de terre cuite. »

A côté des pratiques de l'Islâm orthodoxe que nos potiers de
Fès suivent avec beaucoup d'exactitude en général, ils ont,
comme tous les musulmans de l'Afrique du Nord, le culte de
ces divinités inférieures que l'on nomme les Saints [1].

Le premier de tous, celui qui est considéré comme le patron

Fig. 8. — Le tombeau de Sidi Mimûn El-Feḫḫâr.
(Photo A. Bel)

de tous les ouvriers de la terre cuite à Fès, est *Sidi Mimûn
El-Feḫḫâr*, « monseigneur Mimûn, le potier », dont le tombeau est là (fig. 8) tout près de leurs ateliers. Voici ce qu'ils
disent de ce personnage :

- Dans sa jeunesse il avait fait d'assez bonnes études et avait
un don marqué pour la grammaire arabe — sur laquelle il

____

(1) Sur le culte des Saints en ce pays, on pourra lire ce que j'en ai dit
et les références que j'ai données dans mon *Coup d'œil sur l'Islam en
Berbérie*, dans la *Revue de l'Histoire des Religions*, janvier-février 1917.

aurait même écrit un livre — mais, pour gagner sa vie, il avait appris le métier de potier. Il était très respecté de tous, en raison de son savoir et de la droiture de sa conduite. En dehors des heures de travail à l'atelier, il professait la grammaire arabe. Or il advint, un jour que Sîdi Mîmûn chauffait son four, qu'il vit accourir à lui, tout bouleversé, l'un de ses élèves nommé *'Omar eššerîf*. En hâte celui-ci expliqua à son maître que, dans la campagne, il venait d'être pris à parti par quatre malandrins, qu'il en avait blessé un et que les trois autres le poursuivaient pour le mettre à mort. Il demandait à Sîdi Mîmûn, son maître, de le cacher et de le protéger.

« Entre là », lui dit Sîdi Mîmûn en lui montrant la porte béante du foyer flamboyant, plein de palmier bien sec qui brûlait en crépitant et en faisant de longues flammes.

'Omar eššerîf, docile, n'hésita pas un instant et sauta dans le foyer brûlant du four à potier. Mais, voici les malandrins qui arrivent à leur tour et qui demandent à Sîdi Mîmûn ce qu'est devenu le fuyard. Il le leur montra sain et sauf, assis au milieu des flammes du foyer sans en être nullement incommodé.

Devant ce miracle, les malandrins furent pris de crainte à leur tour et s'excusèrent auprès de Sîdi Mîmûn à qui ils demandèrent leur pardon.

Le Saint les congédia après leur avoir pardonné ; puis il tendit la main à son disciple 'Omar qui sortit du foyer en disant : « il était temps, Monseigneur, que vous me retiriez de là, je crois que j'y serais mort de froid ! » Et, en effet, il grelottait de froid [1].

A partir de ce jour, 'Omar eššerîf ne voulut plus se séparer de son maître qui lui apprit le métier de potier et le fit travailler avec lui.

---

(1) Ce miracle du feu est fréquent parmi ceux qui sont attribués à certains grands mystiques musulmans. Le patron de Tlemcen, Sîdi Bu Medîan, est par exemple l'auteur d'un miracle identique sur la personne d'un de ses disciples également.

Lorsque mourut Sîdi Mîmûn El-Feẖẖâr, il fut enterré non
loin de son atelier, à l'endroit où se trouve encore son tombeau ;
et son élève Sîdi 'Omar eššerîf, quand il mourut à son tour, fut
enterré aussi tout près de là. L'un et l'autre sont vénérés par
les potiers, mais Sîdi Mîmûn est naturellement plus en faveur
que son voisin.

Sa tombe (fig. 8) est dans une large fosse en maçonnerie de
brique, comme un caveau à ciel ouvert, de deux mètres environ
au-dessous du niveau du sol. Les potiers expliquent cette différence de niveau en disant que la terre d'alentour a continué
« à pousser, à croître » [1], à se soulever, tandis que celle de
l'emplacement carré autour du tombeau est restée à son niveau
primitif, par la volonté du Saint.

Un méchant catafalque de bois, formé de quatre piquets supportant un cadre à claire voie, s'élève sur la tombe (fig. 9), un
escalier permet de descendre dans cette large fosse. Dans la
paroi du mur sud, une niche évidée représente une sorte de
miẖrâb comme dans les mosquées ; dans un autre mur, une
simple petite excavation à hauteur de la ceinture, renferme des
débris de pots dans lesquels les fidèles brûlent des parfums, de
l'encens. A l'une des extrémités de la tombe, un trou très étroit
dans le sol sert à envoyer au Saint le sang des victimes qu'on
lui offre, et des traces de sang apparaissent aux abords de ce
trou.

Tout cela est pauvre comme les potiers eux-mêmes et l'on
sent qu'il ne s'agit point ici d'un de ces grands Saints, comme
Moulay Idrîs, dont de nombreux adorateurs ornent le mausolée des plus riches ex-voto.

Si l'on demande aux potiers pourquoi ils n'ont pas recouvert
le tombeau Sîdi Mîmûn d'une coupole, d'un de ces dômes qui

---

(1) C'est la croyance courante chez les Musulmans que la terre, comme
les animaux ou les plantes, « grandit en hauteur », et cela continuellement, sans jamais s'arrêter.

abritent contre les intempéries les tombeaux de tant d'autres
Saints, ils répondent : « C'est que Sîdi Mîmûn n'a jamais
« permis qu'on bâtisse quoi que ce soit sur son tombeau ; il a
« démoli toutes les constructions qu'on a voulu tenter d'y
« élever. Bien plus, il n'a jamais laissé construire de maisons

Fig. 9. — Le catafalque recouvrant le tombeau
de Sîdi Mîmûn El-Feḫḫâr.
(Photo A. Bel)

« dans le voisinage des ateliers et à l'Est de son tombeau,
« jusqu'au rempart. Toutes celles qui ont été commencées sur
« ce terrain nu, entre son tombeau et les remparts à l'Est de
« la ville, ont été ruinées avant d'être achevées. »
Au surplus, le Saint particulier des potiers ne semble pas être
l'objet d'un culte bien sérieux, ni bien fréquent, de la part de
ceux-ci. Il n'a pas de *mûsem* régulier ou « fête votive », comme
tant d'autres Saints musulmans. Toutefois, par des hivers secs,
lorsque la pluie manque aux céréales qui dépérissent faute
d'eau, parmi les cérémonies usitées à Fès, il y a un *mûsem*

spécial en l'honnéur de Sîdi Mîmûn, auquel on demande de
faire pleuvoir en lui égorgeant des victimes. Ces visites
spéciales à certains Saints musulmans pour faire pleuvoir, les
sacrifices de victimes et les repas communiels qui les accom-
pagnent, se répètent un peu partout dans la Berbérie. J'en ai
relaté des exemples typiques, pour le département d'Oran
notamment, dans mes *Rites pour obtenir la pluie en temps de
sécheresse* [1], au Maroc même, Doutté en a signalé pour la
région de Marrâkech [2] et l'on n'aurait pas de peine à en
allonger la liste. Comme je l'ai remarqué dans mes *Rites*, ces
sacrifices pour faire pleuvoir sont nettement expiatoires ; ils
ont pour objet d'apaiser la colère des dieux courroucés par les
fautes des fidèles. Le cas des sacrifices des potiers à Sîdi
Mîmûn rentre bien dans cette interprétation. N'ont-ils pas en
effet, pendant l'hiver, mainte fois demandé le soleil dont ils
ont tant besoin pour le séchage des poteries crues ? N'ont-ils
pas ainsi fait preuve de trop d'égoïsme en désirant du soleil,
alors qu'il fallait de la pluie aux agriculteurs ? Il est bien juste
qu'ils expient cette faute.

Au reste, les potiers et faïenciers de Fès vénèrent bien
d'autres Saints que Sîdi Mîmûn. Ils fêtent, comme tous les
Fâsis, le *mûsem* de Moûlay Idrîs l'Aîné (celui du Zerhoun) et de
Moûlay Idris le Jeune, le patron de Fès, ceux de Sîdi Aḥmed
el-Bernûsî du mont Zalaġ, de Sîdi 'Ali Bû Ġalem près de
Bâb Ftûḥ ; ils chôment un jour à l'occasion de ces cérémonies.

Comme les autres artisans de Fès, ils ne travaillent guère le
vendredi, jamais l'après-midi de ce jour, et font rarement cuire
leurs poteries ce jour-là, bien que le vendredi ne soit nullement
jour chômé pour les Musulmans. Ils observent aussi très exac-

---

(1) Extrait du Recueil de mémoires et de textes publiés par l'Ecole des
Lettres et les Médersas, en l'honneur du XIV⁰ Congrès des Orientalistes.
Alger, chez Fontana, 1905.

(2) *En tribu.* Paris, chez Geuthner, 1914.

tément le jeûne du Ramadan et plusieurs d'entre eux ont accomplis le pèlerinage à La Mekke. A cette dernière occasion même, lorsqu'ils ont fait escale à Marseille, ils n'ont pas manqué de visiter dans cette ville les fabriques de céramique.

Enfin, à côté des pratiques religieuses musulmanes et du culte des Saints, les potiers de Fès, comme leurs coreligion- naires musulmans de toute la Berbérie, ont conservé bien des croyances animistes et des pratiques de la magie et de la sorcellerie.

Dans les chambres d'atelier, dans leurs magasins de dépôt, dans la cour même, on aperçoit chez les céramistes de Fès un certain nombre de talismans pour protéger ces lieux contre le « Mauvais Œil » ; ce sont des mains grossièrement peintes sur le mur ou découpées en carton et clouées au mur, des fers-à- cheval, des crânes de chevaux, de mulets ou d'ânes, placés dans la cour, comme les Marocains en mettent également dans leurs jardins potagers et leurs vergers pour protéger la récolte.

Mais à quoi bon multiplier ici les exemples, au sujet de cette croyance si universellement répandue, au Mauvais Œil. J'en donnerai seulement deux que j'ai recueillis chez les briquetiers :

Un jeune ouvrier qui venait de terminer le moulage d'une fournée de briques, fait avec son doigt cinq trous dans la dernière brique qu'il passe au moule [1]. Comme je lui en demande la raison, il me répond : « c'est contre le Mauvais Œil. Il se pourrait que quelqu'un m'ayant vu achever si rapi- dement ce travail, me jalouse ; il n'en faudrait pas plus pour porter malheur à ces briques ».

Un autre jour, près des ateliers des *Lwâjriyîn* des bords de l'Oued Fès, comme je demandais, à un ouvrier qui achevait

---

(1) On sait que très souvent — au Maroc surtout — les cinq points représentent les cinq doigts de la « Main » protectrice du Mauvais Œil, la *ḫamsa* comme on l'appelle.

le remplissage d'un four, la signification de cinq bâtonnets d'argile dressés verticalement les uns à côtés des autres, sur le rebord supérieur du four, il me dit : « Le propriétaire de ce four est le frère et l'ennemi du propriétaire du four voisin que tu vois là, et ces « cinq » (*hamsa*) ont pour but d'éloigner de notre four le Mauvais Œil de ce voisin ».

On pourrait facilement, et sans ajouter d'ailleurs rien de nouveau à ce que nous savons de ces croyances, multiplier les exemples de ce genre à propos du Mauvais Œil, dont on retrouve partout dans ce pays le signe protecteur, jusque dans le décor, comme l'a depuis longtemps montré Westermarck.

SYSTÈME DE TRANSCRIPTION PHONÉTIQUE

Les caractères de transcription des termes techniques que j'ai adoptés ici sont les mêmes que ceux que nous avons déjà employés dans l'étude d'autres industries indigènes de la Berbérie [A. BEL et RICARD, *Le travail de la laine à Tlemcen* (Alger, chez Jourdan, 1913)]. Les consonnes emphatiques sont indiquées par un point sous la lettre ; les voyelles longues par un accent circonflexe, placé sur la voyelle brève.

1° Consonnes

Voici ces caractères :

t, le *t* français, ت
ṭ, le *th* anglais sourd (se rapprochant de *ts* français), ث
d, le *d* français, د
ḏ, le *dz* français ou le *th* anglais sonore, ذ
ḏ̣, le *th* anglais sonore emphatique, ض, ظ
s, le *s* français, س
š, le *ch* français, ش
j, le *j* français, ج
z, le *z* français, ز
k, le *k* français, ك
q, l'arrière-gutturale obtenue par l'occlusion du larynx ق
g, le *g* dur français

', compression du larynx, ع

h, expiration moyenne, h, ه

ḥ, expiration forte, ح

ḫ, la *j* espagnole, خ

ġ, le *r* français grasseyé, غ

r, le *r* français lingual, ر

l, le *l* français, ل

n, le *n* français, ن

b, le *b* français, ب

f, le *f* français, ف

m, le *m* français, م

w, le *w* anglais, و

y, l'*y* français, ي

2° Voyelles

Les voyelles brèves *a, o, i, ï, e, é, è* en italique ont la valeur qu'elles ont en français ; *u* représente notre son *ou*, *ä* représente un son entre *a* et *è*.

PREMIÈRE PARTIE

Briquetiers *(lwâjṛiyîn)*

Les briques sont appelées à Fès *lâjôṛ*, qui est un collectif
ayant pour nom d'unité *lâjôṛa* (plur. *lâjôṛâ*t). Le pluriel *lwâjeṛ*,
qui n'est pas employé, a cependant donné l'ethnique *lwâjṛi*
(pl. *lwâjṛiyîn*), seul usité pour désigner tous ceux qui font des
briques, patrons et ouvriers. Le nom du métier vient aussi du
même pluriel et il a une forme berbère comme tous les noms
de métier à Fès : c'est *talwâjṛêt*.

Les briquetiers de Fès sont tous musulmans [1]. Les principaux ateliers se trouvent, comme je l'ai dit, non loin des
carrières où ils s'approvisionnent en argile, en ce lieu auquel
ils ont donné leur nom, *lwâjṛiyîn*, près du confluent de l'Oued
el-A'ḍâm avec l'Oued Fès. Il y a là, dans la vallée assez étroite
entre le mamelon argileux de Ḍahr Mahrèz et les jardins qui

---

(1) Depuis l'été 1914, un Espagnol venu de Bel-Abbès (Oran) a installé,
en cet emplacement un four à briques épaisses, d'un modèle différent et
plus utilisables pour la construction européenne que la brique indigène.
Mais cet étranger ne semble pas avoir réussi, car il est parti en 1915.
Il en est de même d'un groupe d'associés composé d'un Européen et d'un
musulman de Fès nommé Hajj Ṭahar es-Sebti, qui avait installé un
séchoir à briques et diverses machines à travailler l'argile ; mais ils ne
travaillaient plus en juin 1916. Il faut penser que des installations de ce
genre qui permettront de faire des briques de meilleure qualité que
celles des briquetiers indigènes et plus utilisables dans les travaux de
construction européenne, trouveront à prospérer lorsque se fera la construction de la ville européenne, devant s'élever justement non loin de là ;
mais durant mon séjour à Fès (mars 1914 à août 1916), on n'édifiait pas
encore de maisons européennes (à part les bâtiments militaires) et les
musulmans dans leurs constructions continuaient à faire uniquement
usage de la brique des *lwâjṛiyîn*.

s'étendent au pied de Fès-ejjdîd (fig. 10), une quinzaine d'ateliers employant vingt-cinq fours à brique environ.

Cet emplacement offre le double avantage d'être à proximité de l'eau de deux petites rivières ne tarissant jamais et des carrières d'argiles. Il n'est qu'à quelques centaines de mètres de Fès ejjdîd et à moins de deux kilomètres de Fès el-Bâli.

Fig. 10. — Les fours à brique sont au premier plan, séparés
de Fès-ejjdîd par des jardins.
(Photo Laribe)

On fait aussi des briques dans quelques ateliers de potiers du quartier des *Feḫḫârîn*, près de la qasba de Tamdert. Mais ce genre de travail est ici peu développé et le four plus petit que ceux de l'emplacement précédent. A part deux ou trois petits ateliers fabriquant spécialement la brique, les quelques rares autres n'en font guère que pour occuper leurs ouvriers quand les autres travaux de la terre cuite chôment, ou pour compléter le remplissage du four pour une cuissoir de poteries ou de carreaux de faïence.

L'ATELIER. — J'aurai plus loin à décrire les ateliers des potiers et des faïenciers du quartier de *Fchhârîn*, je ne m'occuperai donc ici que de l'atelier des briquetiers sur l'emplacement des *lwâjriyîn*.

Un atelier de briquetiers est des plus simples, car il ne travaille guère que cinq à six mois l'an, pendant l'été et l'automne. Aussi arrive-t-il souvent que l'aire et les fosses à détremper font place, après les premières pluies d'automne (vers novembre), à des champs de céréales jusque après la récolte, à la fin de mai au plus tard.

L'atelier en travail se compose essentiellement :

1° D'une aire découverte, battue et plane, sur laquelle les briques sont moulées et séchées sur place au soleil ; on la nomme *rahbet eddrêb* ;

2° En bordure de cette aire sont creusées en chapelet des fosses de petites dimensions appelées *zôba* (pl. *zôbât* et *zweb*), dans lesquelles on détrempe l'argile avant de l'employer ;

3° Le four à cuire les briques, *kûša* (pl. *kweš*).

Aucun séchoir couvert, aucune chambre d'entrepôt n'existent dans ces ateliers simplifiés à l'excès. Les briques séchent au soleil et si une pluie survient avant leur cuisson elles sont perdues, le travail est à recommencer ; une fois cuites, elles sont entassées autour du four jusqu'à leur enlèvement à dos d'ânes par le client, ce qui ne tarde jamais au delà de quelques jours.

L'*aire* se nomme « aire à mouler (la brique) » *rahbet eddrêb*, et le pluriel de *rahba* est *rhâbi* ; elle est, selon les ateliers, de plus ou moins grandes dimensions, mais l'espace n'est jamais ménagé (fig. 11). On peut étaler, à plat sur une aire, plusieurs milliers de briques pour le séchage. Dans le quartier des *Fehhârîn* l'espace est plus restreint et l'aire est moins grande.

Comme on l'a dit, l'aire en été prenant la place d'un champ de céréales, il faut pour qu'elle soit utilisable préparer le sol, l'aplanir et le nettoyer. Selon l'importance de l'aire, il faut pour ce travail de deux à quatre ouvriers qui sont payés, à l a journée, de une pesseta et demie à trois pessetas (de 1 fr. 20 à

Fig. 11. — Une aire pour les briques aux ateliers des Lwâjriyîn.
(Photo A. Bel)

2,40 de notre monnaie). Une journée de travail suffit en général à mettre le terrain en état pour commencer le moulage.

La fosse des briquetiers est petite et creusée à la pioche dans le sol argileux. Elle a la forme d'une cuvette circulaire d'environ un mètre de diamètre, pour une profondeur maxima de 40 centimètres (celles du quartier des *Fchhârin* sont au moins d'une grandeur double de celle-ci). L'eau nécessaire au détrempage de l'argile est amenée dans les fosses au moyen d'e petits canaux creusés à fleur de terre dans le sol, à partir de la rivière voisine. Ce petit canal *(sâqya)* fait aussi communiquer entre elles les fosses d'un même atelier. Lorsque le niveau de l'aire d'atelier sur le bord de laquelle sont les fosses est trop élevé pour qu'on puisse facilement y amener l'eau de la rivière voisine, l'eau nécessaire est apportée par les ouvriers dans le petit canal des fosses, au moyen d'un seau en fer-blanc appelé *ṭembôr* (pl. *ṭnâber*), qui n'est autre aujourd'hui qu'un bidon à pétrole.

Contrairement à ce qui se fait pour les fosses des potiers du quartier des *Feḫḫârîn*, la fosse du briquetier n'est pas pavée. Elle peut recevoir la quantité d'argile nécessaire à la fabrication de 250 à 300 briques. Un atelier de briquetiers compte de 4 à 10 fosses.

Le four est beaucoup plus grand chez les briquetiers que chez les potiers. Sa forme est également différente et il n'est pas couvert. Les fours des briquetiers peuvent contenir de quinze mille à quarante mille briques, selon les dimensions variées qu'on leur donne. Ils ont tous d'ailleurs la même forme cylindrique.

Le four se compose essentiellement de deux parties : le foyer et le four ou chambre de cuisson, séparées par une cloison percée de trous pour le passage des gaz chauds. Le tout est construit en maçonnerie de briques et enterré presque complètement, la partie supérieure seule émergeant d'un mètre environ au-dessus du sol. Aussi bien, pour arriver à ce résultat, choisit-on, pour la construction du four, un terrain en pente très raide que l'on creuse en une fosse profonde et cylindrique, ouverte à la fois au sommet et sur la paroi verticale du côté de la pente du terrain. C'est dans cette fosse que l'on construit le four et le foyer, au-dessus l'un de l'autre. La terre qui enveloppe un tel four forme la couche mauvaise conductrice qui maintient la chaleur.

La chambre de cuisson, c'est-à-dire le FOUR, se nomme *ferrân* et a la forme d'un gros cylindre en briques. Il peut avoir trois ou quatre mètres de diamètre et de quatre à six mètres de hauteur au-dessus de la cloison qui le sépare du foyer Une ouverture appelée *bâb-esshîn*, d'un mètre environ de hauteur sur soixante centimètres de largeur, a la forme d'un arc de plein cintre reposant sur un rectangle et sert au passage de l'ouvrier chargé de remplir ce four. Cette porte est à mi-hauteur du four environ et son entrée, extérieurement, est abritée par un auvent supporté par deux piliers en maçonnerie de briques s'appuyant contre la paroi externe du four ; ce sont les *sârya* (plur. *swâri*) ou piliers. Quant à l'auvent supporté par ces piliers, il est formé de perches en bois, de toutes formes et dimensions, posées dans le sens horizontal sur les piliers, et supportant une épaisseur de soixante centimètres à un mètre d'ossements d'animaux recouverts de terre tassée (fig. 12). L'emploi des os, crânes en général, a pour unique objet d'alléger la charge de l'auvent.

Le four repose sur la chambre du foyer qui le prolonge vers le bas. Il en est séparé par une très épaisse CLOISON qui sert de plancher, le *gorbâl*, qui doit ce nom à ce qu'il est percé de trous pour le passage des gaz chauds (ces trous se nomment *menfäs*, plur. *mnâfes*, à la façon d'un énorme crible (*gorbâl*). Cette cloison qui est plane et horizontale à sa face supérieure, formant le plancher du four, est en voûte arquée par dessous et forme le plafond du foyer (fig. 13). En réalité, cette cloison est formée d'une série d'arcs-boutants se réunissant au centre de la cloison et s'appuyant par leurs autres extrémités contre le bâti en maçonnerie des parois du four. Chacun des arcs-boutants est en maçonnerie de brique et se nomme *sâbla* (plur. *swâbel*) et le vide que forme l'intervalle entre deux arcs-boutants consécutifs est un *mänfes*. Outre les *mänfes*, on ménage, dans le même but au centre de la cloison, un gros

orifice circulaire appelé *šûka*. Ces arcs-boutants qui ont un
mètre au moins d'épaisseur contre la cage du four en *a b*

Fig. 12. — Le four à brique.
(Photo A. Bel)

(fig. 14) vont en s'amincissant vers le centre du *gorbâl* où ils
n'ont plus qu'une vingtaine de centimètres d'épaisseur en *c d*.

Il en est de même de leur largeur qui est beaucoup moindre vers le centre que contre les parois du four. C'est que ce

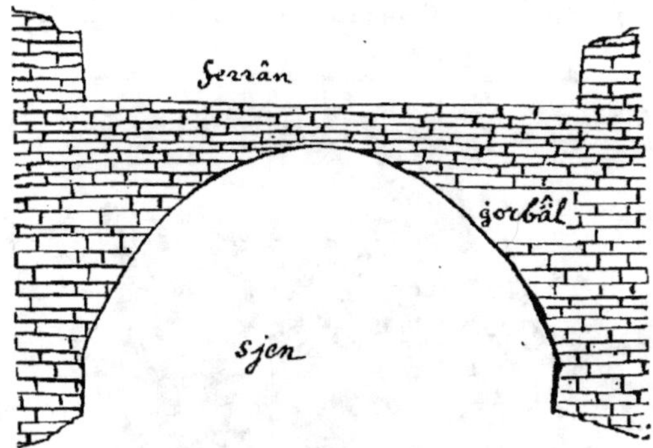

Fig. 13. — Coupe verticale du four à brique
à hauteur de la cloison.

plancher doit supporter le poids considérable de toute une fournée de briques (de 15.000 à 40.000 comme je l'ai dit), et il lui faut une grande résistance.

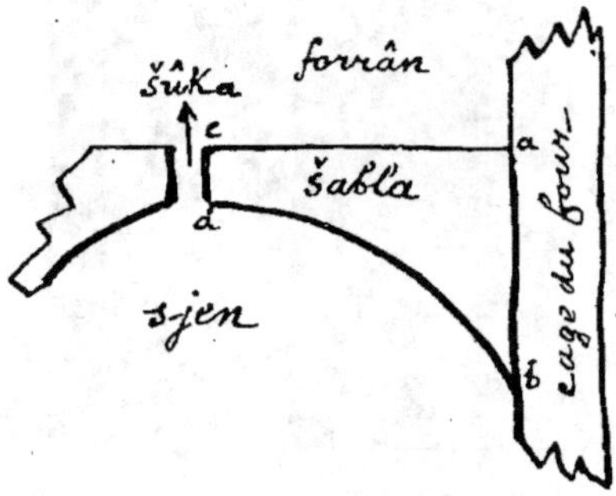

Le foyer enfin, ou *sjen*, se trouve au-dessous du *ǧorbâl* et du four qu'il prolonge. Il est par conséquent de même largeur que le four ou d'une largeur un peu moindre, et sa hauteur, sous la voûte du *ǧorbâl*, est de trois à quatre mètres. Sa base est formée par le sol nu. Une ouverture

Fig. 14. — Coupe schématique représentant
l'arc-boutant *(šábla)* de la cloison.

analogue à celle du four et percée juste au-dessous du plafond ou *ǧorbâl* sert à introduire le combustible ; c'est aussi par là que passe l'ouvrier pour enlever les cendres après cuisson [1].

Le personnel des ateliers. — En dehors des manœuvres, *ḥeddâm* (plur. *ḥeddâma*) employés dans les différentes opérations du travail de l'argile et de la cuisson des briques, pour aider les ouvriers spécialisés ou *m'allem* (plur. *m'allmîn*), chaque série d'opérations que subit l'argile a son spécialiste dont le salaire varie fort peu, parce qu'il répond à des capacités techniques que cet ouvrier ne trouverait pas à employer à un autre genre de travail offrant un salaire plus rémunérateur. Le salaire des manœuvres, moins élevé, est au contraire assez variable. Ainsi par exemple, l'aide qui transporte les briques crues de l'aire au four reçoit de une pesseta et demie à deux pessetas (1 fr. 20 à 1 fr. 60 de notre monnaie). Son salaire le plus élevé est celui de l'époque des moissons parce qu'il peut trouver alors un travail plus rémunérateur. Je donnerai les indications sur les salaires des ouvriers spécialistes (dans les années 1914-1916) à l'occasion de l'étude des différents travaux auxquels ils se livrent. Notons seulement ici que la journée de travail commence après la prière d'*eṣ-ṣobaḥ*, c'est-à-dire au lever même du jour, et dure jusqu'à la prière d'*el-'aṣer* (entre 3 et 5 heures de l'après-midi). Un repos d'une heure vers le milieu du jour (prière du *ẟohur*) est accordé à tous les ouvriers. On voit donc que la durée de la journée de travail est variable. C'est vers le solstice d'été qu'elle est la plus

---

(1) Le four à Tétouan diffère sensiblement de ceux-ci. à en juger par les croquis et coupe donnés par A. Joly, *L'industrie à Tétouan* (*Archives marocaines*, vol. viii, p. 327. Paris, chez Leroux, 1906). Les briqueteries indigènes de Tétouan paraissent d'ailleurs influencées par l'industrie espagnole actuelle. Elles sont aussi beaucoup moins importantes qu'à Fès, de même que toutes les autres industries céramiques qui sont ici les plus actives. les plus considérables, comme quantités et valeur des produits, pour le Maroc entier.

longue, et cela correspond justement à la plus grande activité des ateliers.

Il n'y a pas d'association entre les propriétaires d'ateliers de brique et le personnel qu'ils emploient. Les propriétaires des ateliers sont tous des musulmans de Fès, commerçants ou propriétaires ; c'est-à-dire qu'ils ont d'autres occupations que la gestion de leurs ateliers. Les ouvriers sont rarement de Fès ; ce sont des musulmans venus d'autres régions du Maroc, le plus souvent du Tafilâlet.

Voici comment fonctionne d'ordinaire l'atelier : Le patron ou propriétaire fait toutes les dépenses d'installation, d'achat ou de location du terrain, de matériel, de combustible et de main-d'œuvre et vend à son bénéfice exclusif les briques cuites à un prix qui varie entre 6 ryal le mille, en été, et 10 ryal, en hiver (soit de 24 à 40 francs de notre monnaie).

Avec les pluies de l'hiver en effet, comme je l'ai déjà dit, on ne peut travailler, et les ateliers des briquetiers chôment au moins d'octobre à mai, à de très rares exceptions près. Mais le patron qui peut attendre et conserver ses briques, dans un dépôt en ville, jusqu'à l'hiver, ne manque pas de le faire et il en retire bénéfice.

La seule combinaison existant à ma connaissance au sujet des ateliers de fabrication des briques est la suivante : Le patron d'atelier ne pouvant venir par lui-même surveiller constamment ses ouvriers, se fait remplacer et représenter par un *ûqqâf* ou « préposé » qui est intéressé dans les bénéfices. Ce surveillant ou préposé ne fournit que son contrôle sur le personnel de l'atelier, le travail, l'emploi des matières premières et du combustible. Il reçoit en échange une part des bénéfices, fixée par convention entre le patron et lui. Cette part varie du tiers au cinquième du bénéfice net réalisé. Ce représentant du patron prend exactement la place que celui-ci aurait s'il s'occupait lui-même de la gestion de l'atelier ; il recrute et paie les ouvriers, achète le combustible et chaque soir il vient rendre compte, au patron, du travail fait dans la journée et des dépenses effectuées. La comptabilité de l'atelier est ainsi tenue jour par jour. Quant à ce représentant du patron, ayant part aux bénéfices, son intérêt à restreindre les dépenses coïncide avec celui du patron.

Les contrats de ce genre ne sont passés que pour une saison. Il est évident que si l'*ûqqâf* est capable de prendre part au travail de l'atelier — ce qui est rare — soit pour le moulage des briques, soit pour la cuisson, il reçoit à ce titre le salaire afférent au travail qu'il a fait.

Cette utilisation d'un *ûqqâf* est fréquente à Fès, non seulement pour le travail des briques, mais aussi pour les fours à chaux, pour les cultures maraîchères, etc. Cela permet à un seul musulman d'employer en même temps ses capitaux dans des entreprises variées.

LE TRAVAIL DES BRIQUETIERS. — La série des opérations successives que l'argile doit subir à partir du moment où elle est prise à la carrière jusqu'à celui où elle devient la brique cuite, prête à être employée pour la construction, comporte les opérations suivantes : extraction, transport de l'argile et macération dans l'eau, moulage et séchage, enfournement, cuisson, extraction du four.

Examinons le détail de ces diverses opérations :

1° *Extraction de l'argile, transport et macération dans l'eau.* — Pour les ateliers des Lwâjriyîn, un même ouvrier, nommé *qellâ'* (plur. *qellâ'în*), enlève à la pioche l'argile de la carrière voisine, la transporte avec un seul âne auprès des fosses à macération, qui sont peu éloignées de là (au maximum 400 mètres), la concasse, la verse dans la fosse et lui donne l'eau dans laquelle elle doit baigner

Pour ce travail il reçoit un salaire d'un *hasâni*, soit une demi-

4

pesseta marocaine (0,40 environ de notre monnaie) par fosse représentant la valeur de 250 à 300 briques.

Un bon *qellâ‘* peut gagner de 2,50 à 3 pessetas par jour en remplissant cinq ou six fosses.

L'argile doit macérer une dizaine d'heures au moins dans l'eau de la fosse ; elle y reste une nuit, généralement, avant d'être employée. L'eau est amenée, soit par un petit canal communiquant avec la rivière, soit au baquet-à main d'homme ou à dos d'âne. Mais le *qellâ‘* n'a pas à s'occuper du transport de l'eau qui doit être amenée aux fosses, aux frais du patron, par un aide quelconque.

Pour faire la brique, l'argile est simplement détrempée dans la fosse et n'y subit aucune trituration, comme cela se fait pour les autres produits de céramique.

2° *Moulage et séchage*. — Le moulage *(dṛéb)* des briques se fait sur l'aire, appelée pour cette raison *raḥbet eḍ-dṛéb*. C'est un ouvrier spécial, le *deṛṛâb*, qui est chargé de ce travail et reçoit, pour salaire, un *ḥasânî* (une demi-pesseta) comme le *qellâ‘*, pour chaque fosse de 250 à 300 briques qu'il passe au moule.

C'est cet ouvrier qui retire de la fosse l'argile détrempée et la met en tas à côté, sur l'aire. Cette opération rentre dans son travail et dans le salaire indiqué ci-devant.

L'argile est retirée de la fosse un moment avant d'être passée au moule, afin de permettre à l'excès d'eau de s'écouler. Ce court espace de temps est employé par le *deṛṛâb* à saupoudrer de poussière fine ou de cendre la partie de l'aire, voisine du tas d'argile par lequel il va commencer. Cette opération a pour but d'empêcher les briques de se coller au sol de l'aire en séchant, ce qui rendrait leur enlèvement peu commode ; c'est sur l'emplacement qu'il a ainsi saupoudré que le *deṛṛâb* va étaler ses briques crues en les moulant.

Dans la position du travail, l'ouvrier *deṛṛâb* est accroupi comme l'indique la figure 16. Il n'a besoin que de deux instruments : le moule ou *qâleb* et un vase d'eau.

Le moule est un cadre carré de 27 centimètres de côté, séparé en deux parties égales par une baguette centrale, parallèle à deux des côtés et prolongée hors du cadre pour servir de manche (fig. 15). Chacune des deux parties égales ainsi formées donne les dimensions d'une brique crue, soit 13×26 centimètres à l'intérieur du cadre, avec pour épaisseur deux centimètres et quart.

Un pareil instrument sert donc à faire deux briques à la fois. Pour son travail, l'ouvrier pose à plat son moule sur l'aire ; puis, prenant sur la main droite une motte d'argile détrempée d'un petit tas d'argile qu'il a apporté à côté de lui, il l'applique dans le moule et l'étale avec le plat de la main de façon à lui faire prendre exactement la forme d'un des côtés du moule. Il répète la même opération dans l'autre compartiment du moule ; puis humectant sa main, en la trempant dans le vase d'eau qu'il a posé à ses côtés, il jette quelques gouttes d'eau sur l'argile qui remplit exactement les deux compartiments du moule. Il passe alors à plusieurs reprises et très rapidement le plat de la main sur le moule pour rendre lisse la surface des briques moulées. De l'ouvrier qui fait ce geste on dit : *imällès*.

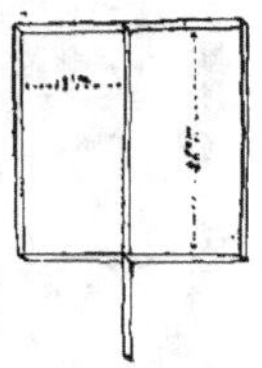

Fig. 15.

Le moulage est terminé, l'ouvrier soulève le moule en le prenant par le manche et les deux briques restent sur le sol. Le travail continue en plaçant le moule à côté — et en contact — de l'une des deux briques, par son côté le plus long et dans leur alignement, en s'éloignant toujours de la fosse à détremper. L'ouvrier recommence la même opération que ci-devant jusqu'à ce qu'il ait épuisé l'argile retirée d'une fosse. Il recommence devant la fosse suivante la même série d'opérations, en laissant un intervalle entre la série de briques de deux fosses consécutives, comme l'indique la figure 16. Les briques restent là exposées au soleil pour le séchage. Cependant, pour que le soleil ardent ne les dessèche pas trop rapidement et afin d'éviter le fendillement, l'ouvrier a soin d'humecter à nouveau légèrement la surface des briques (*imällès*), à deux ou trois reprises, peu de temps après les avoir terminées. Avec le soleil d'été il ne faut pas plus de 3 à 6 heures pour assurer le séchage complet

Fig. 16. — Ouvrier *ḍeṛṛâb* occupé à mouler les briques.

(Photo A. Bel)

des briques posées à plat sur l'aire, avant de pouvoir les mettre au four. Quand on fait des briques en hiver par les journées sèches, comme cela arrive surtout dans quelques ateliers des *Feḫḫârin*, il faut beaucoup plus longtemps pour le séchage et l'on est même forcé, pour l'activer, de dresser les briques sur champ comme l'indique la figure 17. Mais ce travail n'incombe pas au *ḍeṛṛâb*. C'est un petit apprenti ou un manœuvre (*ḥeddâm*) qui s'en charge. Le *ḍeṛṛâb* a terminé son travail une fois qu'il a passé au moule les briques ; il les laisse à plat sur l'aire dans la position où ils les a moulées.

Un bon *derrâb* peut assurer le moulage de cinq à six fosses par jour, c'est-à-dire de 1,500 briques environ, ce qui lui donne un salaire de 2,50 à 3 pessetas, comme au *qellâ'*.

Le moulage ne demande ni beaucoup de force physique, ni un savoir technique bien considérable. Au quartier des *Feḫḫârîn*, où le travail des briques est presque une exception,

Fig. 17. — Séchage des briques sur champ.

(Photo A. Bel)

ce sont le plus souvent de tout jeunes gens qui sont employés comme *derrâba* ; mais au quartier des Lwâjriyîn, où le travail est plus important et plus actif, ce sont des hommes faits qui sont généralement chargés du moulage. Il est à remarquer aussi que l'activité du *derrâb* dépend de celle du *qellâ'*, puisque celui-ci doit lui préparer la quantité d'argile nécessaire à son travail.

3° *L'enfournement.* — Les briques crues, séchées au soleil, sont transportées de l'aire auprès du four où elles sont entassées en attendant qu'elles soient en nombre suffisant pour charger le four. L'enfournement (*shîn*) est une opération assez délicate qui nécessite un spécialiste, le *m'allem dèššhîn*, gagnant un salaire journalier de 4 à 5 pessetas (3 fr. 20 à 4 francs). On compte généralement que l'enfournement exige une journée de travail du *m'allem dèššhîn* par dizaine de mille briques enfournées. Il faudra donc deux jours pour charger un four d'une contenance de 20,000 briques.

Le *m'allem dèššhîn* dispose les briques par rangées posées les unes sur les autres, et sur champ, de façon que les surfaces larges se présentent toutes· au passage dès gaz chauds qui s'élèveront du foyer, à travers les trous du plafond d'abord et passeront ensuite parmi les briques, pour sortir par le large sommet du cylindre constituant le four.

Lorsque la dernière rangée supérieure, celle qui couronne le four, est placée, l'enfournement est terminé. La porte donnant accès sur le côté du four et vers son milieu (*bâb ešših̆în*) est soigneusement fermée, à l'aide d'épaisses dalles d'argile mélangée de paille hachée, appelées *ṭôba*. La paille constitue en quelque sorte l'armature de ces dalles et les empêche de se fendre sous l'influence de la chaleur, car la moindre coulée d'air froid entrant dans le four pendant ou immédiatement après la cuisson ferait fendre les briques. On a donc soin de bien appliquer les *ṭôba* les unes au-dessus des autres, étroitement collées entre elles et contre les parois de cette porte, au moyen d'un ciment d'argile, afin d'assurer la fermeture hermétique de cet orifice.

Au sommet du four, sur la dernière rangée supérieure de briques, l'ouvrier dispose des tessons de poterie et de la terre de façon à protéger le plus possible les briques à cuire contre le refroidissement, tout en laissant le passage à la fumée et aux gaz chauds.

4° *La cuisson.* — L'opération la plus délicate est la cuisson des briques. Ici encore il faut un ouvrier spécial, un connaisseur : c'est le *m'allemdéttyâb* ou « maître de cuisson ».

Pour le plus petit de tous les fours, celui de 15,000 briques, la cuisson nécessite la présence de deux maîtres de *Tyâb* et de deux manœuvres. Chaque maître de cuisson gagne, par jour ou par nuit, un ryâl (4 francs), tandis que chaque manœuvre reçoit le salaire habituel d'une pesseta et demie à deux pessetas, pour le même temps de travail. En outre, le patron doit fournir à ses ouvriers travaillant la nuit le repas du soir (qui a lieu à la prière d'*el-'âša*, c'est-à-dire deux à trois heures après le coucher du soleil), ainsi que le nécessaire pour faire du thé.

Pour un four de 15,000 briques on compte qu'une douzaine d'heures de cuisson suffisent en été. Il faut plus de temps pour un four plus grand, et l'on doit aussi tenir compte, non seulement de la température ambiante, mais aussi et surtout du degré d'échauffement du four à la suite d'une cuisson immédiatement précédente. Aussi bien, quand le patron le peut, il ne laisse pas longtemps le four se refroidir avant de procéder à une nouvelle cuisson. Il profite de la chaleur acquise par les parois du four qui se refroidissent et s'échauffent lentement ; il dépense ainsi moins de combustible, ce qui n'est pas sans importance étant donné le prix élevé de celui-ci. Cependant, le maximum de rapidité dans les cuissons successives ne dépasse pas trois fournées par mois.

La cuisson étant achevée, ce que l'ouvrier reconnaît à la couleur des briques du sommet du four, la porte du foyer (*bâb essjèn*) est soigneusement fermée à l'aide de *tôbu* d'argile comme on l'a dit pour la porte du four.

Les ouvriers ont terminé leur travail ; ils s'en vont, car il n'y a plus qu'à laisser refroidir le four pendant trois ou quatre jours avant de l'ouvrir pour en extraire les briques. On couvre alors le mieux possible le sommet du four pour éviter l'entrée de l'air froid par le haut.

Comme combustible, tout est bon pour un four à briques : palmier nain, paille, tourteaux d'olives, branchages secs de fèves après la récolte.

On compte que pour faire une cuisson dans un four de 15,000 briques, non allumé depuis longtemps, c'est-à-dire se trouvant à la température ambiante, il faut faire les dépenses suivantes en combustible :

10 charges de mulet de paille longue (*brômi*) à 2 pessetas la charge..	20	pessetas
250 filets (à âne) de palmier nain à raison d'une pesseta par filet......	250	»
1 *qtîb* [1] de tourteaux d'olives.......... ...	19	»
Soit, au total..........	289	pessetas

Ces 289 pessetas représentent 231 fr. 20 de notre monnaie. Pour un four non refroidi, la dépense sera allégée ; par exemple on supprimera la paille qui sert surtout à échauffer rapidement le four lui-même au début de la cuisson, et il suffira d'une charge de paille pour allumer, au lieu de 10. Il faut encore remarquer que les chiffres ci-dessus ne sauraient donner qu'une approximation. On remplacera par exemple le palmier nain en partie, quand il est cher, par des tourteaux d'olives ou inversement.

Une fois que le four est allumé, il faut y entretenir constamment le feu, jusqu'à cuisson complète des briques, et les

---

(1) Le *qtîb* est le nom donné au gros tronc d'arbre qui sert de pressoir à olives, pour la fabrication de l'huile dans les moulins de Fès et de la région. (Cf. ma *Fabrication de l'huile à Fès*. Alger, 1917. *Soc. de Géogr.*).

Ce mot signifie aussi — et c'est le sens qu'il a ici — la quantité d'olives qu'il faut pour une pressée, c'est-à-dire pour garnir les couffes de sparterie que comprime le tronc d'arbre appelé *qtîb*. C'est le résidu d'environ quatre quintaux d'olives pressées.

ouvriers l'alimentent constamment jusqu'au moment de fermer la porte du foyer.

5° *Extraction des briques cuites*. — L'extraction des briques, nommée *el-ḫrûj*, se fait de quatre à six jours après la cuisson, selon les dimensions des fours et selon les saisons. Car il faut éviter le refroidissement brusque des briques qui les ferait fendre.

Lorsque le patron de l'atelier n'est pas pressé dans le travail par une nouvelle cuisson par exemple, les briques sont retirées selon les besoins, soit en une seule fois, soit peu à peu, pour les remettre à un acheteur qui vient les prendre à côté du four, soit pour les faire transporter dans un dépôt où le patron les laissera jusqu'à ce qu'il trouve de bonnes occasions de vente.

Pour le travail de *ḫrûj* il n'est plus besoin d'un spécialiste, des manœuvres suffisent.

Pour retirer les briques d'un petit four de 15,000 seulement, il faut le travail de trois manœuvres pendant une journée, ce qui représente environ un coût de six pessetas (chaque manœuvre étant payé deux pessetas par jour dans ce cas).

BÉNÉFICES DU PATRON. — Il serait facile de calculer les dépenses que doit engager un patron d'atelier pour un nombre donné de briques, par exemple pour 15,000 briques.

Aux dépenses indiquées ci-devant, de chauffage (qui sont les plus importantes) et de main-d'œuvre, donnant ensemble un chiffre voisin de 80 réaux, c'est-à-dire 400 pessetas, il faut ajouter encore la valeur locative de l'emplacement de l'atelier, du four, de la carrière ; tenir compte aussi de la casse et de l'aléa (par exemple une pluie inattendue qui détruit les briques crues préparées pour une cuisson).

Comme je l'ai remarqué ci-devant, les bénéfices de ce petit patron seraient assez variables, selon qu'il pourrait attendre ou non pour vendre ses briques. Le prix de vente des 15,000

briques variant en effet de 6 à 10 réaux pour mille, oscillerait
entre 90 réaux (450 pessetas) et 150 réaux (750 pessetas). Le
bénéfice du patron serait donc variable entre un minimum de
10 réaux (50 pessetas) et un maximum de 70 réaux (350 pessetas). Le cours minimum de l'été étant de 6 réaux par mille,
le bénéfice du petit patron, vendant immédiatement les briques
fabriquées, serait bien modeste. Mais il faut remarquer d'une
part que le petit four de 15.000 est bien moins avantageux que
les fours plus grands qui n'exigent guère plus de personnel et
proportionnellement moins de dépenses de combustible que le
four de 15,000. D'autre part, le travail d'été étant très actif, le
four conserve sa chaleur — étant donnée surtout la température ambiante — et demande des dépenses de combustible
moindres que celles indiquées ci-devant.

La qualité des briques et leur emploi. — Le peu de soin
apporté à la préparation de l'argile, au moulage, au séchage,
se retrouve naturellement dans les qualités des briques ainsi
fabriquées. Beaucoup de ces briques sont fendues par suite de
l'éclatement à la cuisson. Mais les morceaux servent quand
même dans les constructions indigènes. Il semble cependant
que quelques perfectionnements pourraient être apportés à
cette industrie et l'augmentation de l'épaisseur des briques
notamment aurait l'avantage de conserver à la brique sa forme
initiale et d'éviter des déformations qu'actuellement elle subit
à la cuisson. Mais l'industrie européenne qui a déjà fait, à Fès,
son apparition, pour cette seule industrie à deux reprises différentes, installera bientôt ses ateliers moins rudimentaires à
côté de ceux des potiers musulmans et leur fera sans doute
quelque concurrence, surtout pour la construction des maisons
européennes de la ville nouvelle, parce que pour celles-ci la
brique mince et plus au moins déformée est difficilement
utilisable.

A Fès, les hautes et importantes maisons de cette grande ville, les monuments publics, les mosquées et les hauts minarets sont construits en briques, disposées d'ailleurs soit à plat, soit en chevrons. Mais la brique n'entre en jeu que dans la construction des murs, jamais pour le revêtement des murs ou des parquets. Il y a d'ailleurs de nombreux murs de maisons et tous ceux des remparts qui sont construits en pisé ; il est aussi des murs en maçonnerie de moellons. Dans quelques anciens monuments j'ai remarqué un type de briques plus régulier et plus épais que celui des briquetiers d'aujourd'hui, mais il est assez rare et l'on peut être certain que le type actuel est celui qu'on fabrique à Fès depuis bien des siècles ; il servira encore bien longtemps pour la construction des maisons indigènes.

SECONDE PARTIE

Potiers (*Ḥarrāša*)

L'ouvrier qui fait les poteries non émaillées (au moins extérieurement, car nous verrons que quelques-unes le sont intérieurement) appelées *ḥâreš*, c'est-à-dire « (poterie) rude », par opposé à lisse ou émaillée, se nomme *ḥarrâš* (pluriel *ḥarrâša*) ; le métier s'appelle *taḥarrâšet*.

Tous les ateliers sont installés, mélangés à ceux des ouvriers en terre émaillée dont on parlera plus loin, dans le quartier de *Feḫḫârîn* (voir ci-devant p. 1-2). Il arrive souvent qu'une cour d'atelier est commune aux potiers et aux faïenciers, mais dans ce cas les chambres de travail sont distinctes. Au surplus, le nom de *El-Feḫḫârîn* ou *El-Feḫḫâra*, pluriels, également usités à Fès, de *Feḫḫâr*, s'applique à l'ensemble des artisans qui s'occupent de poterie et de faïence, et le mot *fḫâr* est le terme générique désignant tous les vases et objets en terre cuite, émaillés ou non.

L'argile servant à faire les pots provient surtout de la carrière de *Ben Jellîq*. Elle est jaunâtre, tandis que celle des faïenciers est bleutée ou d'un gris sombre et ne vaut absolument rien pour les pots non émaillés ou seulement émaillés intérieurement.

D'ailleurs, les pots confectionnés comme nous allons le voir avec cette argile, pas plus que les récipients que font les faïenciers, ne peuvent servir à la cuisson des aliments. Ils sont tous destinés à être employés à froid, jamais à servir de casseroles ou de marmites à faire la cuisine.

L'argile est apportée de la carrière par des ânes comme je l'ai indiqué ci-devant. L'exploitant de la carrière fournit tout le matériel et les ouvriers nécessaires à l'extraction de l'argile à la pioche, au chargement des ânes, au transport jusqu'à l'atelier du potier ; les ânes lui appartiennent ou sont pris par lui en location. En échange, le maître-potier paie l'argile rendue dans la cour de son atelier à raison de 3 pessetas et demie (2 fr. 80 environ) par âne et par jour. Or l'âne fait cinq voyages par jour pour venir de la carrière de *Ben Jellîq*. On compte une moyenne de 15 à 25 charges d'argile pour remplir une fosse (*ẓôba*).

Naturellement, l'ânier qui fait le service de la carrière à l'atelier conduit plusieurs ânes en même temps, en moyenne une demi-douzaine. Il décharge ses ânes dans la cour de l'atelier en jettant à terre le sac (*šwêrî*) en palmier qui est simplement posé sans être fixé sur le dos de l'âne (fig. 5). Puis il replace les *šwêrî* sur les ânes et repart aussitôt pour la carrière charger un nouveau convoi.

I. — Personnel de l'atelier

Selon l'importance des ateliers, le nombre des ouvriers varie naturellement. L'atelier le plus faible peut se composer d'un seul ouvrier, assisté ou non d'un aide qui est souvent son propre fils. Dans ce cas, cet ouvrier, qui est en même temps le patron, fait tout par lui-même ; il prépare l'argile, la façonne et la cuit. Mais ceci est l'exception. Dans le cas le plus fréquent, que le patron travaille lui-même ou non, un atelier comprend le personnel suivant :

a) Un maître-ouvrier (ou plusieurs) pour le tournage, de là son nom de *m'allem dèl mâ'ûn* « ouvrier du tour », appelé aussi *m'allem muwâ'ni*. C'est un ouvrier accompli qui est chargé de cette besogne. Il a appris son métier en travaillant à l'atelier comme apprenti et il est passé successivement par toutes les phases de l'apprentissage, dont nous parlons ci-dessous, sauf par celle du *roḍḍâd*.

b) Pour le malaxage, un ouvrier pétrisseur (ou plusieurs) appelé *ṭerrâb*, qui est chargé de pétrir et d'épurer l'argile des corps durs qu'elle contient. C'est la dernière opération que subit l'argile avant d'être façonnée. Il prépare les mottes d'argile que le *m'allem del mâ'ûn* placera sur son tour pour le façonnage des pièces. Il s'exerce au tournage, ou façonnage des pièces au tour, à ses moments de loisir, soit en utilisant le tour du *m'allem del mâ'ûn* quand celui-ci est absent, soit sur un tour disponible. Cet ouvrier aide le maître-ouvrier du tour à ranger les pièces dans le four pour la cuisson.

c) Un ouvrier pour détremper l'argile et la laver dans la fosse dite *ẕôba*. Celui-ci est appelé *roḍḍâd*.

Son travail consiste, comme on le verra plus loin, à mettre l'argile dans la fosse, à la mouiller par une immersion com-plète, à la triturer avec les mains, à la retirer de la fosse pour la déposer sur le bord (ressuage), puis à la transporter dans la chambre de travail au tour. Comme ce travail ne se fait pas tous les jours, surtout dans les petits ateliers, il n'y a générale-ment pas d'ouvrier *roḍḍâd* attaché à l'atelier, mais le patron emploie à la journée, ou plutôt à forfait, un ouvrier de ce genre lorsqu'il en a besoin ; cette occupation du *roḍḍâd* ne lui prend, pour un même atelier, que peu de temps, aussi va-t-il louer ses services dans d'autres ateliers. A moins, comme il arrive souvent, que le *ṭerrâb* ne se charge de ce travail.

d) Un ou plusieurs petits apprentis, *met'allem* (pl. *met'allmîn*) ou aides, chargés de donner à l'ouvrier du tour ce qu'il lui faut pour travailler, de transporter les objets façonnés de la chambre d'atelier dans la cour pour le séchage, de faire passer les pièces pour le remplissage du four ou pour le vider, de faire les commissions de toute nature pour l'atelier.

Salaires

En ce qui concerne les salaires, les chiffres varient un peu avec les saisons — selon l'activité plus ou moins grande du travail — et avec la valeur des ouvriers employés. Nous donnerons ici les chiffres moyens.

a) Dans les petits ateliers, le maître-ouvrier travaillant au tour est généralement le patron lui-même de l'atelier, et dans les ateliers de quelque importance, ce maître-ouvrier passe un contrat d'association avec le patron sur les bases que nous allons examiner ci-dessous. Il est donc rare que l'ouvrier du tour reçoive un salaire. Quand il en reçoit un, il est payé généralement à la journée de un demi-*ryâl* [1] à un *ryâl* (de 2 à 4 francs) ou plutôt à la tâche, à la *ṭrîḥa* comme on dit (on verra ci-dessous le sens de ce mot), qui lui prend du lever du jour à une heure après midi environ et il gagne pour cela de 2 francs à 2,50. Quand il est chargé en outre d'être *ṭerrâb*, il est payé à ce même tarif, mais pour une demi-*ṭrîḥa* seulement.

b) Le *ṭerrâb* peut être payé au mois et pris pour une année, ou à la journée. Au mois il gagne 7 réaux (environ 28 francs) et reçoit en outre à chaque fournée de cuisson des pièces de son travail, 1 *ryâl* (environ 4 francs) en argent ou en nature (poterie), et cela quelle que soit la saison, qu'il y ait du travail ou non. Or, on sait que pendant l'hiver et au moment des pluies le travail est considérablement ralenti.

---

(1) Dans l'évaluation des salaires, j'emploierai les termes marocains *ryâl* (auquel je donne le pluriel français réaux, du singulier réal), *pesseta* (au lieu de la prononciation *besseta*, marocaine). La pesseta est en somme le franc marocain et le ryâl vaut cinq pessetas. Mais la pesseta n'existe pas en réalité comme unique pièce de monnaie; elle est obtenue par deux demi-pessetas qu'on nomme en marocain *ḥasânî*. Pour se faire une idée de la valeur réelle de ces salaires, il aurait fallu donner un aperçu du coût de la vie d'un ouvrier, d'un patron à Fès au moment de cette enquête. Je n'ai pas cru devoir le faire dans cette étude qui est avant tout technique et non économique.

.Si cet ouvrier est pris à la journée, il gagne de deux à trois pessetas, soit environ 1,60 à 2,40, quelle que soit d'ailleurs la durée du travail de la journée. Et cette durée peut aller du lever du jour à midi ou jusque vers 3 heures du soir. En tout cas, le travail de la journée pour tous les potiers est toujours terminé à l'heure de la prière *dèl-'aṣer*, qui a lieu vers 4 heures du soir.

c) Le *roḍḍâḍ*, ai-je dit, n'est pas ordinairement attaché à tel ou tel atelier ; il ne fait pas partie du personnel fixe de l'atelier, c'est un ouvrier qui loue ses services parfois à plusieurs patrons en même temps, car son travail ne se fait qu'à de très longs intervalles ; son salaire varie beaucoup, selon le plus ou moins d'activité du travail et surtout selon les dimensions de la fosse. Il n'est pas en effet payé à la journée, mais à la tâche, et gagne, pour tout ce qui se rapporte au travail de l'argile dans la fosse, jusques et compris le transport de l'argile, de la fosse à détremper dans la chambre d'atelier, de une pesseta et quart à deux pessetas, soit de 1 franc à 1,60 de notre monnaie, pour une fosse d'argile (*ẓôba*).

d) Le *met'allem* est un enfant qui ne gagne au début et pendant deux ou trois ans que de 1/4 à 3/4 de ryâl (1 à 3 francs de notre monnaie) que lui donne le patron à l'occasion de la sortie du four des pièces qu'on vient de cuire (ce moment de la sortie du four se nomme le *moqjar*), c'est-à-dire environ une fois par mois et, au maximum, trois fois en deux mois pendant l'été. Il est légèrement augmenté à mesure qu'il grandit et qu'il rend plus de services à l'atelier. D'ailleurs il n'est vraiment augmenté — et encore de bien peu à la fois — que lorsqu'il commence à pétrir l'argile, et cela exige déjà un certain développement physique de la part de l'ouvrier. Il gagne alors 1 ḥasânî (0 fr. 40) par jour et reçoit, en outre, de 1/2 à 1 ryâl au *moqjar*.

Associations

Nous avons dit ci-devant que le *m'allem muwâ'ni*, s'il n'était pas lui-même patron de l'atelier, était généralement associé avec le patron. Voici les types les plus communs d'associations de ce genre :

1° Un patron d'atelier qui ne travaille pas lui-même prend comme associé un *m'allem muwâ'ni* dans les conditions suivantes : Le patron prend à sa charge toutes les dépenses (loyer de l'atelier, combustible, apprentis et *roddâd*) et s'occupe de la vente, en tenant lui-même ou en faisant gérer à ses frais le magasin de vente en ville ; le *m'allem muwâ'ni* se charge de tout le reste du travail, pétrit l'argile, la façonne au tour, s'occupe de tout ce qui se rapporte à la cuisson. Lorsque les produits sont vendus, le montant de la vente est partagé, sans aucune déduction préalable, à raison de 3/4 pour le patron d'atelier et 1/4 pour le maître-ouvrier. Le prix de l'approvisionnement en argile est à partager entre les deux associés. Pendant le travail, et avant la vente définitive, l'ouvrier peut avoir besoin d'argent pour vivre ; c'est le patron qui lui fait des avances jusqu'à concurrence d'un maximum de 2 pessetas moins 1 *gerš* (soit 1 fr. 40 environ) par jour. Au moment du partage du produit de la vente, le patron commence par prélever sur la part de l'ouvrier les avances qu'il lui a faites ;

2° Dans les mêmes conditions respectives des contractants, après la vente des poteries, le patron, avant le partage, prélève sur la somme totale les dépenses qu'il a faites (la location de l'atelier y étant comprise ou non) et ce qui reste est partagé également, moitié pour moitié, entre les deux contractants.

Autrefois le patron d'atelier gardait seul à sa charge, sans la compter dans les débours, la dépense d'argile, parce qu'elle était minime par suite du transport à très bon marché ; mais aujourd'hui, avec la cherté de la vie, le prix élevé de l'orge pour l'alimentation des ânes servant au transport, le relèvement progressif des salaires des ouvriers, il en est rarement ainsi et la dépense d'argile entre dans le partage, à la charge des deux contractants.

Les deux types d'associations exposés ci-dessus donnent, à fort peu de variantes près, la formule habituelle de ces sortes de contrats.

En octobre 1914, le nombre des ateliers des *Ḥarrāša* à Fès était de 17, employant 24 maîtres-ouvriers en tournage, 14 ouvriers dits *ṭeṛṛâb* et une douzaine de jeunes apprentis. Nous ne parlons pas des ouvriers dits *roḍḍâd*, bien peu d'entre eux sont attachés à un atelier, avons-nous déjà remarqué. Ils travaillent d'ailleurs au service des *ḥaṛṛâša* aussi bien que des autres artisans en terre cuite.

II. — ATELIER ET FOUR ; OUTILLAGE DES POTIERS

L'atelier des potiers se nomme *ḍâṛ'amel* et comprend : une cour plus ou moins vaste [*raḥba dèl ḥèdma* ou *gâra* (pl. *èt*)], complètement découverte, ayant accès sur l'une des rues ou plutôt des ruelles du quartier des potiers, par une entrée qui reste toujours ouverte. Dans cette cour sont creusées les fosses (*zôba*) à triturer l'argile, analogues à celles des briquetiers, mais plus grandes et toujours pavées. Sur le pourtour de la cour, et sur le même niveau, s'ouvrent des chambres de divers types, servant à des usages différents ainsi que le ou les fours destinés à la cuisson des pièces.

Les chambres sont toutes assez basses, de 3 à 4 mètres de hauteur, et sont couvertes en terrasse. Leurs dimensions sont variables. Les plafonds, qui supportent les terrasses en terre battue, sont soutenus par des madriers de cèdre à coupe rectangulaire et de faibles dimensions.

Assez souvent devant le four se trouve un grand hangar couvert, fermé de trois côtés par des murs et dont le quatrième côté (du côté du four) est complètement ouvert. Ce hangar, nommé *sqîf* (pl. *seqfâwun* qui est la forme berbère), sert à entreposer les objets façonnés, avant la cuisson, et ceux dont le séchage doit se faire à l'ombre.

Une autre pièce de 3 mètres à 3^m50 de large sur une longueur double environ est fermée par une porte. Elle se nomme *bît* (pl. *byût*) ; elle sert de dépôt aux pièces cuites et qui attendent la vente.

Une troisième pièce, appelée *bît dèl mâ‘ûn*, est celle dans laquelle se trouve le ou les tours à potier. Elle a aussi la forme rectangulaire, 7 à 8 mètres de longueur, face à la cour, sur une profondeur de 3 ou de 6 mètres. Quand elle a 6 mètres de profondeur, elle comporte deux rangées de madriers supportant le plafond et chaque rangée repose d'une part sur chacun des murs de la chambre et au milieu de celle-ci sur une forte poutre supportée par des piliers en briques. Cette disposition est rendue nécessaire à cause de la faible longueur (maximum de 3^m50) des madriers de cèdre employés dans la charpente des constructions. Une telle chambre à piliers centraux ne se nomme plus *bît*, mais *tehûna*.

Cette pièce est celle dans laquelle on travaille. Avec le « tournage » et le « tournassage », c'est là que se fait le malaxage et le pétrissage de l'argile notamment.

Il est évident que des ateliers un peu plus importants peuvent avoir un plus grand nombre de pièces sur le pourtour de la cour, mais la destination de ces pièces et leur dispositif est toujours le même.

Sur les terrasses et dans les parties de la cour inutilisées pour le travail sont entassés, ou étendus pour le séchage, les fagots de combustible pour le chauffage du four.

Le four à potier [1] est plus petit que le four des briquetiers décrit ci-devant, mais plus grand que celui des faïenciers dont une description détaillée sera donnée ci-après. Il ressemble à l'un et à l'autre par son dispositif général : une chambre pour le *foyer* et une autre pour la *cuisson*, séparée l'une de l'autre par un plafond percé de trous ; mais la chambre de cuisson, ou *four* proprement dit, n'a pas la forme cylindrique du four des briquetiers, ni le plafond arrondi en coupole de celui des faïenciers. Ici, cette chambre de cuisson est d'une hauteur de 3^m50 environ au-dessus du *ǵorbâl* ou plafond de séparation, sur une largeur de 2 mètres à 2^m50 de diamètre à la base circulaire ; elle est terminée par une sorte de tronc de cône dont la petite base ouverte, de 0^m30 de diamètre environ, forme une sorte de cheminée pour l'échappement de la fumée et des gaz chauds et se nomme *käskâs*, à cause de son analogie de forme avec l'instrument de ce nom.

Le foyer se trouve presque entièrement enterré sous le niveau du sol de la cour. Une porte (*bâbèssjèn*), placée immédiatement sous le *ǵorbâl*, y donne accès. Un épais remblai de terre entoure extérieurement les parois en briques du four et lui forme un manteau (*jebba*) qui s'oppose au refroidissement. Cette *jebba* est coupée par un secteur vertical étroit donnant accès vers la porte du four *bâbelfrina* qui est d'ordinaire juste au-dessus de la porte du foyer. Ces deux portes sont séparées par un fort seuil en terre battue de 50 centimètres à 1 mètre d'épaisseur. La porte du four est toujours en retrait sur la porte du foyer d'environ 1 mètre. C'est sur le devant de la porte du four que se place l'ouvrier pour tendre les pièces à enfourner à l'ouvrier qui les range dans le four, ou qui reçoit

---

(1) Une description (trop sommaire pour que l'on puisse s'en faire une idée bien exacte) du four à potier de Tétouan est donnée par A. JOLY dans son étude de *L'Industrie à Tétouan* (*loc. cit.*, p. 268-270), avec 2 figures schématiques.

les pièces à retirer du four pour les remettre à un autre ouvrier
placé au-dessous ,de lui, au niveau de la porte du foyer
(fig. 18).

Pour la terminologie des diverses parties du four à potier et
des outils servant au chauffage, on n'aura qu'à se reporter à
celle qui est donnée ci-dessous pour le four des faïenciers.
Elle est la même. L'outillage du potier est très simple et fort
primitif.

Fig. 18. — Le four-à-potier.
Un ouvrier se tient debout devant la porte de la *frina*.
(Photo A. Bel)

Pour triturer l'argile mélangée à l'eau dans la *zôba*, l'ouvrier
ne se sert que de ses pieds et de ses mains. L'eau est déversée
du puits dans le canal le reliant à la fosse ou dans la fosse
elle-même, avec le *delù* ou seau en cuir de bœuf suspendu a
une corde. A défaut de puits, l'eau est apportée à la fosse par
un *geṛṛâb* ou porteur d'eau (cf. fig. 6).

Nous verrons aussi que l'ouvrier pétrit et malaxe l'argile avec ses pieds d'abord et ses mains ensuite. Il se sert toutefois, pour détacher de la masse d'argile les blocs à pétrir, d'une grosse broche en fer de 0^m50 de longueur environ, pointue à l'une de ses extrémités, arrondie à l'autre : c'est le *mšoqq* (fig. 19). Un récipient quelconque plein de cendre est placé à côté de l'ouvrier. Il s'en sert pour prendre de temps à autre une poignée de cendre qu'il jette sur le sol pour faciliter le décollage de la masse de pâte qu'il pétrit. Souvent, avant de commencer à pétrir sa pâte, il saupoudre de la cendre sur le sol au moyen d'un crible, appelé *tila*, fait d'un cadre circulaire de 5 ou 6^{cm} de hauteur, formé d'un boudin de brins d'alfa serré en hélice au moyen de fibres de palmier nain ; le fond de ce tamis est un quadrillage très fin de brins de joncs.

Fig. 19.

Le « tournage » et le « tournassage » des pièces nécessite un outillage plus considérable.

Il y a d'abord le tour-à-potier qui sert aux deux opérations ; il est analogue à celui que l'on retrouve dans toute l'Afrique du Nord et que Van Gennep a sommairement décrit dans ses *Études d'ethnographie algériennes* (Paris, Leroux, 1911, p. 81) [1]. Chez les potiers de Fès aussi bien que chez les faïenciers, le tour (fig. 20) se nomme également *mâ'ün*

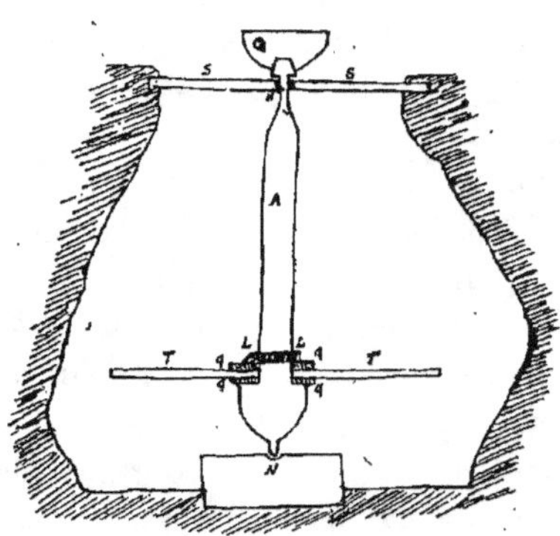

Fig. 20. — Coupe verticale du tour-à-potier.

(1) Voir aussi la courte description et une coupe (fig. 14) du tour-à-potier pour Tétouan, d'après A. JOLY, *loc. cit.*, p. 267-268.

(pl. *muwâ'n)* [d'où l'ethnique *muwâ'ni* servant à désigner l'ouvrier qui travaille au tour]. Il est aussi fixé dans une fosse, dans laquelle l'ouvrier qui travaille disparaît presque jusqu'au sommet des cuisses, appuyé, plutôt qu'assis, sur une planche (*qâ'da)* mobile posée sur le bord de la fosse. Cette position de l'ouvrier est indiquée par les figures 1 et 2.

Un axe vertical A (fig. 21), dit *moǵzel dèl mâ'ùn,* reposant par son extrémité inférieure, terminée en pointe (*bozz)* dans un godet N (*noqta)* ou crapaudine, creusé dans une pierre, supporte, sur son extrémité supérieure en tronc de cône, la tête du tour ou girelle G. Comme l'indique la figure 21, cette extrémité supérieure de l'axe et d'un bois différent — c'est du micocoulier généralement — du bois de l'axe, est fixée par une langue verticale *b* dans une mortaise ménagée dans le corps de l'axe et maintenue par des chevilles *c,* dont les têtes sont marquées sur la figure 21.

Fig. 21.

L'axe est maintenu vertical au moyen d'un bras horizontal en bois, fixé des deux côtés de l'ouverture de la fosse. Ce bras S (*sîf)* [fig. 20] est percé d'un trou circulaire pour le passage du collet cylindrique H (*halq)* de l'axe.

Un large plateau (*tbaq)* T en bois de *berdâ'* (cèdre) de 0ᵐ90 de diamètre, fixé vers la base de l'axe, fortement serré entre deux planchettes *qq* (*qorma)* au moyen d'un coin de bois L (*lzâz)* fiché dans le *moǵzel,* sert à donner au tour son mouvement circulaire : c'est le volant.

La tête du tour, ou girelle, qui est en buis ou en abricotier, est tronc-conique ; la grande base en haut est plane et peut avoir une vingtaine de centimètres de diamètre pour une hauteur de 10 à 12ᶜᵐ ; la hauteur de l'axe au-dessus du plateau est d'une soixantaine de centimètres.

Dans la position du travail, l'ouvrier est placé de façon que la tête du tour soit devant lui et un peu à sa gauche ; il se maintient dans cette position en s'appuyant par l'un des deux pieds, l'un ou l'autre, contre une portée ou barre (*rekâb*, pl. *rkâbi*) en bois, fixée devant lui dans l'intérieur de la fosse et un peu au-dessus du volant ou *ṭbâq* ; de l'autre pied libre, il pousse le volant, auquel il imprime un mouvement de rotation en sens contraire du mouvement des aiguilles d'une montre ; ce mouvement est transmis à la tête du tour par l'axe ou *moǵzel*. Une simple armature en planches de cèdre retient, sur les parois de la fosse, la terre du sol environnant. Devant l'ouvrier en travail et vers sa droite, enfoncée dans le sol, se trouve une cuvette en terre cuite appelée *mannâr*, dans laquelle il prend avec les mains l'eau nécessaire pour façonner son bloc d'argile posé sur le tour.

Devant lui, auprès du *mannâr*, l'ouvrier du tour a posé les menus outils dont il se sert, soit pour le tournage, soit pour le décor des pièces. Pour donner de la régularité aux surfaces arrondies des vases, un simple morceau de roseau, sans nœud, formé d'un demi-cylindre, appelé *qeṣba* « roseau » (fig. 22), est appuyé légèrement par sa face convexe sur la partie externe du vase qui tourne, tandis que l'ouvrier maintient la paroi interne avec le poing de l'autre main. L'ouvrier emploie des *qeṣba* de diverses dimensions (de 10 à 15^{cm} de longueur pour 1^{cm} à 2^{cm} de diamètre) selon la grosseur des pièces à tourner.

Fig. 22.

Les bords supérieurs des ouvertures des vases sont ici simplement régularisés et polis à la main, entre les doigts de l'ouvrier, et sur le tour, sans le secours du petit morceau de peau de bouc tannée, appelé *bornâṭa*, dont se servent les ouvriers au tour pour les vases en terre émaillée.

Pour détacher du tour la pièce ainsi façonnée (quand la motte d'argile est posée à même sur la girelle), l'ouvrier emploie soit une aiguille de roseau, soit, selon les objets, une simple ficelle

de chanvre. L'aiguille de roseau, dite *tcšfir* (fig. 23), terminée
en pointe, est amincie à ses deux extrémités ; sa longueur
peut avoir en moyenne 15 centimètres. et sa largeur
1 centimètre. La ficelle de chanvre (fig. 24) de moins
d'un millimètre de diamètre, sert à couper d'une
section plus régulière les pièces plus épaisses, telles
que les fonds de gargoulettes par exemple, elle se
nomme *qannba*, peut avoir 25 à 30 centimètres de
longueur et se termine quelquefois, à l'une de ses

Fig. 23.

extrémités, par un court bâtonnet (*'cùd*) de roseau, de
5 centimètres de longueur à peine.

Pour mesurer le diamètre d'ouverture de certains objets,
comme les larges colliers de poteries appelés *dûr*
et employés dans la construction des parois de
puits, ou encore comme les grandes amphores,
l'ouvrier ne pouvant le faire avec la main ouverte,
se sert d'une baguette d'olivier, appelée, dans ce
cas, *qyâs* (pl. *ât*) « mesure ».

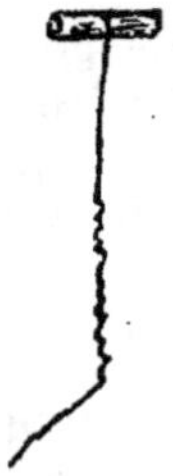

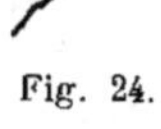

El-*ḥadîda dètṣefya* (fig. 25) est une règle plate
et mince, en fer, de 4 à 5^{cm} de largeur, repliée à
angle droit à l'une de ses extrémités, ou aux deux,
de façon à former un bec de 5 à 6^{cm} de longueur,
tandis que l'autre bras, ou la

Fig. 24.

partie centrale de la règle, peut
avoir une quinzaine de centimètres de longueur. Le bras le plus
long est saisi par l'ouvrier, tandis
que le plus court, parfois légèrement incurvé sur la tranche, vers
l'axe du pli sur le plus grand
bras, sert à amincir les parois des
vases vers la base et à donner un

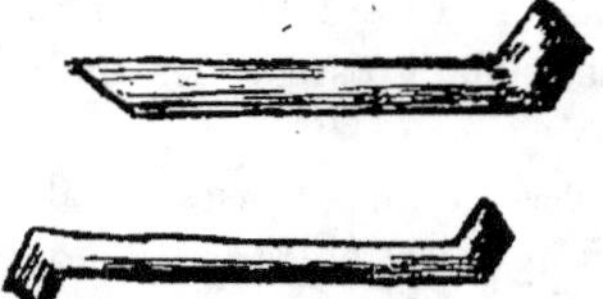

Fig. 25. — La *ḥadîda dètṣefya*,
en fer, pour le tournassage.

évidement régulier au pied circulaire de certains d'entre eux, les
alcarrazas par exemple Pour enlever de l'argile aux endroits

voulus, l'ouvrier fixe la pièce à sertir sur le tour, dans la position convenable, c'est-à-dire la base en l'air, et lui imprimant un mouvement de rotation, il applique la *ḥadîda*, par sa tranche, sur la partie à amincir en appuyant plus ou moins sur la pièce. L'excès d'argile tombe en un ruban. L'ouvrier pour se rendre compte de l'épaisseur de la pièce frappe du doigt la partie dégrossie et entend à la percussion, selon que le son est plus ou moins mat, si l'amincissement est suffisant. Cela fait partie du « tournassage ».

Pour percer certaines pièces, par exemple les *jobbâna dèlîqâma*, les *šèbbâk dèl qâdûs*, le potier se

Fig. 26.

sert, pour les petits trous, d'un simple petit bâtonnet d'olivier, le *'ûd*, qu'il enfonce normalement à la paroi à percer. Les trous plus gros sont obtenus de la même façon, mais avec un tube de roseau taillé en sifflet à son extrémité. Cet instrument est le *metqob* (pl. *mṭâqeb*) [fig. 26].

Une planchette en forme de battoir à linge, la *jellâda*, de 35^{cm} de longueur totale, de 10^{cm} dans la plus grande largeur et de 3^{cm} de largeur de manche (fig. 27), sert à l'assemblage, dans la cour de l'atelier, des trois parties, façonnées séparément, des grandes

Fig. 27.

jarres appelées *ḥâwîli*. Pour donner l'adhérence à l'argile dans les parties en contact, l'ouvrier frappe de dehors avec la *jellâdâ* et soutient avec le poing la partie opposée, en dedans du vase.

Enfin, l'atelier des potiers comporte un certain nombre de plateaux (*ṭbâq*, pl. *ṭobqân*) servant à transporter les pièces façonnées, dans la cour pour le séchage, ou même pour le tournage. Pour le transport des objets, on se sert, soit de plateaux circulaires, soit de plateaux rectangulaires en bois assez grands pour porter plusieurs objets. Pour le tournage de certains vases, l'ouvrier fixe sur le tour un plateau circulaire en terre cuite *(ṭbâq dèl ḥajer)* ou de bois *(ṭbâq dèl 'eûd)* et lorsque la pièce est finie, il la pose à côté de lui, avec son plateau, et l'aide l'emporte dans la cour pour le séchage. Les plateaux de bois, de dimensions variables, sont généralement plus grands que ceux de terre cuite et ne servent que pour les grosses pièces [par exemple les *häwîlî* (grande amphore) et les *geṣ'a* (grand plat)]. Ces plateaux sont faits de planches maintenues en contact sur un plan au moyen de traverses de bois sous le plateau (fig. 28).

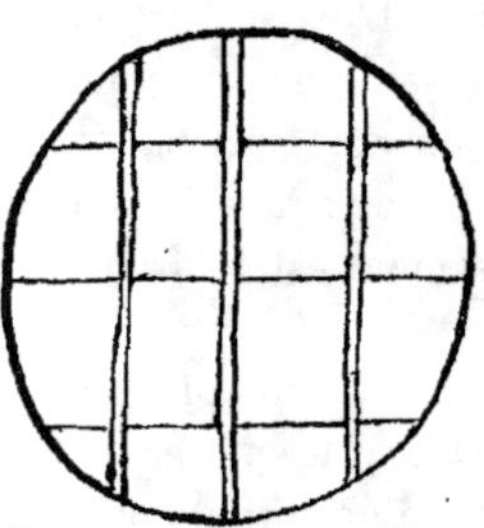

Fig. 28. — *Ṭbâq dèl 'eûd* vu de dessous.

Un couteau *(jänwi)* sert à éroder intérieurement, par exemple le bord de l'ouverture la plus large du *qâdûs* ou tuyau pour l'eau, de façon à y faire pénétrer plus exactement l'autre extrémité du *qâdûs* voisin. Cette opération qui consiste à éroder le bord d'une poterie crue se nomme *teqrâṭ* (du verbe *qarreṭ*). Tels sont les seuls instruments dont se sert le potier pour le façonnage des pièces.

Pour les décorer, son outillage n'est pas moins simple. Le *maršem* (pl. *mrâšem*) ou « moule » (fig. 29) est un tube de roseau dont l'un des bouts taillés en dents de scie, sert de « marque » pour graver des séries de petits cercles dentelés, disposées en bandes

Fig. 29.

circulaires autour des panses. Il y en a de plusieurs dimensions ; selon que l'on a à décorer une pièce plus ou moins grande, on emploie un *maršem* plus ou moins gros.

Une *mešṭa* (pl. *mšâṭé*) ou peigne en bois dur (fig. 30), en abricotier généralement, sert à tracer, sur les objets au tournassage, des séries de raies parallèles, soit régulières et selon la direction d'un plan perpendiculaire à l'axe de l'objet, soit plutôt formant une série de méandres de faible amplitude [1]. Ce peigne a des dents à ses deux extrémités.

Enfin pour émailler à l'intérieur quelques-uns des vases où objets fabriqués par eux, les potiers ont également besoin d'un outillage sommaire de vases en terre pour la préparation du mélange des vernis. Mais les potiers n'ayant besoin que d'une seule couleur, le brun clair, leur outillage de teinture est moins compliqué que celui des ouvriers en faïence émail-lée. Je donnerai plus loin au chapitre de l'émail des détails complets sur cet outillage.

Fig. 30.

III. — LE TRAVAIL DE L'ARGILE

A) Délayage et trituration

L'argile (*tâḍoqqa*) [2] apportée de la carrière est versée dans la cour de l'atelier. Quand on n'est pas pressé par le travail, on la laisse un peu sécher au soleil pendant un jour ou deux.

L'argile ainsi apportée se présente sous forme de gros blocs d'inégale grosseur (fig. 5) qu'il faut concasser en menus fragments pour la détremper plus facilement dans l'eau. Ce premier séchage des blocs d'argile permet de les concasser

---

(1) On ne fait jamais avec ce peigne les larges et profondes ondu-lations que j'ai retrouvées sur de vieilles poteries du x⁰ siècle dans mes fouilles de Tlemcen (Cf. mon *Atelier de poteries et de faïences du X⁰ siècle de J.-C.*). Mais on avait aussi au x⁰ siècle à Tlemcen un décor des vases, en ondulations, tracées au peigne et de très faible amplitude, faites avec une *mešṭa*, certainement identique à celle des potiers de Fès. Le *maršem* s'y trouvait aussi, comme je l'ai dit dans le travail sus-indiqué.

(2) Appelée *tefel* à Tétouan, d'après A. JOLY (*loc. cit.*, p. 272).

plus facilement. Cette opération se fait avec la tête d'une pioche et c'est le premier travail du *roḍḍâd*. Ensuite, cet ouvrier transporte l'argile concassée, à la couffe, dans la fosse *ẓôba*, qui est deux fois plus grande que celle des briquetiers, et la déverse sur le fond et les côtés de façon à recouvrir complète-

Fig. 31. — Délayage de l'argile dans l'eau de la fosse dite *ẓôba*
(Photo A. Bel)

ment la cuvette que représente la *ẓôba* et sur une épaisseur régulière d'une vingtaine de centimètres. Il remplit d'eau et laisse tremper ainsi pendant plusieurs heures (6 heures au moins); puis les jambes nues jusqu'à mi-cuisse, et les bras également nus, le *roḍḍâd* entre dans la *ẓôba* et, lentement avec ses deux mains, il soulève et retourne l'argile, comme le ferait un boulanger avec de la pâte, afin d'assurer une bonne pénétration de l'eau dans toutes les parties de la masse argileuse (fig. 31). Cette opération doit se faire au moins une fois, quelquefois deux, pendant que l'argile trempe dans l'eau (*tefzeg*) de la fosse, afin de la délayer et de la mouiller également dans sa masse entière. Au bout de 12 à 15 heures l'opération est terminée ; le *roddâd* retire l'argile de la fosse (c'est le *teḫrâj*) par brassée et la dépose sur le bord en un amas unique que l'on laisse égoutter. C'est le « ressuage ». On la laisse là, au soleil, pendant une journée en été, deux, trois et même quatre jours en hiver, sans la toucher. Cela permet à l'eau en excès de s'écouler ou de s'évaporer et la pâte s'épaissit comme il convient. On dit de l'argile devenue ainsi moins fluide, plus consistante : *ettâdoqqa ta'qod* « l'argile est devenue liante ». L'ouvrier (*roddâd* ou le *ṭerrâb* selon les conventions avec le patron) transporte l'argile ainsi préparée dans un coin de la chambre du tour où il l'entasse. Cette opération se nomme *ṭommân* (du verbe *ṭomm* « amonceler »). L'endroit de la chambre où l'on dépose l'argile triturée se nomme *qarṭal*. On laisse reposer là cette argile le plus longtemps possible avant de s'en servir, avant de la malaxer et de la pétrir. « D'après l'opinion générale, la pâte gagne en qualité quand on la conserve longtemps en masse, souvent pendant plusieurs années, dans un état constant d'humidité comme dans des caves humides. Elle éprouve alors ce qu'on appelle la *pourriture* » (*Encyclopédie Roret, porcelainier, faïencier, potier de terre*, édit. de 1898, p. 161). Plus son séjour dans ce coin sombre et humide est prolongé, meilleure devient l'argile. On parle de potiers d'autrefois qui faisaient entasser de l'argile dans le *qarṭâl*, en réserve pour leurs fils et même leurs petits-fils. L'*Encyclopédie Roret* (*loc. cit.*, p. 165) mentionne cette opinion répandue, que les Chinois conservent leurs pâtes à porcelaines pendant cent ans avant de les travailler. Ceux qui connaissent l'imprévoyance et l'indifférence de l'ouvrier musulman sentiront l'exagération de ces dires des potiers d'aujourd'hui, sur les vertus des anciens, à ce sujet. Il n'en reste pas moins que ces légendes viennent confirmer le fait, encore incomplètement expliqué, que l'agile après le ressuage s'améliore par un long repos dans la chambre d'atelier. Aujourd'hui, à Fès, comme disent les potiers, l'argile se refroidit (*yäbred*) ainsi, pendant plusieurs semaines dans le *qarṭal*, avant d'être employée.

B) **Pétrissage et malaxage**

L'argile avant d'être façonnée au tour doit subir encore deux opérations : le pétrissage (*'ama*) et le malaxage (*leṭṛâb*). Pour la pétrir l'ouvrier, appelé *leṭṛâb*, enlève du *qarṭal* avec les mains et en s'aidant du *mšoqq*, la quantité d'argile qui lui est nécessaire, c'est-à-dire cent kilos environ, selon sa force, et la dépose non loin de là, sur une large dalle bien plate fixée horizontalement dans le sol, à l'endroit du pétrissage appelé pour cela *ma'jen* [1]. Une corde (*šṛiṭ*) suspendue à une poutre du plafond, justement au-dessus du *ma'jen*, permet à l'ouvrier qui pétrit de se soutenir d'une main, en tenant cette corde, tandis qu'il écrase et foule l'argile avec ses pieds nus. Placé debout sur la masse d'argile qu'il veut pétrir, il écrase d'un pied, ou plutôt à coups de talon, la pâte en une série de circonférences concentriques, en commençant par la périphérie et en revenant vers le centre ; puis il écrase ensuite de la même façon les circonférences formant saillies entre deux circonférences en creux, en allant du centre vers la périphérie. La surface de l'argile ainsi écrasée augmente à mesure que la masse s'amincit ; l'ouvrier relève les bords et les rabat sur le centre, avec les mains, puis il recommence à écraser avec les pieds, et ainsi de suite, de façon à répéter trois ou quatre fois cette opération dans la même journée. Il laisse ensuite reposer cette pâte jusqu'au lendemain. C'est le pétrissage par le procédé dit du « marchage » bien connu aussi des potiers européens.

Alors commence le malaxage (*leṭṛâb*), c'est-à-dire le pétris-

---

[1] On ne mélange jamais de sable à l'argile de Fès pour la cuire.

sage avec les mains, ou battage. De l'argile préparée la veille, de la façon que nous venons d'indiquer, l'ouvrier, avec le *mšoqq*, découpe et enlève un morceau d'une quinzaine de kilogs et le place sur le *ma'jen*, se met à genoux devant lui, le roule par un mouvement de va-et-vient, le pétrit véritablement, après avoir eu soin, pour éviter que la pâte ne se colle au sol, de saupoudrer de la cendre sur le *ma'jen*. Après avoir pétrit ainsi sa pâte, il la maintient d'une main, tandis que de l'autre il repousse, de la paume, l'argile devant lui en allant successivement du centre de la masse vers le bord, de gauche à droite s'il se sert de la main droite et de droite à gauche si c'est la main gauche qui fait ce travail. Au fur et mesure qu'il sent sous la main un corps dur, une impureté de l'argile, une petite pierre, qui ne s'est pas révélée sous ses pieds au moment du premier pétrissage, il le rejette aussitôt. La masse d'argile qu'il a devant lui s'aplatit et s'étale par cette opération du *teṭṛâb*. L'ouvrier, avec le *mšoqq*, coupe les deux extrémités de cette masse, à droite et à gauche, et les replace sur le centre, puis recommence à pétrir avec les mains, à jeter violemment sa pâte sur le sol et à la malaxer de la main. Et cela dure jusqu'à ce que ce second pétrissage paraisse suffisant et que l'ouvrier estime avoir débarrassé son argile des petits cailloux qu'elle pouvait contenir et en avoir rendu la masse parfaitement homogène

Il découpe, toujours avec le *mšoqq*, sa pâte en morceaux à peu près égaux et en fait une série de mottes quasi-cylindriques de dimensions variant de 25^{cm} à 50^{cm} de hauteur sur un diamètre de 10^{cm} à 20^{cm} ; chacun de ces pains cylindriques d'argile ou « balles » se nomme *ṭôba* [1] (coll. et pl. *ṭôb*) et l'on dit de l'ouvrier qui les prépare *ileffeṭṭôba*, « il roule la balle

---

(1) *Kûra* « boule » est le nom qu'on donne à Tétouan à la « balle d'argile appelée ici *ṭôba* (Cf. A. JOLY, *loc. cit*, p. 272).

d'argile ». Il dépose, sur sa base circulaire, chaque *ṭôba* à côté de la fosse du tour et à proximité de la main de l'ouvrier qui travaille ; celui-ci prend aussitôt ces mottes d'argile pour les façonner une à une sur son tour.

C) **Le tournage et les pièces préparées**

Le *m'allem dèl mâ'ûn* s'installe dans la fosse devant son tour. Le tour n'est éclairé que par une seule porte placée juste en face de lui, et l'ouvrier, en travail, fait face à la porte ; il a, comme je l'ai dit, un peu à sa gauche le tour, tandis que devant lui, vers sa droite, se trouve le *mânnâr* ou cuvette contenant l'eau qui lui est nécessaire (fig. 1). Cette eau devient bientôt une véritable « barbotine » par suite de l'apport constant d'argile que fait l'ouvrier avec ses mains enduites d'argile qu'il y trempe constamment.

Le potier, après avoir appliqué avec force sur la girelle une « balle » d'argile, saisit à côté de lui, selon l'objet qu'il veut façonner, un plateau de terre cuite ou de bois et l'applique à plat sur cette argile qui lui donne la fixité nécessaire. Pour certaines petites pièces même il se passe du plateau. Sur ce plateau ou sur la girelle il jette la « balle » ou *ṭôba*, de la dimension voulue pour la pièce qu'il se propose de tourner. Lorsqu'il s'agit d'objets qui ne se font pas sur un plateau, il peut en fabriquer plusieurs d'une seule motte ou *ṭôba*. Dans tous les cas, la *ṭôba* étant sur le tour, avec ou sans plateau, l'ouvrier — faisant tourner le tour avec le pied — la saisit entre ses mains ouvertes et mouillées et la serre de façon à lui donner une forme cylindrique régulière, puis il donne à l'objet qu'il veut façonner une première ébauche de sa forme, en enfonçant de haut en bas ses pouces dans la pâte, puis son poing fermé, pour arrondir les panses et modeler enfin son bloc d'argile, qui tourne sur la girelle du tour, avec ses mains et ses doigts, sans se servir d'abord d'aucun instrument [1].

Voici, à titre d'indication, la manière de procéder pour un certain nombre de pièces de fabrication courante :

a) Confection des alcarrazas ou hydrocérames [2]. — Pour faire des alcarrazas *(berrâda*, plur. *brâred)*, le potier tourne d'abord les panses qu'il tire d'une motte d'argile *(tôba)*, posée sur la girelle du tour sans le secours d'un plateau ; puis il les détache, au fur et à mesure, du reste de la masse d'argile, en coupant le fond de la pièce avec la ficelle dite *qannba*. La panse *(gerrûj)* ainsi obtenue est posée sur un plateau en bois, voisin du tour. Quand ce plateau est garni de *gerrûj*, l'aide (assez souvent le *terrâb*, quelquefois le patron) l'emporte pour un séchage partiel dans la cour.

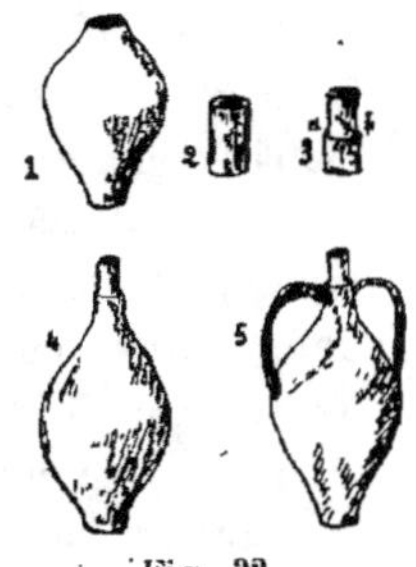

Fig. 32.

Pendant que sèchent les panses, le potier fait les cols et les goulots *('anq)* formés de deux parties, d'égale hauteur à peu près, et séparées par un renflement central *(a b*, 3°, fig. 32) à arête plane et circulaire, qui doit servir de point d'appui aux deux anses.

Le potier ayant terminé les cols, les adapte sur les panses. Cols et panses sont posés à côté de lui sur leurs plateaux respectifs. Il a préparé une petite masse d'argile sur la girelle

---

(1) Toutes ces indications concordent de tous points avec celles que donne *l'Encyclopédie Roret* (*loc. cit.*, p 174-185).

(2) Ces produits en terre cuite ne figurent pas dans l'énumération donnée par A. JOLY des produits de l'industrie des potiers de Tétouan, comme d'ailleurs la plupart de ceux que l'on trouvera ici indiqués. En outre, on remarquera des différences sensibles dans les formes de pièces portant les mêmes noms à Tétouan et à Fès (Cf. *loc. cit.*, p. 275 289).

du tour, de façon à fixer le *gerrûj*, l'ouverture en haut. Il passe
ses doigts mouillés autour de cette ouverture pour faciliter les
adhérences avec le col à demi préparé. Puis adapte ce demi-col
au *gerrûj* en agissant par pression des doigts humides, tant
à l'extérieur qu'à l'intérieur, sur la partie circulaire des points
de contact. Il achève ensuite le col auquel il donne sa forme
définitive.

Après un nouveau et très court séchage, cette pièce passe entre
les mains du *ṭerrâb* ou du patron pour la pose des anses.

Pour cette dernière opération, comme pour toutes les anses
à placer sur des vases quelconques, l'ouvrier prend de l'argile,
pétrie comme pour aller au tour, et prépare, avec de grosses
boulettes de cette argile.qu'il frotte entre ses mains, un certain
nombre de boudins dits *ḥarbûl* (pl. *ḥarâbel*), d'épaisseur et de
longueur variables selon les dimensions de l'anse qu'il veut
placer. Une fois les boudins préparés et déposés près de lui en
tas, il place entre ses jambes allongées (il est assis par terre)
l'alcarraza, saisit l'un des boudins, le mouille légèrement
avec la main trempée dans l'eau, l'étire d'une main, tandis qu'il
le tient de l'autre par une de ses extrémités, en le serrant légèrement entre les doigts de la main libre, de haut en bas ; de
la sorte il amincit, élargit et allonge un peu la future anse ;
puis il en applique l'extrémité contre le col de l'alcarraza,
juste au-dessous et contre le renflement du col, soulève le
boudin par dessous avec les doigts de la main gauche de
façon à lui donner la courbure convenable, tandis qu'il fait
glisser sa main droite le long du dos de la future anse afin
d'y creuser légèrement une gorge dans toute la longueur ;
enfin il ramène la base du boudin contre la panse du vase à
l'endroit voulu et la fixe en la cimentant avec les doigts pour
qu'elle fasse corps avec la pièce. Il enlève l'extrémité du
boudin qui peut être en excès, et l'anse se trouve posée ; il
n'y a plus qu'à la laisser sécher pendant quelques jours.

Avant de passer au four, l'alcarraza doit revenir encore sur le tour du potier pour recevoir une forme plus régulière pour l'évidement du fond et l'amincissement du bas de la panse. C'est le « tournassage », qui se fait ici sur le même tour que le « tournage ».

L'alcarraza est placée, la tête en bas, sur la motte d'argile de la girelle du tour. Pour la circonstance, cette motte d'argile a été évidée en une sorte de cuvette ou de large raînure ayant les dimensions voulues pour recevoir exactement l'alcarraza, dont les anses sont fixées dans des évidements de la motte d'argile, faits spécialement pour les recevoir.

Le potier fait tourner la pièce tandis qu'il applique sur les parois l'instrument appelé *ḥadîda dè\tṣe\fya* de façon à râcler l'argile en excès ; même opération pour le fond de l'alcarraza qui était plein et qui s'évide avec l'extrémité anguleuse de la *ḥadîda*. Il n'y a plus qu'à ranger ces alcarrazas dans le *sqîf*, près du four, en attendant le jour de la cuisson.

Pour ces vases, comme pour un certain nombre de ceux qui ne doivent pas recevoir de vernissage à l'intérieur, le potier, pour les rendre très blancs après la cuisson et éviter la coloration rougeâtre par l'oxydation des sels de fer que contient l'argile, ajoute du sel de cuisine [1] à la pâte dont ils se sert. La salure de la pâte se fait superficiellement pour les *berrâda*, *ġorrâf* (pot-à-eau) *tâgra* (bol) en salant fortement l'eau de la « barbotine » qu'emploie, dans le *mannâr*, le potier pour le façonnage au tour.

Mais pour certains vases de plus grandes dimensions la salure de la pâte se fait au pétrissage, en introduisant dans la masse d'argile 5 ou 6 kilogs de sel de cuisine (en pains ronds

____

(1) On sait que le chlorure de sodium ou sel marin a la propriété de dissoudre les impuretés de l'argile. Il est employé par les potiers en général pour donner du brillant aux grès fins et communs. Nous verrons plus loin, au sujet des émaux, qu'il intervient dans leur préparation

provenant des gisements de sel gemme de la région de Fès) que l'on a fait dissoudre dans un peu d'eau. C'est ainsi que l'on procède pour les *ḥannûs dèl mâ* et les *bûš*, qui sont de grandes amphores pour l'eau.

Fig. 33. — Couvercle (*tâgra*) d'une jarre à eau.

b) Confection des tâgra [1] *ou couvercles des amphores* (fig. 33). — Le potier met son tour en mouvement après avoir appliqué sur la girelle une balle d'argile, comme dans le cas précédent ; il allonge vers le haut et amincit entre les deux mains cette balle, puis avec une pression du pouce de la main droite plongé de haut en bas dans l'argile, il évase sa pâte en forme de cuvette, l'aplatit en forme d'assiette fixée au reste de l'argile par sa base circulaire de 6cm à 7cm de diamètre.

Fig. 34. — Façonnage d'un *tâgra* : 1° tournage ; 2° tournassage.

Il détache du bloc d'argile la *tâgra* ainsi façonnée au moyen de la *qannba* (fig. 34, 1°). Après un séchage convenable, le potier procède au tournassage pour finir le fond et la base en forme de godet circulaire, comme pour la *berrâda*. Il applique la *tâgra* renversée sur une épaisse couronne d'argile préparée sur la tête du tour et saupoudrée de cendre pour faciliter ensuite le décollement et procède avec la *ḥadîda* à l'amincissement des

Fig. 35.

---

(1) Certains bols fabriqués par les potiers de Fès portent le même nom, bien que, pour ces bols, on entende plus souvent le diminutif *twig·a* (figure 35).

parois et à l'évidement du fond, comme il l'a fait pour la *berrâda* (fig. 34, 2°).

c) Confection des jobbâna dêl iqâma. — Cette *jobbâna* est une sorte de bouteille ventrue, à col très court et large, percée de trous sur le pourtour inférieur de la panse. Elle sert comme, son nom l'indique, à conserver l'*îqâma*, nom donné à Fès à la menthe fraîche dont on parfume le thé et que l'on appelle *na'na'* en Algérie. La *jobbâna* est du volume d'un litre environ.

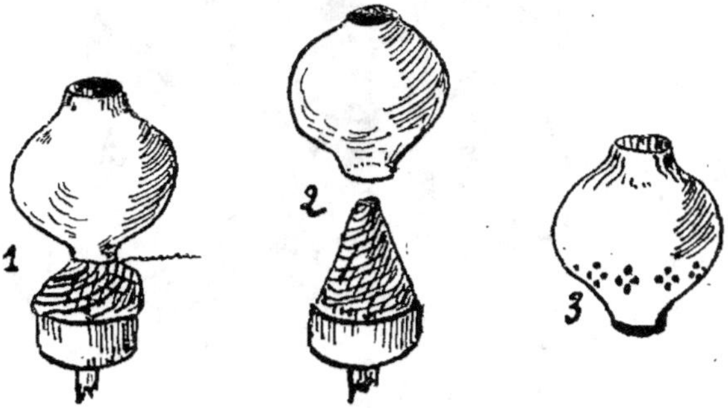

Fig. 36. — Façonnage de la *jobbâna dêl-iqâma* :
1° tournage ; 2° tournassage ; 3° la pièce achevée.

Le potier la confectionne au tour de la même façon que les objets précédemment indiqués (fig. 36, 1°).

Pour évider le fond, après le séchage nécessaire, le potier donne à la motte d'argile, posée sur la girelle du tour, et qui servira de support à la *jobbâna*, la forme d'un cône, qu'il recouvre de cendre. Sur la tête du cône il emboîtera l'ouverture de la *jobbâna* (fig. 36, 2°). Cette disposition lui donne toute facilité pour l'évidement du fond, comme dans les cas précédents. Les trous sont percées hors du tour, par l'aide, au moyen d'un bâtonnet. La figure 37 est une photographie indiquant les positions des ouvriers pour le tournassage et le percement des trous.

d) Confection du qâleb dĕššâšîya ou moule servant à la fabrication des calottes en feutre. Nous avons dit ailleurs [1] l'usage

Fig. 37.

Le tournassage de la *jobbâna dĕl iqâma*
et le percement des trous.

(Photo A. Bel)

que l'on faisait de formes de ce genre. A Tlemcen ces sortes de moules ou formes à faire les calottes de feutre sont en bois, mais à Fès, ou la même industrie du feutre existe, la rareté du bois les a fait remplacer par des formes en terre cuite.

Pour fabriquer un *qâleb* (pl. *qwâleb*) d'argile, le potier fait d'abord, sur le tour, avec une balle d'argile, une sorte de vase

____

(1) A. BEL et RICARD, *Le travail de la laine à Tlemcen*, p. 258 à 260.

conique assez profond (fig. 38, 1°) qu'il détache sans le couper
à la base, mais simplement en le saisissant des deux mains
vers la base et en le retenant ainsi pendant que tourne la
girelle. Quand il a confectionné de la sorte une vingtaine ou
une trentaine de ces vases, il les reprend pour les finir par
le tournassage. Le vase est posé sur la plateforme du tour
(fig. 38, 2°), l'ouverture en bas et, avec les mains humides,
le potier lui donne la forme conique ou tronc-conique; il laisse
toujours une petite ouverture de deux à trois centimètres à la
base, soit à la pointe du cône,
soit au milieu du cercle de la
petite base du tronc de cône (car
il y a les deux modèles).

Il y a quatre ou cinq calibres
des *qâleb* coniques; mais les
dimensions moyennes de ces formes sont de 20^{cm} de diamètre de
base et de 22^{cm} à 24^{cm} de hauteur.

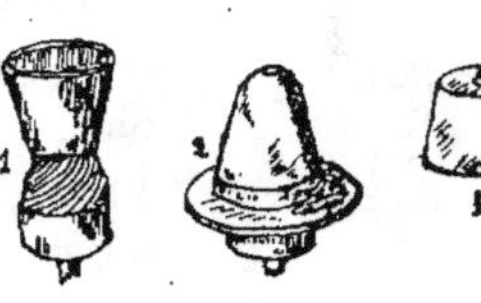

Fig. 38.

Façonnage du *qâleb dëššâšîya*:
1° tournage;
2° tournassage; 3° le *qâleb* terminé.

Les *qâleb* en forme de tronc
de cône servent à la fabrication des calottes de cette forme
et se nomment du nom de ces calottes, *qâleb deṭṭarbûš*. Les
dimensions de cette forme sont pour les diamètres de la grande
base: 20^{cm}, de la petite: 16^{cm} et pour la hauteur: 18^{cm} environ.
Ils sont tous des mêmes dimensions (fig. 38, 3°).

Le seul décor de ces objets consiste en une rainure peu profonde, nommée *šorṭa*, tracée avec la *qeṣba* sur un cercle, à 3^{cm}
ou 4^{cm} au-dessus de la grande base, avant d'enlever l'objet
du tour.

c) *Confection des ḍôṛ*. C'est un large collier de poterie, légèrement étranglé vers son milieu. Le *ḍôṛ* (plur. *ḍwâṛ*) est employé
comme garniture de la partie supérieure des puits. Les *ḍôṛ*,
appelés dans ce cas *ḍôṛ dèl-bîr*, sont superposés dans le puits,
à partir d'une certaine profondeur (variable d'ailleurs selon la

résistance des terres) jusqu'au sommet ; ils ont pour objet de soutenir les terres et de faciliter le passage du seau. On les emploie aussi, au nombre de deux ou trois au plus, superposés et soudés ensemble par un ciment, pour faire des sortes de petites cuves *(ma'da)* pour les usages domestiques.

Pour fabriquer un *ḍôṛ*, le potier applique sur la girelle du tour une grosse balle d'argile, qu'il évase en forme de large cloche basse, percée à son sommet (vers le bas dans la figure 39).

Fig. 39.

Après avoir terminé cette opération pour un certain nombre de pièces, il reprend chaque pièce une à une, la pose sur un plateau circulaire en bois *(ṭbâq)* fixé sur le tour au moyen d'une massse d'argile, de façon que la large ouverture, qui a la forme et la largeur voulues, repose sur le plateau. Mettant alors le tour en mouvement, il élargit avec ses doigts le petit orifice laissé au sommet de façon à obténir une ouverture circulaire du même diamètre que l'autre. Il a ainsi un large cylindre de 15 à 20^{cm} de hauteur et d'un diamètre variable qu'il mesure d'ailleurs avec une baguette d'oli-

Fig. 40.

vier, le *qyâs* ; il donne, à la main, une certaine épaisseur (3^{cm} où 4^{cm}) au bord supérieur, qui est formé d'un ruban circulaire aplati, imprime enfin une forme concave aux eôtés du cylindre (fig 40).

Il reste à donner à l'autre ouverture (celle de dessous) sa forme définitive. Dans ce but le potier, après avoir saupoudré de cendre le plan circulaire du ruban supérieur, applique sur le *ḍôṛ* un plateau de bois identique à celui de dessous, décole la base inférieure en glissant entre elle et le plateau la pointe du *tešfîr*, enlève du tour la pièce placée entre les deux plateaux, la retourne de façon que le plateau nouvellement appliqué soit par dessous, remet sur ce dernier plateau la pièce sur le tour, enlève l'autre plateau et achève le rebord de cette extrémité du cylindre comme il l'a fait pour l'autre, après en avoir mesuré le diamètre avec le même *qyâs*.

Le *dôr* est terminé, il n'y a plus qu'à le transporter dans la cour pour le séchage avant cuisson.

Les grands plats ou *qs'a* (pl. *qsâ'*) sont fait d'une façon analogue et le fond est collé après coup.

f) Confection du ḫannûs dèl-mâ. — Cette pièce est une jarre plus ou moins grande (il y en a de trois dimensions différentes) pour conserver l'eau fraîche. On exposera ici la série des opérations pour un *ḫannûs* moyen (*wusṭi*).

Le potier prépare d'abord le *gerrûj* ou panse, c'est-à-dire la moitié inférieure du vase. Dans ce but il fixe un *ṭbâq dèl ḫajer* (fig. 41, 1°) sur la girelle recouverte d'argile, applique sur ce *ṭbâq* une balle d'argile de la dimension voulue et la façonne comme s'il s'agissait d'un vase en tronc de cône reposant sur sa petite base. La grande base formant l'ouverture est d'un diamètre

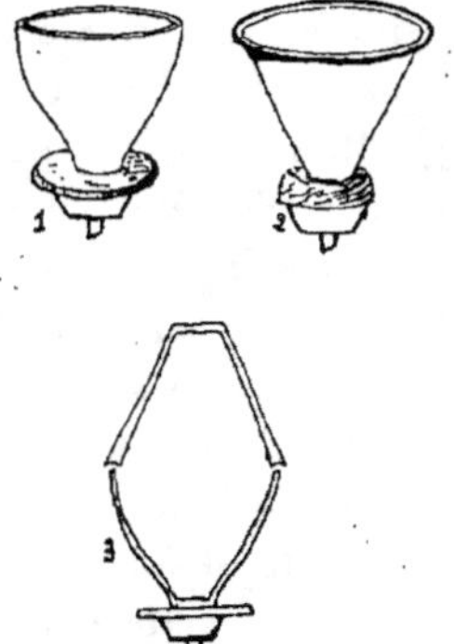

Fig. 41.
Schème des 3 opérations
du tournage
d'un *ḫannûs dèl-mâ.*

mesuré au *qyâs* et à bord droit. Cette première pièce achevée, l'ouvrier l'enlève sur son *ṭbâq* et la laisse sécher un peu ; il continue ainsi et en fait une série d'autres de même genre. Il confectionne ensuite sur le tour également (fig. 41, 2°), mais sans le secours du *ṭbâq*, la partie supérieure du vase, le *'anq* ou col ; toutefois ici le vase en tronc de cône qu'il obtient est terminé à son ouverture supérieure de même diamètre que celle du précédent par un large rebord à rainure centrale. Cette seconde pièce est enlevée du tour et mise de côté pour un léger séchage, tandis que le potier continue une série de pièces du même genre et en nombre égal à celui des *gerrûj*.

Il reprend alors un *gérrûj* sur son plateau de terre cuite, le replace sur la girelle, saisit un *'anq* dont il coiffe le *gerrûj* de façon que les bords de celui-ci s'emboîtent dans la rainure centrale du rebord du *'anq* (fig. 41, 3°) et que celui-ci déborde par conséquent extérieurement et intérieurement. Faisant alors tourner la plateforme du tour en appliquant les mains ouvertes et humides contre le cercle au contact des deux pièces, il les colle l'une à l'autre extérieurement en nivelant la surface de la panse du vase en cet endroit. Ceci fait, il enfonce ses deux pouces dans la pâte formant le cercle supérieur de cet objet à peine ébauché ; il perce ainsi cette mince cloison et forme un orifice qu'il élargit régulièrement en cercle avec ses mains pendant la rotation, pour arriver à former l'ouverture de dimensions données, la bouche (*fumm*) de ce vase.

Il introduit sa main droite dans le ventre du vase qu'il fait toujours tourner pour compléter la soudure des deux parties, dont il est formé, à leur point de contact et intérieurement ; pendant cette opération, il soutient la paroi extérieurement de la main gauche. Il donne ensuite la forme définitive à ce vase avec ses deux mains, l'une étant à l'intérieur et l'autre à l'extérieur, et termine cette opération extérieurement avec la *qeṣba*. Il reste à faire à la surface quelques décors : d'abord une série de cercles parallèles et perpendiculaires à l'axe du vase ; ils sont tracés à la surface (fig. 42, 1° et 2°), toujours sur le tour en mouvement, au moyen de l'extrémité de la *qeṣba* ; ensuite, vers le milieu du ventre du vase, à l'endroit précisément de la jointure des deux parties, *gerrûj et 'anq*, il applique en cercle un petit boudin d'argile, préparé à l'avance, au moyen des pressions successives du pouce sur le boudin, ce qui fait une chaînette de petites cuvettes en creux sur la saillie du boudin. Ce décor en relief se nomme *ḥerz*. Le potier avec la *mešṭa* ou peigne en bois, décrit plus haut, trace parallèlement au *ḥerz* un ou deux cercles, ornés de raies, pointillées et parallèles, légèrement inclinées sur l'axe du cercle (fig. 42, 3°). L'un de ces cercles peut être placé un peu au-dessus du *ḥerz* et l'autre au-dessous du rebord du col. Entre ce cercle de raies pointillées, placé sous le rebord supérieur du col du vase, l'ouvrier trace encore, toujours au-dessus du *ḥerz*,

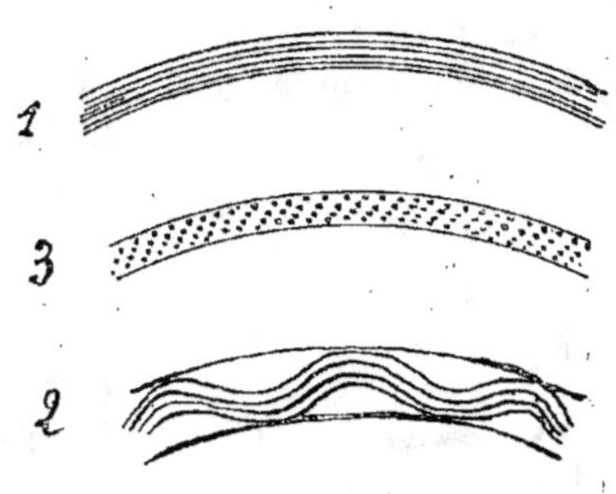

Fig. 42. — Décor gravé au peigne sur les *ḥannûs dèl-mâ*.

deux cercles de rayures très serrées, au peigne, formant ou non dès ondulations dites *šorṭa*.

Enfiu, pour terminer les décors du *ḥannûs* le potier fait avec le côté du pouce appuyé contre le rebord supérieur de l'ouverture du vase trois ou quatre groupes de quatre ou cinq points chacun ; ces groupes sont régulièrement espacés sur tout le pourtour du vase. Ces points en creux se nomment les *dṛibât*. Ajoutons que dans le langage des potiers, cette amphore se nomme *ḥannûs dèl-mâ* (fig. 43), c'est ce que l'on pourrait appeler le nom technique, alors que le public musulman de Fès désigne ces amphores sous le nom de *ḥâbya*. Les potiers font de la

Fig. 43.

même façon et dans les mêmes formes les *ḥannûs dèṭlà* qui servent à recevoir l'huile ou les confits de viande et sont émaillés à l'intérieur, mais non décorés à l'extérieur. Aucune de ces amphores ne porte d'anse.

g) Confection des bûš. — Il y a deux sortes de *bûš* selon la forme. Tous les *bûš* servent à contenir de l'eau. Le *bûš mḥazni* a la forme d'une *berrâda*, c'est un alcarraza de grandes dimensions qui, selon le cas (il y en a de trois grandeurs), peut tenir de 5 à 15 litres environ. Il se place sur un support circulaire porté sur trois pieds. Il est décoré au tournassage d'un cercle de *maršem* autour du col, au-dessus du renflement (*ḥerz*), à hauteur de l'attache supérieure des anses, et d'un autre sur la naissance de la panse, au-dessus de l'attache inférieure des anses. Au-dessous des anses un ruban en saillie, avec des hachures, en creux, faites avec la tranche anguleuse de la *qeṣba*, se nomme *ḥozâm* (fig. 44). Le *bûš ʿarbi* est une amphore analogue au *ḥannûs dèl-mâ*, mais de moitié plus petite environ, et avec deux anses. La fabrication est analogue à celle du *ḥannûs*, et les anses se posent comme celles de la *berrâda* ; quatre cercles de rayures parallèles (*šorṭa*) sont tracés sur le tour, à l'aide du peigne. Deux de ces *šorṭa* sont vers le col, au-dessus et au-dessous de l'attache supérieure des anses, la troisième est un peu au-dessus de l'attache inférieure des anses et la quatrième exactement au-dessous de l'attache inférieure des anses sur la panse.

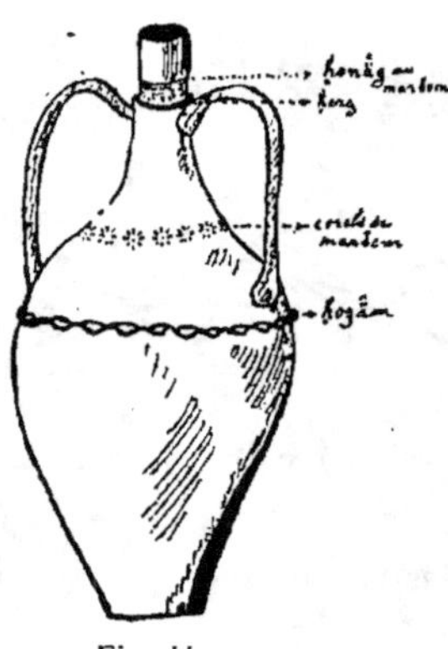

Fig. 44.
Décor gravé ou relief
sur le *bûš mḥazni.*

Il serait superflu d'entrer dans le détail de la confection au tour des autres pièces sorties des mains des potiers de Fès. J'ai voulu donner, dans les lignes qui précèdent, la marche suivie

par le potier pour confectionner les principaux objets, afin
qu'il soit plus facile de se faire une idée générale du travail sur
le tour-à-potier.

D) **Les produits de l'industrie des potiers**

1° Objets non émaillés a l'intérieur. — Dans cette catégorie il faut encore distinguer entre les objets fabriqués avec
l'argile non salée et qui ont parfois après cuisson une teinte
plus ou moins rougeâtre, de ceux qui deviennent simplement
blancs ou blanchâtres après cuisson, grâce, observent les
potiers, au sel que l'on mélange à la pâte, comme nous l'avons
dit ci-devant.

A) Dans la série des objets et vases dont on ne sale pas du
tout la pâte avant la cuisson, je citerai :

a) Les *qâdûs* ou tuyaux en poterie pour l'adduction des eaux.
Toutes les canalisations dans ce pays sont faites à l'aide
de courts tuyaux en poterie emboîtés les uns dans les autres
et d'un type fort ancien (Voir par ex. G. Marçais, *Les
poteries et faïences de la Qal'a*, p. 15) et dont on retrouve
des spécimens dans toute l'Afrique du Nord. Les dimensions
des *mdäbdäb*, qui sont les plus gros, pour le diamètre des
deux bases sont de 28^{cm} et 23^{cm} intérieurement et de 31^{cm} 1/2
et de 25^{cm} 1/2 extérieurement, sur une longueur variant de
30 à 50^{cm} selon les cas, car la longueur de tous ces tuyaux
est très variable. Le *ferḥ*, qui est un tuyau moins gros que
le *mdäbdäb*, mais plus gros que tous les autres, a des diamètres
internes de 16^{cm} et de 21^{cm}, externes de 18^{cm} et de 24^{cm}, mais
pour qu'il offre plus de résistance on le double en épaisseur
quelquefois et on a le *ferḥ meṯnî* qui a comme diamètres
internes aux bases 15^{cm} et 23^{cm}; externes : 19^{cm} et 27^{cm}. Voici
d'ailleurs les noms des divers tuyaux avec leur prix de vente :

Mdäbdäb, vendus au prix d'un quart de ryâl chacun (1,25 pesseta, soit 1 franc de notre monnaie) ;

ferḫ	de 140 *miṭqâl* le cent
frîyeḫ	100	id.	id.
faḫṭi [1]	70	id.	id.
fḫiṭi (ou *faḫṭi mġzul*)	53	id.	id.
znîbrî (ou *nuʻeri*)	30	id.	id.

b) Le *qâleb* ou moule pour la fabrication des *šâšiya* dont j'ai parlé ci-devant comporte le *qâleb däṭṭarbûš* et le *qâleb dèš šâšiya* dont le prix varie autour d'un *miṭqâl*.

c) La *geṣʻa* ou grand plat, à fond plat et dont les bords sont légèrement inclinés extérieurement. Il est de cinq modèles que l'on distingue par les qualificatifs suivants : *rḫâlîya*, *llitaḫt mchḫa*, *wusṭîya*, *wusiṭîya*, *sġira* et dont les prix de vente varient de 2 pessetas à 1 *miṭqâl*. On retrouvera souvent, pour marquer les distinctions de grandeurs, l'expression *taḥt men* " au-dessous de ", ainsi que les diminutifs qui répondent au même sens.

d) Le *ḍôṛ* ou cercle, sorte de collier de poterie dont il a été parlé ci-devant, se rencontre de trois types ou plutôt de grandeurs différentes, dont le prix de l'unité varie entre deux *miṭqâl* et un quart de *ryâl*.

e) Le *ḥallâb* est un vase servant à mettre le lait, comme son nom l'indique (fig 45). Ce vase non émaillé, en argile poreuse, se laisse pénétrer par le liquide gras et il est difficile ensuite de le bien nettoyer. On remédie à cet inconvénient en l'émaillant à l'intérieur, ce qui le rend beaucoup plus propre.

---

(1) Les petits tuyaux de ce format et des suivants sont souvent munis à leur extrémité étroite d'une petite grille à 7 ou 8 trous, nommée *šebbâk dèl qâdûs*, et qui a pour but d'éviter l'obturation de ce tuyau d'un faible diamètre.

— 97 —

Il y a trois grandeurs de *ḥallâb* dont les prix varient entre une pesseta un quart et une demi-pesseta (1 fr. à 0 fr. 40).

Ces trois variétés de *ḥallâb* se nomment respectivement *kbîr*, *wusṭî*, *sğîr* qui sont d'ailleurs les termes habituels pour distinguer les objets de même genre, mais de grandeurs différentes.

f) La *qallûša dès-sânya*, ou godet de noria, n'est que d'un seul format et coûte un quart de pesseta l'unité. Sa forme rappelle très bien celle des gourdes à deux ventres légèrement inégaux et ronds séparés par un rétrécissement (fig. 46). C'est sur ce rétrécissement central que passe la cordelette fixant le godet à la roue de la noria. Les dimensions de la *qallûša* sont de 30ᶜᵐ de hauteur sur 13ᶜᵐ d'ouverture.

Fig. 45.

g) Dans cette catégorie se place aussi le *bûš 'arbi* dont j'ai donné ci-devant la description. Selon la grandeur on distingue trois catégories de ces *bûš*, dont le prix de vente varie, selon les dimensions, de quatre à sept *gerš* (le *gerš* est le quart de la pesseta), soit de 0,80 à 1,40. Nous verrons que le *bûš mḫazni* est fait avec une pâte salée et qu'il se décore au goudron.

Fig. 46.

h) La *bärbûša* est une petite fiole, en forme de poire, pouvant bien avoir la capacité d'un douzième de litre. Elle a une petite anse servant à la suspendre et sert à recevoir le goudron que l'on conserve pour purifier l'eau ou pour tel autre des multiples usages du goudron chez les musulmans de ce pays.

Il n'y a que deux formats de *barbûša*, la grande (*kbîra*) et la petite (*sğîra*). Le prix ordinaire est de 10 à 20 *miṭqâl* le cent.

i) La *'akkâriya* est une assiette très petite, montée sur un

7

pied et servant aux femmes de la campagne pour mettre leur fard (pâte ocrée, *'aker*) au moment de s'en servir. Il n'y en a que d'un seul format et le prix courant est de 40 *mitqâl* le cent. On en compte 400 à la *trîha*.

j) Il y a encore à mettre dans cette catégorie de poteries non émaillées et non salées quelques instruments de musique formés d'un tube ou d'un vase en terre cuite, à l'une des extrémités duquel on tend une peau.

Il y a la *derbûga* (plur. *ât*) qui est de deux types un peu différents comme forme, l'un ayant l'aspect d'une bouteille à long col et à ventre sphérique (fig. 47, 1°), l'autre, d'une bouteille à long col également, dont la panse serait seulement hémisphérique (fig. 47, 2°). Chacun de ces types ne se fait que dans un seul format comme dimensions : le premier genre à 34^{cm} de hauteur, 9^{cm} 1/2 de diamètre du col, 12^{cm} de diamètre du fond (sur lequel est tendue la peau) ; le second type à 30^{cm} de hauteur totale, 9^{cm} 1/2 de diamètre du col et 18^{cm} pour le diamètre d'ouverture de la base également fermée par une peau.

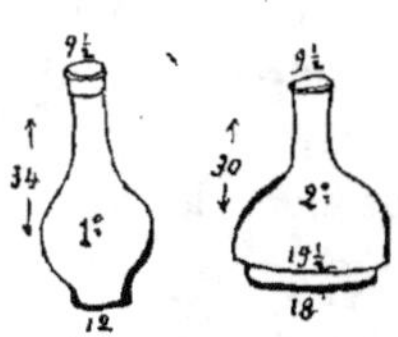

Fig. 47.
Les deux types de *derbûga* en terre cuite.

Ces *derbûga* se vendent en moyenne une demi pesseta pièce. Ce sont surtout les chanteuses marocaines, connues sous le nom de *šîḫât*, qui utilisent ces instruments de musique.

k) Les *toblâ* ou tambourins doubles sont deux vases sur la large ouverture desquels est tendue une peau. Ces deux vases qui sont de forme différente, et de même hauteur, sont faits séparément, mais de telle façon qu'ils peuvent s'accoupler au moyen de lanières de façon à ne former qu'un seul tambourin à deux caisses voisines sur lesquelles le joueur frappe avec une baguette alternativement.

Les vases séparés ont la forme que représente notre fig. 48.

Le plus grand (1°) se nomme plus spécialement *tobla* (tambour) et l'autre (2°) est son fils (*bäntha*). On connaît à Tlemcen un instrument de musique analogue, à deux tambourins jumelés, qu'on nomme le *naḥrât*, mais il a une forme très différente.

Il y a trois dimensions de ces *tobla*, de sorte que leur prix varie.

On compte en moyenne une pesseta et demie pour prix des plus grands de ces objets.

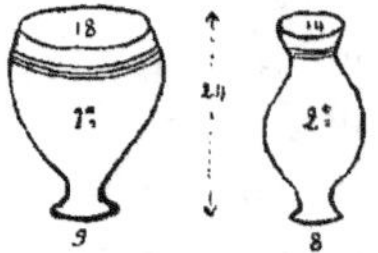

Fig. 48.

Les deux pièces de la *tobla*.

Le rapport ordinaire de dimensions de chacun de ces vases est : pour 24^{cm} de hauteur commune, 18^{cm} et 14^{cm} pour le diamètre de la grande ouverture, 9^{cm} et 8^{cm} pour celui de la petite ouverture.

La peau est tendue sur l'ouverture la plus grande de chaque partie de la *tobla*. C'est toujours du cuir de chameau ou de bœuf ; de même les cordelettes de cuir qui servent à tendre les peaux et à assembler les deux parties de l'instrument sont en peau de chameau (on appelle *sîr* ces lanières) Les ouvriers qui placent la peau et assemblent les parties de cet instrument sont les *serrâjîn*, c'est-à-dire ceux qui tendent la peau crue non tannée sur les bois de la selle arabe. On paie trois pessetas et demie pour faire garnir les *toblâ*.

On compte qu'un *m'allem mwâ'nî* peut faire dans sa journée (du lever du jour à la prière *d'el-'aser*) 125 de l'une ou de l'autre des deux parties de la *tobla*. C'est ce que l'on nomme la *trîḥa* [1].

____

(1) Il a déjà été ci-devant question de ce mot *trîḥa*. On peut dès maintenant le définir : le nombre de pièces de terre crue et de la même espèce qu'un maître-ouvrier du tour (*m'allem mwâ'ni*) peut faire dans une journée de travail. Ce nombre est fixe, à quelques unités près, pour une même série de pièces identiques.

l) Il y a enfin la *ta'rija* et le *'arrâsî* qui sont de même type mais de formats différents, le second étant plus grand que le plus grand des divers modèles du premier. Ce sont de gros tubes en terre cuite, à l'une des extrémités desquels on tend une peau.

Il sera question plus loin des *ta'rija*, car elles sont presque toujours émaillées, et pour cette raison je les ai placées dans la série des objets en terre émaillée.

Disons tout de suite qu'il y a trois grandeurs de *ta'rija* et que leurs prix, en terre cuite non émaillée, varient de 35 *miṭqâl* le cent, pour le format le plus grand, à un ryâl le cent, pour le format le plus petit.

B) Pour certaines pièces, certains récipients, les potiers désirent qu'ils n'aient pas, après la cuisson, cette teinte rougeâtre que la poterie de Fès — et de bien d'autres pays — riche en fer, prend parfois au four avec un feu oxydant [1]. Pour éviter cette teinte rougeâtre ils incorporent du sel marin à la pâte d'argile en la pétrissant avec l'eau salée, ou bien, pour certaines pièces, ils se contentent de saler l'eau du *mannâr* dont ils se servent pour le tournage des pièces sur le tour-à-potier, comme je l'ai dit plus haut. Dans ce dernier cas, la salure de la pâte n'atteint que la surface de l'objet et forme une couche très mince, puisque c'est celle qui est appliquée, au tournage et au tournassage, par les mains mouillées d'eau salée de l'ouvrier potier ; elle forme une sorte d'engobe de barbotine salée qui se distingue bien, à la cassure de l'objet, car l'intérieur de la pâte cuite est plus ou moins rougeâtre.

---

(1) Il est à peine besoin de dire que les potiers de Fès ne se rendent pas compte de la raison pour laquelle leurs poteries sortent rougeâtres du four et qu'ils sont incapables d'imaginer que c'est le courant d'air oxydant qui a produit, à la température du four, l'oxyde de fer colorant en rouge. Ils disent, quand leur poterie est rouge, que c'est le manque de chaleur qui en est la cause et ces pièces sont dépréciées à leurs yeux.

Il arrive, malgré cette précaution de la salure, que certaines pièces néanmoins sortent du four un peu rougeâtres, ce qui leur donne une dépréciation pour la vente. Je n'ai jamais vu aucun potier de Fès se servir d'une terre blanche particulière, comme le signale Van Gennep pour les poteries kabyles [1], afin d'obtenir un engobage. D'ailleurs, si les vases que les potiers de Fès veulent blanchir sont d'autant plus recherchés qu'ils sont plus blancs, il est une autre qualité qui prime peut-être celle-là, c'est la porosité, pour ceux qui servent à rafraîchir l'eau comme on va le voir.

Or, d'après Van Gennep, l'engobe que mettent sur les vases les potiers kabyles s'opposerait à la porosité du vase. C'est ainsi que pour les vases à lait ils mettraient la couche d'argile fine et blanche au dedans aussi bien que sur la face extérieure du vase. Si cette couche, formant engobe, doit supprimer ou atténuer la perméabilité du vase en terre cuite, on ne comprend plus qu'on l'applique, même à l'extérieur, pour des alcarrazas ou des récipients servant à rafraîchir l'eau dans les pays chauds. Et les potiers de Fès se gardent de réduire en quoi que ce soit la perméabilité très recherchée de leur terre cuite.

Voici quelques indications sur les principaux objets tournés par les potiers de Fès, dans la catégorie de ceux qui sont blanchis par la salure de la pâte, ou simplement de l'eau servant au moulage.

a) La *berrâda* ou alcarraza, dont j'ai donné ci-devant les détails de façonnage, est de cinq grandeurs différentes, dont les prix varient de une pesseta à un quart de pesseta, soit de 0 fr. 80 à 0 fr. 20. On distingue les *berrâda* d'après leur grandeur par les noms suivants :

bwâšîya, se rapprochant par sa taille du *bûš mḫaznî; llî taḫt menhâ; wusṭîya; wusîṭîya; ṣġîra.*

___

[1] *Études d'Ethnographie Algérienne.* Paris, 1911, 1 vol. in-8°, p. 42.

Nous verrons que la *berrâda* reçoit souvent un décor au goudron pour la vente. Les prix de vente donnés ci-dessus sont ceux des *berrâda*, non décorées au goudron.

b) Le *ġorrâf* est un pot-à-eau avec une anse, de la forme indiquée par la figure 64. Il y en a de trois grandeurs et ils se vendent selon les dimensions de un à deux *miṭqâl*.

c) La *bôṭa* est aussi un flacon servant de pot-à-eau avec ou sans anse, de la forme indiquée par les figures 65 et 66.

Il y en a de deux dimensions seulement, et pour chaque format le prix est d'un *miṭqâl* et d'un *miṭqâl* et demi.

La *bôṭa* reçoit aussi un décor au goudron qui en augmente un peu le prix. Je parlerai plus loin de ce décor au goudron, qui se fait seulement dans le magasin de vente.

d) La *ṭâṣa*, aussi connue sous le nom de *twîgra* et même sous celui de *tâgra*, est une coupe ayant l'aspect d'un bol sans pied, large et bas (fig. 35 *suprà*).

Il n'y a qu'une seule grandeur et le prix de ces coupes est de 30 *miṭqâl* le cent (non décorées au goudron).

Ici le décor au goudron se fait à l'intérieur et non sur la face externe comme dans les trois récipients précédents.

Les potiers vendent la *ṭâṣa* avec ou sans anse. .

e) Le *ḥannûs dèl-mâ*, ou jarre à eau, a la panse très allongée; il ne se décore pas au goudron. J'ai décrit ci-devant (fig. 43) la série des opérations pour le façonnage des *ḥannûs* de moyenne dimension. Il existe des ḥannûs de trois grandeurs dont les prix varient de 1 à 2 pessetas (0 fr. 80 à 1 fr. 60).

J'ai indiqué aussi (fig. 34) la façon de procéder de l'ouvrier du tour pour faire la *tâgra* ou couvercle de ces jarres, que les potiers appellent *ḥannûs*, mais que le client musulman ne connaît guère que sous le nom de *ḥâbya*, comme je l'ai remarqué ci-devant.

f) La *jobbâna dèl-iqâma* est un récipient servant à conserver

fraîche la menthe dont on parfume le thé, cette boisson nationale des marocains, dans toutes les classes sociales.

J'ai donné également plus haut la manière de façonner ce
genre de vases (fig. 36 et 37).

Il n'y a qu'un type et une seule dimension de *jobbâna dèl-
tqâma* et il se vend un huitième de *ryâl* la pièce (environ
0 fr. 50).

2° OBJETS ÉMAILLÉS A L'INTÉRIEUR. — Tous les récipients en
terre cuite qui sont destinés à contenir des corps gras : beurre,
graisse, huile, viande confite, etc., sont émaillés à l'intérieur
(mais non à l'extérieur, à quelques exceptions près).

Cet émail brun clair est obtenu avec un minerai appelé *kchûl*
ainsi que je l'indiquerai ci-dessous au chapitre des émaux.

Pour émailler les vases en terre cuite dite *hâreš*, on procède
ainsi :

Dans un *mahbes*, ou cuve en terre cuite, placée non loin du
four dans lequel les pièces à émailler ont été cuites et où elles
se trouvent encore, on a préparé la mixture liquide qui doit
donner l'émail et que l'on va appliquer sur la face interne de
l'objet à émailler.

Au moins trois personnes sont nécessaires à cette opération :
l'un de ces ouvriers sort les objets un à un du four encore
tiède, les tend à un autre qui, avec un chiffon de laine (*gedwâr
dèssôf*), essuie la pièce à l'intérieur, avant de la remettre à
l'ouvrier qui doit poser le vernis. Cet essuyage a pour objet
d'enlever la poussière et le noir-de-fumée que la pièce a pu
ramasser dans le four.

L'ouvrier, assis ou debout devant le *mâhbes* du vernis, pose ce
vernis de façon différente suivant les pièces. S'il a affaire à une
pièce relativement légère, comme un *käskâs* ou une *tanjîya* par
exemple, il la saisit de la main gauche, lui-même demeurant
assis devant la cuve à vernis, et verse le vernis liquide qu'il
prend dans le grand *mahbes* à l'aide d'un bol quelconque.

S'il s'agit de grandes pièces comme les jarres à huile ou à conserves, le vernis est versé dans la jarre au moyen d'un bol, puis l'ouvrier saisissant la jarre à deux mains ou même entre ses bras, si elle est de très grandes dimensions, l'agite habilement de façon à couvrir toute la paroi interne de vernis ; puis appuyant le col de la jarre sur le bord du vase contenant le vernis, il y reverse l'excès de vernis (fig. 18 et 49). En tous cas, on se hâte de poser le vernis de façon à ne pas laisser trop

Fig. 49.

La pose de l'émail à l'intérieur des jarres en poterie.

(Photo A. Bel)

refroidir le four que l'on recharge immédiatement (pour économiser du combustible) avec les pièces passées au vernis, enfournées pour la seconde cuisson, qui doit fixer l'émail.

Les pièces de poteries de Fès, émaillées à l'intérieur, sont les suivantes :

a) La *ṭanjîya* (pl. *ṭnâjî*) est une petite amphore à deux anses servant à l'huile, au beurre et au lait. Sa contenance n'excède pas trois à quatre litres ; il en est de quatre formats du même modèle appelés : *kbîra, wusṭîya, wusîṭîya, tškîwuka* ; ce dernier terme sent une origine espagnole certaine (*tšikiya*), quelques potiers le remplacent d'ailleurs par *sġîra*.

Les prix de ces *ṭanjîya* varient, selon la dimension, d'une pesseta à un quart de pesseta (0,80 à 0,20).

b) Le *käskås* pour la cuisson à la vapeur du « *kuskus* » (farine de blé dur roulée en fines boulettes) ou de pièces de viande, se fait ici en terre cuite [1], alors que dans l'Est où l'alfa est plus abondant on n'use que du *käskås* en sparterie. La forme est d'ailleurs à peu près la même dans les deux cas et répond à la destination de l'objet qui se place au-dessus de la vapeur d'une casserole de bouillon. Le *käskås* a vaguement la forme d'un tronc de cône, la grande base du tronc de ce cône est entièrement ouverte. c'est par là qu'on introduit la nourriture à cuire ; la petite base comporte dans le *käskås* algérien un seul trou assez large par lequel pénètre la vapeur, tandis que celui de Fès est percé de 8 trous dont un au centre et sept sur le pourtour du cercle de base (*qâ'*). L'ouvrier perce ces trous sur la poterie crue à l'aide d'un tube de roseau qu'il enfonce dans la pâte de l'extérieur à l'intérieur.

Vers les bords (*šârcb*) du cercle de grande base et sur les flancs extérieurs (*jänb*), le *käskås* en terre cuite porte trois anses, non percées, appelées *ùdèn* qui peuvent servir à le retenir à l'entrée de la marmite sur laquelle on le pose pour la cuisson de la nourriture. La forme du *käskås* de Fès est donnée par la figure 50 ; elle est invariable, mais il y a des *käskås* de quatre grandeurs différentes :

---

[1] On lui préfère dans les familles bourgeoises le *kaskâs* en cuivre qui est fait aussi à Fès, par les ouvriers dinandiers, et qui a une forme un peu différente : c'est un tronc de cône, au lieu d'un cône.

Le *kbîr* [1] peut contenir un *modd fâsi* de *kuskus* ;
Le *wusṭi*   —   1/2 *modd* ;
Le *wusiṭi*   —   1/4 *modd* ;
Le *sġîr*   —   1/8 *modd* ;

et leurs prix sont d'un ryâl, 1/2 ryâl, une pesseta, une demi pesseta (4 francs, 2 francs, 0 fr. 80, 0 fr. 40).

Fig. 50.
Le *Kaskâs* en terre cuite.

La pose du vernis se fait de la façon suivante :

L'ouvrier est assis, sur une pile de *ṭbaq* en bois par exemple, devant la cuve au vernis. Tenant le *käskâs* de la main gauche, incliné, et l'ouverture étant à droite, il envoie dans l'intérieur par l'ouverture un bol de vernis et fait tourner la pièce de façon à en imprégner toutes les parties à l'intérieur. Puis il passe la pièce à un aide qui l'emporte au séchage et lui en apporte de nouvelles à émailler. Ce travail dure une demi-journée, séchage compris, et le soir même les pièces enduites de vernis sont remises au four pour la seconde cuisson.

Fig. 51.

c) Le *gellâs* (pl. *glâles*) pas plus que le *käskâs* ne sert à conserver les huiles et aliments gras, à l'inverse des autres

---

(1) Les potiers de Fès fabriquent encore, mais en très petit nombre, quelques vases appelés *gedra-t-errôs* « marmites des têtes (de mouton) » qui servent à cuire à la vapeur plusieurs têtes de mouton en même temps (jusqu'à quatre) parce qu'aucun *kaskâs* ne serait assez grand. Elles ont la forme d'une marmite haute, donnée par la figure 51, et sont percées d'une ou deux rangées de trous disposés en cercle sur le fond, et d'un large trou au milieu du fond. Ce genre de vase n'est jamais émaillé à l'intérieur pas plus qu'à l'extérieur. La figure 53 représentant des poteries au séchage dans la cour d'atelier, donne au premier plan une *gedra-t-errôs* debout sur un autre vase et le fond percé d'une autre.

récipients énumérés ci-après sous cette rubrique. Le « vase de nuit » est un instrument que le nomade ignore, ainsi que la plupart des sédentaires musulmans de la Berbérie ; même dans des villes musulmanes importantes comme Tlemcen il est d'un usage très rare. A Fès, il est employé dans presque toutes les familles et pour tous les sexes et tous les âges, malgré que, grâce à la dispersion de l'eau de l'Oued Fès sous toutes les maisons, les cabinets existent dans chaque habitation [1].

Le *gellâs* a la forme d'un tronc de cône et ressemble assez au *ḥallâb*, mais son rebord est plus épais (fig. 52).

Il y en a de quatre grandeurs (*kbîr, wusṭi, wusîṭî, ṣġîr*), dont le prix varie entre un quart de ryâl et un huitième de pesseta (de 1 franc à 0 fr. 10).

Fig. 52.

Gellâs moyen (*wusîṭî*)

d) La *ṭobrîya*, la *gellâsiya* et le *ḥewîlî* sont des amphores de dimensions variées, mais ayant toutes une forme rappelant celle du *ḥannûs dèl-mâ*. Leur façonnage au tour se fait d'une façon identique également (voir ci-devant pour ce vase). Toutefois, ces amphores ne reçoivent aucun décor extérieur. L'ouverture est un col circulaire en forme de bandeau en tronc de cône dont la petite base serait vers le haut.

Les plus petites de ces amphores sont les *ṭobrîya*, qu'on répartit en cinq catégories ou formats :

____

(1) Cette eau abondante de l'Oued Fès est très ingénieusement canalisée dans tous les quartiers de la ville de Moulay Idris, par une double série de canaux. Les uns amènent l'eau propre dans les vasques à jets d'eau, au centre du patio de chaque maison bourgeoise, la reprennent ensuite pour la conduire dans une autre maison et ainsi de suite, ou l'envoient aux cabinets d'où elle s'écoule dans le second groupe de canaux, lequel constitue les égouts de la ville.

la *kbira,* capacité 19 *rʟal* (ou livres), prix 2 pessetas
taht menha, — 16 — — 1,50 —
lwusṭiya, — 12 1/2 — — 1 —
lwusiṭiya, — 6 — — 0,75 —
sġira, — 4 — — 0,50 —

Au-dessus des *ṭobriya,* comme dimensions, se placera la *gellâsiya* qui est une amphore de même type que les précé-

Fig. 53.
Le séchage des poteries crues dans la cour d'atelier.
(Photo A. Bel)

dentes, mais d'une contenance de 25 *rʟal* ou un quart de quintal.

Enfin du même type, mais plus grande encore, sont les amphores dites *ḥewili,* dont les divers formats sont simplement distingués par un adjectif relatif marquant leur capacité,

C'est ainsi que l'on a :

le *ḥmâsî*, contenant   5 *qolla* [1] d'huile, vendu   5   pessetas
le *sdâsî*,   —   6   —   6,25   —
le *sbâ'î*,   —   7   —   7,50   —
le *ṭmânî*,   —   8   —   10   —
le *'cšârî*,   —   10   —   12,50   —

Au surplus, la figure 53 donnera une idée de la variété des produits fabriqués par les potiers. Elle représente un grand nombre de pièces diverses, au séchage dans la cour d'un atelier.

IV. — LA VENTE DANS LES BOUTIQUES ET LE DÉCOR AU GOUDRON

Les potiers ne font pas, en principe, à l'atelier la vente en détail de leurs poteries ; ils ont en général une boutique de vente en ville, dans laquelle ils installent un de leurs parents ou de leurs enfants, quand ils ne s'y tiennent pas eux-mêmes, aux moments où ils ne travaillent pas à l'atelier par exemple.

La principale agglomération de boutiques des potiers en *ḥâreš* est le *Ṣôq-el-Ḥâreš* de Sidi Frej dans les Souks de la Médîna, entre le *Ṣôq el-Ḥennа* ou « marché du henné » et le *Ṣôq el-bdi'*, ou « marché des faïences émaillées », non loin de l'hôpital des fous et de la mosquée de Moulay Idrîs.

La photographie reproduite par la figure 54 donne bien une idée de l'entassement des poteries dans une des boutiques de vente de ce quartier, situé au cœur de la ville. Il y en a là une dizaine du même genre, qui n'ont ni porte ni clôture, sur la rue, d'aucune sorte. Comme elles se trouvent à un coude de la rue élargie en cet endroit, les deux ouvertures de la rue

---

(1) La *qolla* pour Fès est d'une contenance de 11 litres.

Fig. 54. — Un magasin de vente des poteries.

(Photo Laribe)

donnant accès vers ce souk sont fermées chaque soir par le gardien (*biyâl*) des souks qui conserve les clefs jusqu'au matin et les remet au premier des marchands de poterie qui arrive. Mais celui-ci n'a le droit d'ouvrir que lorsque l'un au moins de ses collègues est venu le rejoindre.

Chaque petite boutique, dont le plancher est surélevé de 50 à 75^{cm} au-dessus du sol, est tellement pleine de poteries diverses que le marchand a tout juste une petite place pour s'asseoir, à l'endroit où la figure 54 le représente debout.

L'espace compris entre le plancher et le sol, sous le magasin, sert de magasin de réserve, et chaque boutique a encore au-dessus d'elle une chambrette à l'étage pour le dépôt de pièces de réserve.

Les autres magasins de vente de la poterie à Fès se trouvent aux *Neḫḫâlin* (rive droite de l'oued), aux souks de la *Tal'a* et de *Râs-Šerrâṭin* (sur la rive gauche) et à Fès ejjdîd. Mais ils n'ont rien qui les distingue des autres boutiques des souks.

Le transport des poteries de l'atelier (fig. 55), qui se trouvent, comme on l'a dit, aux Feḫḫârîn, à la boutique de vente, se fait dans un filet et sur le dos d'un âne ou sur les épaules d'un de ces nombreux porteurs (dont beaucoup sont arabes et originaires de la tribu des Oulêd el-Ḥâjj de la Molûiya), que l'on appelle à Fès *zärzâi* (pl. *zärzâya*). Le prix moyen du transport d'un filet de poterie est d'une demi-pesseta pour le souk de Sidi Frej et d'une pesseta pour Fès ejjdîd.

Comme je l'ai remarqué, la plupart des pièces sont vendues telles qu'elles sortent de l'atelier.

Toutefois, il en est quelques-unes qui reçoivent dans la boutique de vente un décor très simple de points noirs plus ou moins gros, groupés de certaines façons pour former quelques combinaisons décoratives.

Comme on l'a vu précédemment, ce décor au goudron ne se

fait que sur les *bûš, berrâda, ɡaṛṛâf, bôṭa* et *ṭâṣa* ou *ṭâgra dèš-šerb*.

Le goudron que l'on emploie est préalablement bouilli, afin de le rendre plus épais. Mais en hiver, comme le goudron bouilli serait trop épais, il faut le mélanger à du goudron cru on employer même celui-ci seul. Pour donner une teinte moins terne et à reflets bruns, on ajoute parfois au goudron, en ébullition un peu de poussière de *moɡnâṣiya ïṭïya* (minerai de

Fig. 55. — Transport des poteries sur le dos d'un âne.

(Photo A. Bel)

manganèse, commun dans la région de Fès), mais en ayant soin de ne pas trop en mettre pour ne pas enlever au mélange la fluidité qui lui est nécessaire.

Ainsi donc, tout en recevant le client, c'est le vendeur de poteries qui, dans sa boutique, occupe ses longs moments de loisir au travail, peu fatigant d'ailleurs, de la décoration au goudron.

Pour cela l'outillage est bien peu compliqué ; aucun outil n'est nécessaire, autre que le petit bol dans lequel se trouve le goudron à employer.

L'index de la main droite de l'ouvrier sert à appliquer le goudron. A part le cercle continu de l'épaisseur d'un demi-centimètre à deux centimètres environ, tracé au bord du bol ou du goulot de l'alcarraza et du pot-à-eau, le décor se compose uniquement de points gros et petits appliqués, par l'extrémité du doigt goudronnée, à l'endroit voulu.

Pour décorer la pièce, l'ouvrier, la tenant de la main gauche posée sur son genou, y applique de la main droite le goudron de la façon voulue.

Il commence toujours par le haut, le bord du goulot où il trace la *tswiqa* ou bande circulaire couvrant le bord du col de quelques millimètres en dedans et d'un à deux centimètres extérieurement.

A partir de là, en descendant, il couvre les surfaces à garnir de compositions décoratives s'harmonisant bien avec la forme de ces surfaces et leurs dimensions.

Des zones parallèles à décorer, sur les cols et les panses, sont séparées les unes des autres par des cercles de gros points d'un centimètre de diamètre en moyenne appelés *noqţa* (pl. *nâqţi*) ou de petits points, de deux millimètres en moyenne, appelés *nqiţât*.

Le nombre des zones est variable d'un type de vase à un autre, mais varie peu pour un même type.

Par exemple pour les alcarrazas appelés *berrâda* et *bûš mḥaznî*, on distingue une première zone entre le rebord du col, la *tswiqa*, et le bourrelet circulaire marquant l'attache supérieure des anses.

Lorsque, comme c'est le cas pour les *bûš*, il y a sur ce bourrelet un collier (on l'appelle d'ailleurs *ḫonâg*, c'est-à-dire « collier ») d'empreintes au roseau, *qeşba* ou *maršem*, dont on a parlé ci-devant, le centre de chaque empreinte est marqué d'un point noir (fig. 56); c'est ce qu'on nomme *nqât fwust el-qesba* et la zone formée par cette partie supérieure du col est décorée, soit d'un *dèrbûz* [1] ou petits points formant un damier de losanges, soit d'une *mrišša* ou petit aspersoir à parfum dont ce décor rappelle la forme (fig. 57).

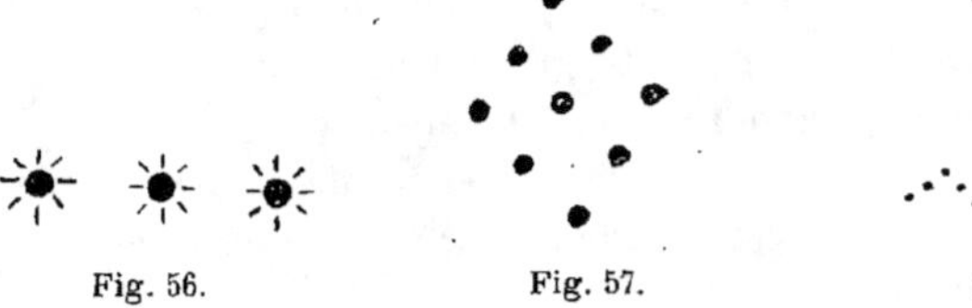

Fig. 56.   Fig. 57.   Fig. 58.

. La seconde zone de décor pour le *bûš* est comprise entre ce *ḥonâg* ou collier et la double ou triple *sèbta* ou ceinture de petits points en ligne brisée (fig. 58) ou de gros points qui s'ajoutent au *maršem* et au *ḥerz* formant eux aussi cercle pour ceindre la panse de l'alcarraza.

La troisième et dernière zone commence au-dessous du *ḥozâm* ou *ḥerz* et descend plus ou moins bas sur la panse au-dessus du pied (fig. 59). Pour les *berrâda*, les zones ne sont séparées par rien généralement et leur décor est plus simple.

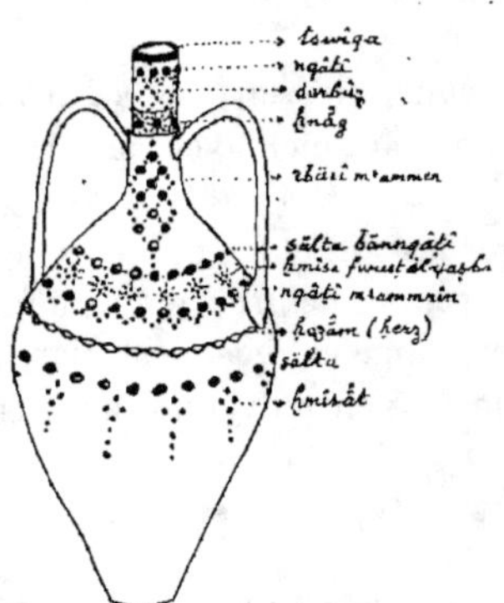

[Fig. 59. — Décors au goudron sur le *bûš mḫazni*.

Les principaux motifs obtenus avec les points sont les suivants:

____

(1) Le mot est emprunté aux boiseries de moucharabieh dont le dessin en losanges rappelle celui-ci.

Les *nqâṭi mellâqyîn* « points réunis » ; ce sont de gros points, formant cercle ou collier, et réunis par un petit point allongé horizontalement, presque comme un trait d'union (fig. 60).

Les *nqâṭi m'ammerîn* « points garnis » sont comme les précédents (ou simplement de gros points non réunis par de petits), mais ils s'appuient par groupes de deux gros points sur trois petits points en triangle (fig. 61) qui supportent généralement un *dèrbûz*.

L'espace compris dans la zone médiane de ces sortes d'alcar-

Fig. 60.

Nqâṭi mellâqyîn.

Fig. 61.

Ngâṭi m'ammerin.

razas (celle qui est à la naissance supérieure de la panse) se décore de motifs variés dont les deux principaux sont l'un aux gros points et l'autre aux petits points.

a) Le décor aux gros points forme de longues grappes de gros points, entourés d'ailleurs de petits points, qui s'appellent *ṭlâṭi, rbâ'i, ḥmâsi*, etc., selon que le nombre des gros points en ligne droite de haut en bas est de 3, 4, 5, etc., sans tenir compte des gros points des côtés (la figure 62 est un *rbâ'i*) ;

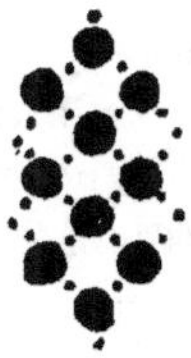

b) Le décor aux petits points est ici la *naḫla* « palmier » [1]. Les dimensions de la *naḫla* varient avec l'espace dont on dispose. Le principe est de partir d'un certain nombre de points formant la plus grande

Fig. 62.

---

(1) Ce motif n'a rien du « palmier » dont on lui donne le nom et l'ouvrier qui fait ce décor n'a nullement l'intention de styliser un palmier. La nature est toujours très loin de l'esprit de ces décorateurs musulmans d'aujourd'hui, comme de beaucoup de leurs prédécesseurs d'ailleurs. Nous en verrons bien d'autres exemples dans la peinture sur émail, au cours de la présente étude.

largeur que l'on veut obtenir, puis de placer au-dessous une autre ligne de points dont le nombre est égal à celui de la première moins une unité, puis une 3me ligne, etc., en diminuant pour chaque ligne d'une unité jusqu'à ce qu'on arrive à un seul point. On continue en augmentant d'une unité jusqu'au nombre moins un, de la première ligne qu'on a faite, puis on diminue alors à chaque ligne d'une unité et ainsi de suite, toujours en descendant, de façon à obtenir le décor donné par la figure 63.

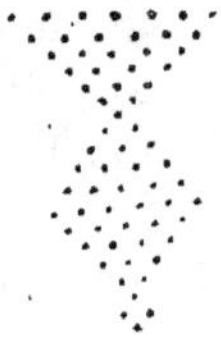

Fig. 63.

Naḫla.

On appelle ici *ḫmîsa* « petite main (protectrice du mauvais œil) » un groupe de 4 petits points disposés en losange ; comme le nom l'indique, c'est en somme « le cinq » protecteur, formé de cinq points, dont le 5e qui était au milieu du losange des quatre autres a disparu. D'ailleurs j'ai entendu quelques décorateurs de pots au goudron appeler ce décor *ḫmîsa ḫâwîya* « petite main vide », c'est-à-dire dont le point du milieu est supprimé.

Enfin, sur les *ġorrâf*, par exemple, où l'on ne met guère que deux zones de décoration, séparées par deux cercles de gros points, la première zone, sur le col, est formée assez souvent de groupes de deux

Fig. 64. — Décors au goudron d'un *ġorrâf.*

petits points qui se touchent et dont l'ensemble, appelé *tryûš* (du singulier *tryeš*) ou franges [en broderie par exemple au-dessous du motif principal], constitue une double ligne de petits points (fig. 64, 65, 66).

Le même souci d'appliquer ces divers motifs décoratifs et quelques autres du même genre sur les surfaces à décorer en s'inspirant des formes et des espaces à garnir, se retrouve dans les coupes dites *tâgra* ou *ṭâṣa*. Le décor se mettant à l'intérieur, la *tswîqa* de bordure est également en dedans. Pour ces vases la disposition ordinaire des points gros et petits

Fig. 65. — Poteries décorées au goudron.

En haut : un *gorrâf*, deux *būš mḥazni*, une *ṭâṣa* ;
Au-dessous : deux *gorrâf*, une *bôṭa*, une *ṭâṣa*.

(Photo A. Bel)

est indiquée sur les photographies que reproduisent les figures 65 et 66.

Ces deux photographies donnent d'ailleurs un spécimen

de chacun des vases que les potiers de Fès décorent au goudron.

Fig. 66. — Poteries décorées au goudron.

En haut : deux *berráda*, un *ġorráf*, une *ṭáṣa* ;
En bas : une *bóṭa*, deux *ġorráf*, une *ṭáṣa*.

TROISIÈME PARTIE

Faïenciers

—

Cette corporation est régie par un *lâmîn* spécial, placé comme les autres *lâmînât* sous le contrôle du *mohatseb* ou prévôt des marchands, avec le pacha de Fès comme exécuteur des sentences. Elle comprend deux principales catégories d'artisans : (A) *zällâîjîya* qui font les *zällîj* ou carreaux de faïence émaillée, les *bojmâṭ* ou briques rectangulaires de faïence émaillée, les *hoṣâr* ou briquettes spéciales pour les seuils, d'une forme angulaire due à leur destination, les *qarmûd* ou tuiles vertes ; (B) les *ṭollâya* proprement dits ou fabricants de plats, vases et autres objets peints sur émail.

Tous ces artisans de la faïence émaillée ont leurs ateliers comme je l'ai dit, dans le quartier des *Feḫḫârîn*, près de Bâb-Ftûh ; tous emploient l'argile bleutée de couleur gris-sombre et jamais l'argile jaunâtre dont se servent les potiers et les briquetiers. Cette argile, comme pour les potiers, est amenée à l'atelier avec des ânes ; elle est tirée des carrières des *Lwâjriyîn*, dans les parties les plus basses de ces carrières ; car celle du sommet, voisine de la surface du sol, de teinte jaunâtre, ne peut être utilisée ici, alors qu'elle sert au contraire très bien aux potiers. Les conditions de prix d'extraction et de transport sont identiques à celles énoncées à propos des potiers. On compte que les ânes apportant l'argile des carrières des *Lwâjriyîn* peuvent faire six voyages dans la journée. Nous verrons, à propos de la fabrication des divers objets par les *ṭollâya*, que la préparation qu'on fait subir à l'argile varie suivant les cas ; tantôt la pâte est pétrie et malaxée avant le façonnage, tantôt elle est façonnée dès sa sortie de la fosse à détremper.

Toutefois, la nature et la préparation des vernis ne varie pas d'une manière sensible pour les objets en faïence émaillée ; il en est de même des fours et de la cuisson. Nous examinerons dès maintenant ces questions avant d'entrer dans les détails techniques pour chaque catégorie de pièces en faïence émaillée.

I. — Préparation des émaux

Les seules couleurs employées par les faïenciers de Fès aujourd'hui sont au nombre de cinq : BLANC, pour les carreaux de *zâllîj* et l'émail du fond sur lequel on peint en couleur ; le BLEU qui avait pris beaucoup d'extension au détriment des autres couleurs dans ces dernières années, mais qui a subi du fait de la guerre, à partir de 1914, un recul, en raison de la difficulté, qu'il y avait à se procurer le smalt d'Angleterre ; le VERT, le JAUNE et enfin les BRUNS.

L'émail blanc ou *ḫfîf* [1] est obtenu par un oxyde de plomb et d'étain, la calcine, dont nous indiquerons ci-dessous la préparation ; le bleu ou *brâya* (ou *'elja*) que donne le smalt ou oxyde de cobalt, venant actuellement d'Angleterre, et le vert qui est obtenu avec de l'oxyde de cuivre. Toutes les autres couleurs sont données par des minerais de provenance variée, mais tous

---

(1) *Ḫfîf*, littéralement « léger », est le nom donné au « plomb » dans la plupart des dialectes arabes de l'Afrique du Nord, par un euphémisme, fréquent aussi pour d'autres mots, afin d'éviter le contraire « lourd » représentant la qualité du plomb ; parce que celle-ci éveille une idée de gêne, de difficulté.

marocains, mélangés (après pulvérisation) avec du sable blanc des carrières de Meknès (1).

Ce sable, ainsi que les minerais utilisés, sont réduits en poudre ténue, avant d'être employés, par un passage sous les meules du moulin.

Aucune teinture végétale n'est aujourd'hui employée pour l'émail des faïences.

Avant de passer sous le cylindre du moulin, les produits minéraux servant à la teinture sont concassés en menus grains, quand le minerai se présente en morceaux, dans l'atelier lui-même des faïenciers. Quelquefois même ils sont passés pour oxydation dans le four-à-potier. Pour concasser les minéraux utilisés, le faïencier s'installe sur une pierre épaisse et plate fixée dans le sol et pulvérise son minerai ou son oxyde de cuivre à l'aide d'un gros galet. Ce sont ces grains encore rudes que l'on moud au moulin.

Moulin des faïenciers

Il n'y a à Fès qu'un seul atelier dans lequel sont moulues les matières tinctoriales employées par les faïenciers pour leurs émaux. Il se trouve dans la ville, sur la rive droite de l'Oued Fès, à quelques dizaines de mètres en amont du pont dit *qanţra beïnlemdün* « le Pont entre les villes ».

Dans la chambre de travail se trouvent deux meules, l'une ne servant qu'à moudre le *rmel* ou sable blanc de Meknès ; l'autre est pour les produits minéraux.

____

(1) Le dosage des produits pour faire les vernis devrait se faire en poids avec l'aide de la balance décrite plus loin. Mais les potiers de Fès se servent rarement de balance. Ils font leurs mélanges à vue d'œil. Quand ils ont préparé leurs mixtures, ils les essaient en trempant une ou deux pièces qu'ils donnent à cuire à un collègue et voient si la couleur obtenue est celle qu'ils désirent, sinon ils augmentent la dose de tel ou tel produit dans le mélange, et essaient de nouveau. On dit de cette opération *iδâqû ṣṣbâǧa* « ils goûtent la teinture ».

Comme dispositif général ces deux meules ne diffèrent pas des autres meules des moulins de Fès, toutes actionnées par l'eau de l'Oued [1].

Le mouvement circulaire du cylindre écraseur est obtenu au moyen d'une roue horizontale de 1m50 environ de diamètre, armée de rayons recourbés, sortes de palettes (*lâryâš*), contre lesquelles vient frapper l'eau de la petite chute de 3 à 4 mètres de hauteur, et produire le mouvement circulaire de cette turbine.

Ce mouvement est transmis au cylindre écraseur *el-fòqî* au moyen d'un axe vertical en fonte (*qṭb delḥadîd*) encastré par son sommet en T dans la base de ce cylindre (fig. 67, 1). Cet

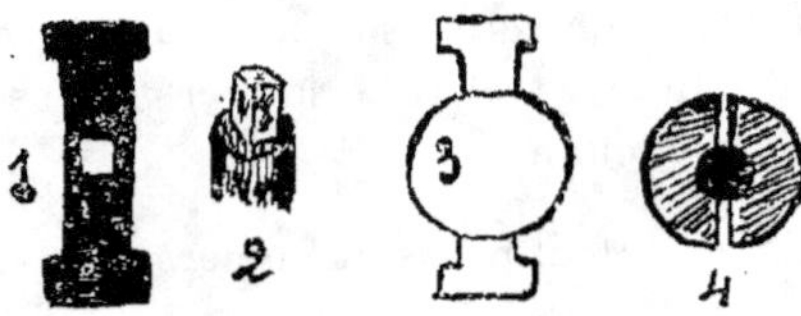

Fig. 67. — Quelques pièces de la meule
(Nᵒˢ 1, 3, 4 en projection).

axe traverse le lourd cylindre fixe de base du moulin (*essefli*) en calcaire dur de la montagne du Zerhoun (près de Meknès), comme l'autre, ainsi que le plancher de la salle formant plafond au-dessus du cours d'eau.

La figure 67 représente : 1, la tête du T couronnant l'axe de rotation et entrant dans la rainure *ad hoc* du *fòqî* ; 2, la tête quadrangulaire de cet axe, où l'on fixe la barre du T ; 3, la

____

(1) Le dispositif général et la façon dont elle est actionnée par l'eau sont très clairement indiqués pour les moulins de Tétouan, analogues à ceux de Fès, dans le précieux travail du regretté Alexandre Joly, *L'Industrie à Tétouan* (*Archives marocaines*, vol. XVIII, p. 216-219) et par la coupe verticale donnée à la page 217 de cette même étude.

rainure de la barre du T dans le *fòqî* avec l'orifice appelé *'aîn errehâ* (œillard) par lequel on verse la matière à moudre ; 4, une coupe, par plan horizontal, du centre du cylindre de base (*es-seftî*), près du sommet ; au centre passe la tige de fer de l'axe de rotation, entourée d'un collier de bois, formé de deux demi cylindres en figuier, évidés au milieu pour le passage de l'axe et encastrés dans la pierre de base.

La figure 68 donne un ensemble du dispositif du moulin.

Ces figures expliquent plus clairement que je ne saurais le décrire le fonctionnement du moulin.

L'eau actionne la roue à ailerons d'acier, en bas, et le mouvement de cette roue est transmis au cylindre du haut, *el fòqî*. qui tourne sur le cylindre fixe *es-seftî* et écrase dans son mouvement la matière à moudre, déversée peu à peu dans l'orifice circulaire et central appelé *'aîn errehâ* ou œillard.

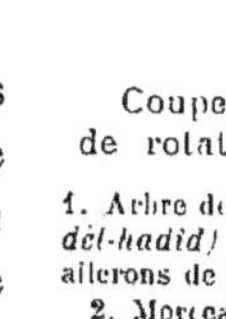

Fig. 68.
Coupe suivant l'axe
de rotation du moulin.

1. Arbre de transmission (*qtîb dèl-hadîd*) du mouvement des ailerons de la turbine.
2. Morceau cylindrique en bois de figuier pour le passage de ce *qtîb*
3. Œillard.
4. Meule supérieure (mobile).
5. Meule inférieure (fixe).
6. Plancher de la chambre du moulin.

Le moulin servant à réduire en poussière ténue le sable blanc fonctionne exactement comme les moulins à grains pour faire la farine.

Un récipient en forme de tronc de pyramide, la petite base vers le bas, est suspendu au plafond par quatre cordes attachées à des anneaux fixés aux quatre coins de la grande base. Ce récipient est le *zîr* dans lequel on met le sable à moudre. Ce sable est déjà très fin. L'orifice inférieur du *zîr* qui doit laisser passer la quantité voulue de sable est en partie fermé par la planchette de la *loqma*. Cette *loqma* est un petit conduit en bois formé de trois planchettes, l'une plus large que les deux autres, servant de base, et les deux autres constituant les montants ; le tout est fixé sous l'orifice du *zîr*, et légèrement incliné vers l'orifice central du *fôqî*, de façon que l'un des bouts de ce conduit est fixé sous la petite base ouverte du *zîr* et l'autre bout arrive à quelques centimètres au-dessus de l'œillard ; une cordelette double dont les deux brins sont retordus suspend cette dernière extrémité du conduit ou *loqma* et permet de l'élever ou de l'abaisser de façon à diminuer ou

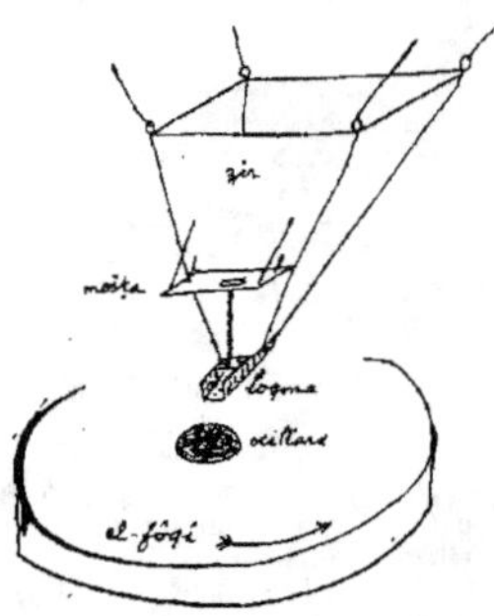

Fig. 69. — Dispositif du *zîr* au-dessus de la meule.

augmenter le débit de sable. La cordelette à cet effet traverse une planchette, suspendue à peu près horizontalement au-dessus de la *loqma* sur le flanc du *zîr*, au moyen de 4 ficelles, et se trouve fixée à cette planchette au moyen d'une cheville *lûleb* en bois que l'on fait tourner dans un sens ou dans l'autre pour retordre ou détordre la cordelette de façon à relever ou abaisser légèrement la *loqma*. La figure 69 indique ce dispositif.

Mais pour que les grains ténus de sable tombent dans l'orifice pour être moulus, il faut légèrement ébranler le *zîr*. Cet ébranlement nécessaire se fait automatiquement au moyen d'un morceau de bois suspendu par une ficelle au-dessous de la *loqma*, de façon qu'il arrive en contact avec la surface supérieure et très rugueuse de la pierre supérieure de la meule. Ce morceau de bois se nomme *jrû* ; il est emporté par le mouvement de rotation de la meule, mais ne s'en va pas puisqu'il est suspendu au *zîr*, seulement il heurte les aspérités de la meule dans le mouvement rapide de rotation de celle-ci et ces heurts répétés correspondent chacun à un léger ébranlement du *zîr*, suffisant pour provoquer l'écoulement du sable.

Tout autour de la meule est dressée, à quelques centimètres

de celle-ci, une bande verticale d'alfa tressé, de six à huit doigts de hauteur, pour retenir le sable moulu et l'empêcher de se disperser. Cette bande (*šdaq*) entoure presque complètement la meule et remplace la « boîte » des moulins français, ne laissant qu'une ouverture, sur le devant, par laquelle le sable fin comme de la farine se répand sur le sol où l'ouvrier le ramasse.

Enfin, un pieu vertical qui traverse le plancher et communique avec la roue motrice ou turbine de l'appareil permet d'arrêter celle-ci au moyen d'une simple cheville qui l'abaisse ou la soulève. Cette poutre se nomme *qäïma*, comme à Tétouan.

Le moulin fonctionne ainsi avec un seul ouvrier qui est payé selon le travail fait. Il reçoit environ 2 pessetas (1 fr. 60) par quintal de sable moulu, sur les 6 pessetas que le client donne par quintal (*qonṭâr 'aṭṭâri*) au patron du moulin.

Le moulin servant à écraser les produits minéraux autres que le sable, est du même type général que le précédent, mais ici on ne moud pas à sec et le *zîr* est supprimé.

Les produits déjà écrasés à la main sont mélangés à de l'eau et versés ainsi dans l'œillard du moulin. C'est cette eau chargée du minerai moulu que l'on recueille et que l'on conserve après l'avoir soigneusement décantée.

Quand on demande au meunier pourquoi il n'écrase pas les minerais et oxydes à sec, comme le sable blanc, et comme cela se fait également pour les céréales, il répond que le minerai étant très dense ne sortirait pas d'entre les deux cylindres du moulin et finirait par en arrêter le mouvement, tandis que l'eau favorise la sortie du minerai pulvérisé de dessous le cylin_ dre écraseur. Cette nécessité de moudre à l'eau appelle nécessairement quelques modifications de détail dans l'appareil.

Il y a toujours les deux cylindres : le *scfli* qui est fixe et le *fôqi* mobile. Mais à quelques centimètres et tout autour du *fôqi* se trouve un cercle pavé de carreaux de terre cuite, formant plan incliné vers le centre de façon à faciliter l'écoulement du liquide entraîné par le cylindre écraseur dans son mouvement de rotation. Sur le pourtour inférieur de ce cercle, un petit canal circulaire reçoit l'eau chargée du minerai et l'amène, grâce à une pente légère, à se déverser par un bec de pierre appelé *mdûwäd*, dans un récipient placé au-dessous. Ici le *šdaq* n'est plus en sparterie, puisqu'il s'agit de liquide ; il est formé d'une bande verticale et circulaire de zinc qui entoure complètement les cylindres, ne laissant que l'orifice du *mdûwäd* libre pour l'écoulement.

Le liquide chargé du minerai à moudre est versé peu à peu dans l'œillard du moulin par le client lui-même ou l'un de ses ouvriers, mais non par le garçon du moulin, comme pour le sable [1].

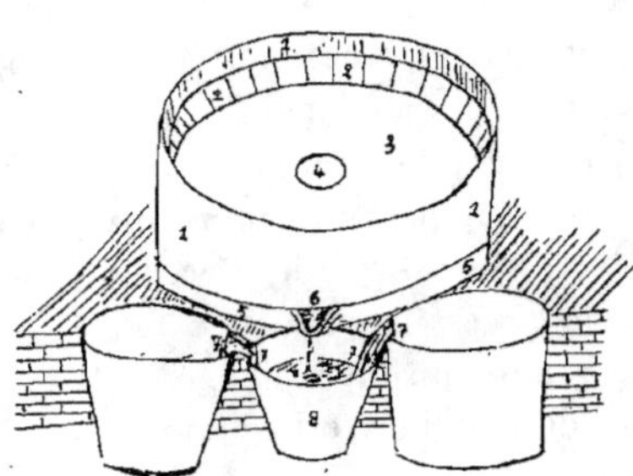

Fig. 70. — Moulin des minerais.

1. *Šdaq* en zinc ; 2. Bordure inclinée, en carreaux de briques ; 3. Meule supérieure (mobile) ; 4. Œillard ; 5. Meule inférieure (fixe) ; 6. *Mdûwad* ; 7. *Jèld* ; 8. *Maḥbes dèl-mdûwad*.

Il s'écoule après passage sous le cylindre, par le *mdûwäd* dans un vase, *maḥbes dèl mudûwäd*, d'où l'ouvrier faïencier qui surveille le travail l'enlève pour le reverser dans deux autres *maḥbes* plus grands, placés à droite et à gauche du premier, et servant à recevoir le trop-plein du premier, comme l'indique la figure 70.

Le transvasement se fait à l'aide d'un pot ou d'une écuelle et,

____

(1) Pour moudre le minerai, deux ouvriers sont nécessaires : l'un qui ne fait que verser peu à peu le minerai en suspension dans l'eau et l'autre qui reçoit le liquide après le passage sous la meule.

pour que les gouttes de liquides ne tombent pas à terre pendant cette opération, un petit tablier en cuir tanné (peau de bouc généralement) est tendu sur la paroi interne du plus petit récipient et à partir du bord voisin de chacun des deux plus grands : c'est le *jeld*.

Pour moudre le minerai, puisque le meunier ne fournit que le moulin et non la main-d'œuvre, le prix qui lui revient doit être moindre. On paie en effet 2 pessetas (environ 1,60) par *qonṭâr ʿaṭṭârî* de minerai moulu (y compris le poids de l'eau qui reste avec le minerai). On peut arriver à moudre 2 et même jusqu'à 3 *qonṭâr* de minerai par jour.

Enfin, ce moulin servant à écraser tous les minerais et sels métalliques, notamment l'oxyde de plomb et d'étain, ainsi que d'autres produits pouvant servir à la fabrication de munitions de guerre, depuis l'occupation française il est l'objet d'une surveillance spéciale et ne peut fonctionner qu'avec l'autorisation de *l'âmîn el-bârûd* (amin de la poudre de guerre). Pour éviter un fonctionnement clandestin du moulin, un pieu est introduit verticalement dans l'œillard (*ʿain errḥa*) de façon à empêcher la meule de tourner. Ce pieu est fixé dans une poutre horizontale, formant traverse au-dessus du moulin, au moyen d'un cadenas dont *l'âmîn* détient la clef. Chaque matin *l'âmîn* vient se rendre compte de ce que l'on doit moudre de minerai dans la journée et de la destination de ce minerai ; il en prend note, fait surveiller au besoin et autorise le fonctionnement de la meule.

Le liquide contenant en suspens le minerai est soigneusement décanté, puis versé dans de petites jarres en terre cuite qui sont pesées sur la balance du moulin, fermées avec une motte d'argile et transportées à dos d'ânes à l'atelier des faïenciers où le vernis sera ainsi employé, mélangé ou non à d'autres produits analogues, pour enduire les objets de terre cuite que l'on voudra émailler. Nous verrons, à l'occasion de la confection de ces objets, comment se fait la pose de l'émail.

Voyons maintenant le traitement des minerais et la préparation des vernis pour les diverses couleurs ci-dessus mentionnées.

1° Émail blanc (1)

Il s'obtient d'un mélange d'oxyde de plomb et d'étain (c'est notre calcine), et de sable blanc dans des porportions variables. Les proportions de plomb et d'étain employées sont elles-mêmes variables mais voisines en général de 100 de plomb pour 14 à 16 d'étain. L'étain, au surplus, est plus ou moins pur selon qu'on emploie des baguettes d'étain (*sbîka*) ou des débris de théières (*brâred*). D'ailleurs l'étain en *sbîka* se vend environ 1 ryal (5 pessetas) le *rţal* et en *brâred* de 2 1/2 à 3 pessetas seulement (2).

Les faïenciers eux-mêmes préparent l'oxyde de plomb et d'étain ou calcine dans un four spécial, le mélange intime ainsi obtenu est moulu à l'eau, comme tous les minerais et le

---

(1) A Tétouan, la préparation de cet émail ne renfermerait pas de plomb et serait tout différente de celle que je vais indiquer pour Fès. (Cf. A. JOLY, *L'Industrie à Tétouan, loc. cit.*, p. 314-315).

(2) Pour les *zällîj*, le plus pur blanc est obtenu avec 100 d'oxyde de Pb, 16 d'oxyde d'étain, 64 de sable blanc, 12 de *koḥûl jilîya*, dont on parlera plus loin (ce *koḥûl* a pour but de fixer plus solidement la couleur au feu) ou descend parfois à 56 de sable blanc au lieu de 64.

Pour les blancs du fond d'émail des vases et objets autres que les carreaux, on met un tiers d'oxyde d'étain en moins. Il n'est peut-être pas mauvais de rapprocher de ces formules pour l'émail blanc celles que donne WURTZ. *Dictionnaire de chimie* (Paris, chez Hachette, t. II, 2ᵉ part., p. 1153) et qui sont :

ÉMAIL BLANC (dur)		
Calcine composée de : { oxyde d'étain ... 23 } { oxyde de plomb... 77 }	.....	44
Minium		2
Sable de Nevers		44
Sel marin		8
Soude d'Alicante		2
	pour	100

mélange avec le sable blanc se fait ensuite à l'atelier au moment d'utiliser le vernis.

Voici comment les faïenciers de Fès procèdent pour obtenir la calcine (*ḥfif*). Leur méthode est conforme à celle des faïenciers européens.

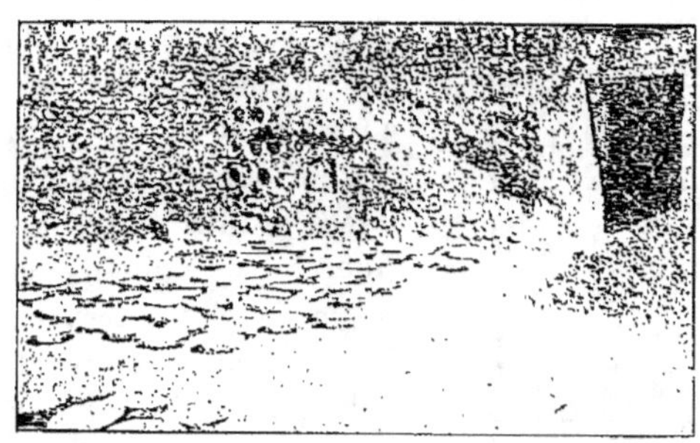

Fig. 71. — Le four à calcine
(dans l'angle d'une cour d'atelier)
(Photo A. Bel)

Dans la cour de l'atelier se trouve le four spécial servant à cet usage *kûša dèl ḥfif* « four du plomb » (fig. 71 et 72) ; il est bâti en briques et composé essentiellement de deux parties : le foyer et la cuve à oxydation.

Le foyer *F* [fig. 72 (A)] est haut de 1ᵐ50 environ sur 1 mètre

ÉMAIL BLANC (tendre)	Calcine composée de :	{ oxyde d'étain..... 18 } { oxyde de plomb... 82 }	.....	47
	Minium......			»
	Sable de Nevers......			47
	Sel marin......			3
	Soude d'alicante......			3
			pour......	100

Il serait aisé de donner d'autres formules d'émaux blancs ; mais celles-ci sont une base suffisante de comparaison.

de profondeur et 0ᵐ50 de largeur environ. Il communique avec la cuve par un orifice *o*. La cuve *c* est plus large que le foyer, elle a la forme indiquée sur la figure 72 (A) et son fond est légèrement recourbé.

Une porte triangulaire *P* [fig. 72 (B)] sert à introduire le combustible dans le foyer, et à en retirer les cendres ; une porte surélevée *p* [fig. 72 (B)] sert à l'introduction du métal dans la cuve à oxydation.

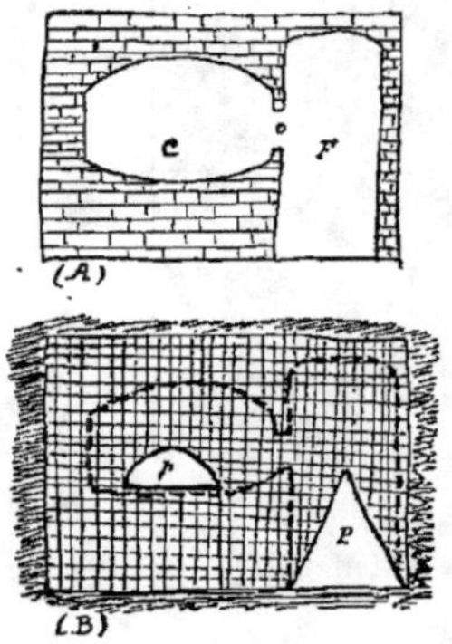

Pour obtenir la calcine, l'ouvrier faïencier introduit d'abord le plomb (morceaux de plomb, ou feuilles de papier de plomb servant à l'emballage des caisses de thé) tandis qu'un aide chauffe le foyer avec du combustible très sec (chardons ou palmier, par exemple) introduits par la porte *P* appelée *bâb essjen*, les gaz chauds entrent dans la cuve *c* par l'orifice *o* appelé *fumm el mešreb*. Dans cette cuve appelée *mḥarqa*, le métal fond et l'ouvrier, placé devant la porte *p* ouverte, armé d'une raclette en fer (*mjarfa*), avec manche en fer, prolongé par une partie en bois que saisit l'ouvrier pour ne pas se brûler, agite constamment le métal en fusion par un mouvement d'avant en arrière et d'arrière en avant de sa raclette.

Fig. 72. — Four à calcine :
(A) Coupe verticale, au centre, parallèle à la façade ;
(B) Façade du four.

On dit de l'ouvrier qui fait ce travail : *iḥeddem fèl mâdèl ḥfif ḥatta itterreb* « il remue le plomb fondu jusqu'à ce qu'il devienne (comme) de la terre ».

En effet, l'oxyde jaunâtre de plomb se forme peu à peu sous forme de mousse qui flotte à la surface et se répand sur les bords du liquide. Cette opération dure trois ou quatre heures.

Lorsque l'oxyde de plomb surnage à la surface du liquide fondu, on ajoute alors l'étain qui fond à son tour, s'oxyde et s'incorpore à l'oxyde de plomb, assez rapidement, en une demi-heure ou trois quarts d'heure. Le résultat est une matière terreuse jaune-brunâtre. C'est la calcine désirée.

Il suffit de laisser refroidir et de retirer l'oxyde ainsi obtenu. On le fera ensuite passer au moulin mélangé à de l'eau, dans les conditions ci-devant indiquées.

Comme je l'ai dit, la blancheur et l'éclat du vernis varient selon les proportions de plomb et d'étain du mélange. Le blanc est d'autant plus pur que la quantité d'étain est plus considérable. Mais le prix de l'étain étant très élevé, les faïenciers de Fès ont, surtout depuis ces dernières années, une tendance à diminuer la quantité de ce métal. Les résultats en sont faciles à apercevoir, les vases de faïence émaillés, tous décorés sur fond d'émail blanc, nous offrent des blancs sales, manquant d'éclat et fort inférieurs aux blancs des vieilles faïences d'autrefois. Du moins pour les blancs des *zällîj*, ou carreaux de faïence, a-t-on conservé à peu près les proportions d'étain nécessaires pour obtenir les blancs assez éclatants qu'exige la clientèle ; mais on ne le fait pas pour les émaux des *zällîj* d'une autre couleur que le blanc, et qui sont tous à base stannifère comme on va le voir.

2° Bleu

« Il est remarquable, disent très justement W. et G. Marçais (*Les monuments arabes de Tlemcen*, p. 81-82), que contrairement à ce qu'on observe en Orient, la couleur bleue, au nom espagnol de laquelle se rattacherait le terme même de *zelij*, ne se trouve pas au Maghrib, du moins dans les plus anciens revêtements de mosaïque. Les vieux minarets d'Agâdir et de Tlemcen n'en comportent pas. Les façades mérinides elles-mêmes, qui marquent le plus complet épanouissement de cet art que l'Occident ait peut-être connu, ne se servent de l'émail bleu qu'avec la plus grande parcimonie. Ce n'est que plus tard qu'il joue, dans les lambrissages et les parements, un rôle important, sans toutefois tenir la place du brun de manganèse, du blanc, du vert de cuivre et du jaune de fer, qui complètent avec lui la palette du céramiste arabe ».

Ces remarques sont très justes pour Tlemcen et aussi pour Fès où je les ai vérifiées sur les monuments musulmans de cette ville et notamment dans les anciennes médersas mérinides qui sont toutes de la première moitié (sauf une) du xiv° siècle de notre ère. Reste à savoir si les décorateurs mérinides usaient avec parcimonie des bleus dans le décor de la céramique parce que les émaux bleus étaient plus rares, plus chers ou plus difficiles à obtenir alors, ou bien si dans la conception de la décoration de ces artisans mérinides le bleu ne devait entrer que pour une faible part dans l'harmonie de l'ensemble [1]. Les beaux motifs des revêtements de la céramique des Mérinides dans les médersas de Fès me paraissent devoir donner raison à cette dernière hypothèse. D'ailleurs, les grands constructeurs que furent les Mérinides du xiv° siècle et les dépenses qu'ils firent, sans compter, dans leurs médersas notamment, suffiraient à nous faire repousser la première hypothèse. « Pour ce qui est beau, on ne doit pas regarder la dépense », disait Abou 'Inân à propos de la médersa qu'il fit construire à Fès.

Aujourd'hui, tous les bleus employés dans la coloration des *zâllîj* et faïences de Fès sont obtenus au moyen de la poudre de smalt achetée par les faïenciers chez les marchands de la ville.

Ce smalt, appelé ici *bṛâya* ou *'elja*, est actuellement fourni par des négociants musulmans de Fès établis à Manchester ; ils l'adressent à leurs clients, commerçants de Fès, qui leur en

---

(1) Comme par exemple le vert qui ne donne qu'une note, brillante mais rare, dans les sombres tapis d'Aflou.

font commande. Parmi ces derniers, nous citerons : El-Ḥadj Ṭâhar Ben Lâmîn, Moḥammed ben El-Ḥâjj ʻAbdesslâm Ben Jellûn, El-Ḥajj Lʻarbî-š-šâwî, El-Ḥâjj Moḥammed el-Ḥalwî, parmi les principaux. Le cours, en temps normal, est de 4 pessetas (3 fr. 20 environ) le *rʈal ʻaʈʈârî*, mais pendant la guerre actuelle, dès octobre 1914, il y eut ralentissement dans les transports des denrées venant d'Europe et le cours du smalt augmenta d'une ou deux pessetas. J'intervins même à ce moment auprès de M. le capitaine G. Mellier, chef des services municipaux de Fès, qui fit les démarches nécessaires pour régulariser les arrivages de smalt, car les faïenciers étaient sur le point de voir leur travail arrêté par le manque de ce produit. Malgré tous les efforts faits dans ce sens, le smalt augmenta encore en fin 1915 et atteignit 4 ryâl (16 francs) le *rʈal* ; il en manqua même à plusieurs reprises et les travaux de divers ateliers durent être suspendus en attendant de nouveaux arrivages de smalt. Au surplus, des renseignements que j'ai pu recueillir des plus vieux potiers de Fès, il n'y aurait guère qu'une soixantaine d'années que le smalt dont ils se servent pour les bleus est importé d'Europe ; il serait d'abord venu de France (de Marseille ?), puis les faïenciers, ayant trouvé plus avantageux pour eux de le faire venir de Manchester, auraient fait leurs commandes dans cette ville, où est installée une colonie musulmane de Fâsis. On sait que le smalt est le plus employé des colorants à base de cobalt. On en prépare surtout en Saxe d'où il est sans doute exporté dans toute l'Europe.

Je ne sais si pour les émaux des faïenciers le smalt de France était meilleur ou moins bon que celui de Manchester, mais ce qui est certain, à en juger par les spécimens de vieux carreaux de faïence vernissée que nous avons sous les yeux, notamment dans les médersas mérinides de Fès (xivᵉ siècle) et dans une maison particulière en ruines de la même époque dont j'ai déposé au Musée de Fès des panneaux mosaïque, les anciens bleus, antérieurs à l'importation du smalt d'Europe, sont beaucoup plus délicats et plus beaux que ceux que l'on fait actuellement. Mais cette différence tient plus au manque ou à l'insuffisance de l'étain et du plomb dans la composition des émaux bleus d'aujourd'hui qu'à la qualité du smalt employé, ainsi que des essais récents l'ont démontré.

On peut penser cependant que les anciens bleus des faïences vernissées étaient obtenus par le traitement de certains minerais du Maroc et que ces procédés sont tombés en désuétude le jour où les faïenciers ont connu le smalt d'Europe dont l'emploi est commode et le prix infime. Toutefois, je n'ai jusqu'ici pu trouver aucune indication sur l'ancienne préparation des bleus et les plus anciens faïenciers de Fès que j'ai interrogés sont restés muets sur la fabrication des bleus avant l'utilisation du smalt d'Europe.

La préparation du vernis diffère selon qu'il s'agit de carreaux de faïence ou des vases décorés. Pour les carreaux de faïence (*zällîj*), les *bojmât* et *hoṣâr*, le vernis dans lequel sont plongées les surfaces à émailler en bleu [1] est formé de 1 de *bṛâya*, (smalt) pour 6 de *ḥfîf* (oxyde de plomb et d'étain) et 4 de *rmel* (sable blanc ou silice).

Pour les objets à décorer au pinceau, on met simplement dans un grand bol (*zlâfa*) d'un peu moins d'un litre, de l'eau froide dans laquelle on a fait dissoudre une petite poignée de gomme (*'elq*) d'abricotier ou de prunier, une quantité à peu près égale de smalt ou *bṛâya* et on remue le tout, pour mélange et dissolution, à l'aide d'un bâtonnet plat en guise d'agitateur (*maḥrak*) et l'on s'en sert immédiatement, pour peindre sur le vase qui a préalablement été enduit de l'émail blanc (simplement séché à l'air, mais non passé au four) par immersion dans le bain d'émail stannifère blanc.

---

(1) Cprz pour Tétouan aux indications assez vagues données par A. JOLY (*L'Industrie à Tétouan*, loc. cit., p. 318).

3° Bruns

Le brun des carreaux de faïence (*zâllîj*, est très foncé et se nomme *lâkḥal* « le noir ». On le prépare au moyen d'un minerai ramassé dans les ravins du Jbel Zalaġ au Nord de Fès, surtout dans la partie appelée *'aqbat el-mšâjen*, où passe le chemin qui conduit au mausolée de Sidi Aḥmed el-Bernûsî, à quelques centaines de mètres de Bab Gîsa. On l'y trouve surtout après les fortes pluies.

L'analyse de ce minerai donne pour sa composition :

$$\text{pour 100} \begin{cases} \text{Fe}^2\text{O}^3 & 92 \\ \text{Si O}^2 & 6,3 \\ \text{chaux} & \text{traces} \end{cases}$$

C'est le fer oligiste. Ce minerai est communément appelé *moġnâṣiya Kaḥla* [1] et se vend, à Fès, aux faïenciers directement au quintal *'aṭṭâri*, à des prix variables et assez bas, puisque le prix moyen de revient du quintal moulu et prêt à être employé est d'environ 5 ryâl (20 francs). Avant de le moudre au moulin, ce minerai est passé au feu du *sjen* du four-à-potier, vraisemblablement dans le but de l'oxyder.

Le bain aqueux de cette *moġnâṣiya*, qui doit donner les bruns foncés des *zâllîj*, est mélangé avec de la calcine et du sable blanc dans les proportions suivantes en poids : 1 de *moġnâṣiya Kaḥla* pour 6 de calcine et 3 ou 4 de sable (silice).

Pour la décoration des objets autres que les *zâllîj*, c'est-à-dire pour la peinture sur émail blanc, le brun est un peu moins sombre ; il est de la couleur des raisins secs et pour

---

(1) C'est aussi le nom (*moġnasiya*) que donnent au minerai dont ils se servent, les émailleurs de Tétouan pour avoir des émaux noirs ; mais la composition du bain et la préparation des produits employés diffère sensiblement de ce qui se fait à Fès. (Cf. A. JOLY, *L'Industrie à Tétouan*, loc. cit., p. 316).

cette raison se nomme *zbibi*. Il s'obtient au moyen d'un minerai extrait dans la fraction de Benî Jîl (Haute Moulouya) et nommé pour cette raison *moġnaṣiya jiliya* [1]. Les gens de cette tribu ou fraction de tribu apportent le minerai sur leurs bêtes à Fès où ils le vendent aux patrons faïenciers, soit directement, soit par l'intermédiaire d'un crieur public, *dellâl*, qui passe dans les ateliers. Le prix de vente varie, suivant les besoins et la plus ou moins grande rareté des arrivages, de 5 à 12 ryâl (20 à 48 francs environ) par quintal *'aṭṭâri*. Ce minerai est employé tel qu'on le reçoit, sans être épuré, ni oxydé. Après qu'il a été concassé et qu'il a été moulu au moulin de Baïn lemdûn, il s'emploie pour la peinture au pinceau sur émail stannifère, seul, mélangé à de l'eau et sans le secours d'aucun autre corps.

Il suffit, selon que l'on veut obtenir une couleur plus ou moins claire, de mettre plus ou moins d'eau. Mais si on le destine à émailler des carreaux de faïence en brun clair, le bain pour l'émail doit comprendre de la calcine et de la silice (sable de Meknès) dans les proportions indiquées ci-devant. Étant donnée la cherté de ce minerai, les carreaux ainsi émaillés ne sont faits que sur la commande des clients qui veulent y mettre le prix. A la longue et surtout sous l'influence d'un

---

(1) M. Bellair, pharmacien militaire à l'hôpital de Fès avait bien voulu se charger d'analyser pour moi tous les échantillons des minerais employés par les faïenciers et que je lui avais remis. C'est à son obligeance que je dois de pouvoir donner ici la composition de quelques minerais. Mais dans mon déménagement j'ai eu le regret de perdre quelques-uns des documents que j'avais ramassés à Fès ; de ce nombre étaient des fiches sur lesquelles étaient inscrites les compositions de certains de ces minerais et notamment celle de la *moġnâṣiya jiliya*. On reconnaît dans ce nom de *moġnâṣiya* donné par les artisans de faïences à Fès, aux minerais servant à faire les bruns sombres, notre mot « magnésie » et « manganèse », mais cependant le manganèse n'entre pas dans tous ces émaux obtenus par les diverses *moġnâṣiya* (Dozy, dans son *Supplément aux dictionnaires arabes*, II, 604, écrit ce mot *maġnâṣiya* et *maġnâṣiyâ* sur la foi d'autorités écrites).

cqurant d'eau (comme par exemple autour des vasques ou des bassins des fontaines), j'ai observé que ces carreaux émaillés en brun prenaient de jolis tons violacés. Cela est dû certainement à la présence du manganèse dans l'émail. *L'Encyclopédie Roret* (*loc. cit.*, p. 84) remarque en effet que : « aux glaçures plombeuses, il (oxyde de manganèse) donne une coloration violet-brunâtre ». Il est curieux de signaler ici également que deux au moins des médersas mérinides du XIVe siècle (la Bû 'anânîya et celle des 'Aṭṭârîn), dans certains lambris en mosaïques de faïence, nous offrent des spécimens d'émaux nettement violets, aux minerais de manganèse, d'une coloration que ne connaît plus la palette du faïencier d'aujourd'hui.

4° Jaune

Il s'obtient avec un minerai des Benî Yézġa (à 50 kilomètres au Sud-Est de Fès, sur les bords du Sbû) et appelé *dähbî*. Il est de couleur rougeâtre. On le concasse et on le moud à l'eau au moulin de Baïn lemdûn comme les autres et on l'emploie ensuite sans autre préparation [1].

La composition de ce minerai est

$$H^6 Fe^4 O^9 = 90 \text{ à } 91 \%$$
$$\text{silice } 5 \%$$
$$CO^2 \text{ et } Ca\,O \text{ traces :}$$

c'est de la limonite ou hématite brune.

---

(1) On ramasse aussi du minerai dit *dähbî*, utilisé dans le même but par les potiers, près de Fès, sur les bords de l'Oued Màlaḥ au N.-E. de Fès. Ce minerai se vend en ville 4 ryal le *qonṭar 'aṭṭârî*. Je n'en ai plus la composition donnée par l'analyse, mais autant qu'il me souvient elle était très voisine de celle de la *mognâṣiya Kaḥla*, ramassée dans la même région d'ailleurs.

On trouvera quelques indications sur les produits employés pour les jaunes à Tétouan (A. Joly, *loc. cit.*, p. 317). On se sert dans cette ville d'un minerai appelé *Koḥel* vraisemblablement assez voisin comme composition de celui dont nous parlerons plus loin à propos des glaçures brun clair des *ḥarrâša*.

Il s'emploie mélangé avec 6 de calcine, 4 de silice, pour 1 de *dähbî*, pour les carreaux de faïence.

Dans le même but et dans les mêmes proportions des mêmes corps, on peut remplacer le *dähbî* des Beni Yèzġa par le *ḥâbôrî* qui est un minerai préparé de la même façon que le précédent, provenant du pays des Ġyâta, et dont l'analyse chimique a révélé qu'il s'agit de stibine ou sulfure d'antimoine $Sb^2 S^3$ qui renferme 71 % d'antimoine théorique et en a donné 68, dans les parties les plus pures, à l'analyse [1].

Pour les jaunes des faïences peintes on emploie les mêmes minerais *dähbî* et *ḥâbôrî*, seuls et simplement dilués dans l'eau avec de la gomme de prunier, puisque c'est pour peindre sur l'émail blanc stannifère.

5° Vert

Le vert s'obtient comme chez nous, avec l'oxyde de cuivre, préparé par les faïenciers eux-mêmes. Ils achètent à cet effet des débris (*šḍâya*) de cuivre rouge qu'ils oxydent en les faisant passer, pendant la cuisson des poteries, dans le foyer du four-à-potier. L'oxyde ainsi obtenu est ensuite pilé avec un gros galet ou au pilon de métal, puis moulu à l'eau, au moulin de Baïn lemdûn. Cet oxyde se nomme *ḥaḍîda l-ḥamrâ* (pour le distinguer *d'el ḥadîda del ḥajer* qui est la chalcosine [2] et qu'on ne trouve plus en ce moment).

Pour la préparation du vernis, l'ouvrier a d'une part dans un vase un mélange aqueux de 2 de calcine pour 1 de silice ; il

---

(1) On sait que les émailleurs européens préfèrent pour les jaunes l'oxyde d'antimoine (Sb^2O^3) avec l'oxyde de plomb.

(2) La chalcosine est un sulfure de cuivre dont la formule est $Cu^2 S$. L'échantillon de ce minerai autrefois employé par les émailleurs des faïences de Fès et qui m'a été remis par eux, a donné à l'analyse :

Pour cent de ce minerai : 70 de cuivre ; la teneur en chalcosine était de 87 %. Selon les faïenciers qui me l'ont remis, le minerai en question provient du Sous, de la région de Tàrûdant, mais on ne l'utilise plus aujourd'hui à Fès.

verse dans le mélange de la *hadîda l-hamrâ* jusqu'à ce que ce premier mélange prenne la teinte rougeâtre que désire l'ouvrier faïencier. Le vert est commun (*hdar metlôq*) si la dose de *hadîda* est faible ; en l'augmentant, le vert que l'on obtiendra sera sombre : c'est le vert de l'olive que, pour cette raison, les faïenciers appellent *hdar zîtî*.

Les proportions pour ce dernier vert, semblent être voisines des suivantes, bien que très variables, étant donnés les chiffres que j'ai recueillis de divers faïenciers :

1 de *hadîda l-hamra* pour 12 de calcine et 6 de silice. Pour obtenir le vert clair (vert roseau), *hdar qasbî*, il suffit d'ajouter au mélange précédent une certaine quantité de *hâbôrî* [1]. L'ouvrier fait également ce mélange à vue d'œil sans rien peser ni doser.

Les débris de cuivre rouge sont achetés, le vendredi à midi, aux artisans du cuivre (les *saffârîn*) moyennant environ une pessela et demie (soit environ 1 fr. 20) le *rtal 'attârî*. Ce sont les crieurs publics qui vendent ces *sdâya*.

6° Email brun clair des harrâša

On a dit ci-devant que certaines pièces, certains vases de poterie dite *hâreš*, étaient enduits d'un émail à l'intérieur seulement. Ce vernis est à base d'un minerai appelé *kehûl*, de diverses provenances et de qualité variable suivant son origine.

Parmi les minerais dits *kehûl*, il en est de très bonne qualité, par exemple ceux du Tâfîlèlt (de la tribu des Benî Jît) et ceux de Outât sur la route de Fès au Tâfîlèlt. J'ai malheureusement perdu la composition de ces minerais, d'après les analyses de M. Bellair. Ce sont des minerais gras et donnant un beau reflet

---

(1) On obtient aussi le *qasbî* sans *hâbôrî* mais avec un oxyde de plomb et d'étain formé de 20 proportions en poids d'oxyde de plomb pour 5 d'oxyde d'étain et 1 de *hadîda*.

Voir aussi pour Tétouan : A. Joly, *loc. cit.*, p. 318.

au vernis. Le *keḥûl* des Ġyâta est moins bon ; mais celui dont la qualité est véritablement fort médiocre est celui d'El-Qṣâbî (ce que nos cartes désignent sous le nom de Qasbat el-Makhzen), qui est rude au toucher et fortement mélangé d'impuretés, notamment de calcaire. Aussi bien celui-ci valant 4 à 5 ryâl (16 à 20 francs) le quintal 'aṭṭâri, les autres se paient le double.

Pour préparer le vernis on verse dans le récipient où doit se faire le mélange, d'abord la solution aqueuse de silice, puis celle de *dähbî* des Benî Yèzġa jusqu'à ce que la solution blanche de la silice prenne la teinte rougeâtre qui convient à l'ouvrier ; enfin on verse la solution de *kohûl* dont la proportion en poids doit être de quatre fois celle de la silice employée. Les proportions qui m'ont été indiquées sont approximativement les suivantes :

$$
\begin{aligned}
\text{silice} &= 25 \\
\text{dähbî} &= 3 \text{ ou } 4 \\
\text{keḥûl} &= 100
\end{aligned}
$$

7° Le sable de Meknès

Ce sable (*rmel*) si employé comme fondant dans la préparation des émaux de nos faïenciers de Fès n'est utilisé que lorsqu'il est extrêmement fin. On arrive à ce résultat de la façon suivante : on le moud à sec comme nous l'avons dit plus haut et, pour séparer le fin du gros, on met dans une cuve (*maḥbès*), contenant de l'eau, le sable moulu et l'on agite avec la main. L'eau devient blanche ; on laisse déposer le plus gros, le *mlâys* et l'on décante ; au décantage le plus fin (*ellebba*) passe seul ; c'est celui-ci que l'on utilise après l'avoir laissé complètement déposer au fond du vase. Quant au plus gros, resté dans le fond du premier vase, on le laisse sécher et on le repasse au moulin. Ce sable serait de la silice pure selon l'analyse de M. Bellair. On le retire d'une carrière des environs de Meknès, à une heure de marche environ vers le Nord de cette ville.

Le lieu dans lequel est cette carrière se nomme qaṣba Ḥaîṭen, sur la gauche de la route allant de Meknès à Moulay Idrîs du Zerhoûn. Le sable en question est extrait par des indigènes de la tribu des Oulêd en-Nṣîr qui paient, pour avoir le droit de l'extraire, un droit d'un demi gerš (environ 0 fr. 10) par âne. Ce sont ces indigènes qui apportent, sur leurs ânes, le sable à Fès, à raison d'un qonṭâr 'aṭṭârî ou d'un et demi par bête. Au retour, par Meknès, ils rapportent dans cette ville des provisions de vernis en pot, pour l'émail, aux rares faïenciers de Fès qui travaillent à Meknès, ou bien des *zällîj* pour la vente, car les ouvriers en *zällîj* installés à Meknès n'arrivent pas à satisfaire la clientèle de cette ville.

D'ailleurs les deux seuls ouvriers en faïence travaillant à Meknès en 1915 (Moulay 'Abdesselam et El-Ḥâjj Moḥammed Bèmmlîḥ) faisaient moudre leur sable et leurs minerais à Fès.

Outillage des faïenciers pour la préparation des bains à émail

A part un certain nombre de vases en terre de diverses formes et dimensions pour recevoir les mixtures liquides, les *Tollâya* ont, tous, deux objets indispensables : le tamis à vernis et la balance (encore beaucoup ne se servent-ils guère de la balance). Le tamis (*ġoṛbâl* pl. *ġṛâbel*) sert à filtrer l'eau chargée du minerai moulu venant du moulin. Sur un cadre circulaire (*dôṛ*) en bois blanc est tendu un tissu de crin de cheval, fixé extérieurement sur le cadre à l'aide d'une cordelette (*qannba*), maintenue au moyen d'un contrefort de bois (*duwîra*) [1]. Le crible est posé sur deux tringles de fer ou de

---

(1) Ces cribles ou tamis, qui servent à divers usages, sont faits à Fès par des artisans spéciaux, les *Tiyâlîn* (au sing. *tiyâlî*) qui ont leurs petits ateliers ouverts sur la rue, non loin de 'Aîn 'Alloûn, au bas de la montée de la Ṭâl'a, dans le quartier appelé justement à cause d'eux : *ṛâṣ Tiyâlîn*.

bois au dessus du grand vase (*maḥbès*) qui reçoit le vernis tamisé. Ce qui passe est le minerai le plus fin (*ellebba*) ; ce qui reste dans le crible sera moulu de nouveau.

La balance (*mizân*, pl. *myâzen*) sert à peser les diverses matières tinctoriales et à faire les mélanges dans les proportions voulues. C'est encore la vieille balance, de tous points analogue à celle que nous avons décrite pour la laine à Tlemcen (cf. notre *Travail de la laine à Tlemcen*, Alger, JOURDAN, 1913, p. 34) qui est ici employée. La seule différence est dans la terminologie, le bras ou fléau s'appelle ici *'emûd*, la poignée *qabṭa*, le *qobb* est ici appelé *qobba*. Les poids employés sont également en pierre, on les nomme *ḥajer del mizân* ; il y en a six qui sont : *noṣṣerbo'* (*rṭal* = 12 1/2), *lwuzna* (*rṭal* = 6 1/2), *lahjra dyâl ṭlâṭârṭâl* (*rṭal* = 3), *lḥajra dyâl ruṭlaîn* (*rṭal* = 2) *lḥajra dyâl rṭal û noṣṣ* (*rṭal* = 1 et 1 2), *lḥajra dyâl rṭal* (1 *rṭal*). Le poids est exact quand l'aiguille de bois placée sur le fléau est verticale et entre exactement dans la *qobba*, on dit alors que la pesée est *baîn èl-mṣâmer*.

Les autres outils de ces artisans seront décrits à leur place dans chaque catégorie des travaux que comprennent ces industries.

II. — LE FOUR ET LA CUISSON

Pour tous les objets de faïence émaillée, le four est d'un type uniforme ; ses dimensions seules varient un peu.

A titre d'exemple je donnerai ici la description d'un petit four servant à la cuisson des *qandîl* ou quinquets à huile. C'est le type de four le plus petit que l'on rencontre parmi les ateliers des faïenciers à Fès ; mais le type le plus grand, employé pour la cuisson des *zâllîj* n'atteint pas le double de celui-ci.

Comme toujours, l'ensemble du four (*kûša*) comprend deux chambres disposées l'une au-dessus de l'autre et séparées par une cloison : le *sjen* ou « chambre de chauffe », « foyer », et la *frîna* « four », « chambre de cuisson », séparées par la cloison à claire voie appelée *ġorbâl*.

Le *sjen* est ici une salle d'environ deux mètres de hauteur, au-dessous du *ġorbâl* ; une porte étroite et cintrée y donne accès par le haut et juste au-dessous du *ġorbâl* ; la base de cette porte de 0ᵐ35 est au niveau du sol de la cour d'atelier ; elle a 0ᵐ45 de hauteur. Elle rappelle vaguement la porte d'un de ces grands foudres des marchands de vin. Le fond du *sjen* a la forme d'une ellipse de 1 mètre sur 2 mètres et la porte se trouve juste au-dessus du milieu d'une des pointes de l'ellipse, que nous appellerons le devant pour plus de commodité. C'est cette partie antérieure qui reçoit le combustible jeté par la porte : on la nomme *lûza* (fig. 73). A 0ᵐ50 environ en retrait se trouve un seuil en brique suivant les contours des côtés et de l'arrière du fond du *sjen*, ce sont les « bancs » ou *dkâken* sur lesquels on pose des pièces à cuire. Entre les *dkâken* se trouve, au milieu du *sjen* une partie en creux pour recevoir également le combustible, comme la *lûza* ; c'est *el-wâd*. Dans le four dont nous parlons ici, *el-wâd* a 45ᶜᵐ de largeur ; la largeur des *dkâken* est de 0ᵐ28ᶜᵐ, leur hauteur au-dessus de la *lûza* est de 0ᵐ30 et au-dessus du fond d'*el-wâd* de 0ᵐ20, car il y a une dénivellation de 0ᵐ10 entre la *lûza* et *el-wâd* (fig. 73).

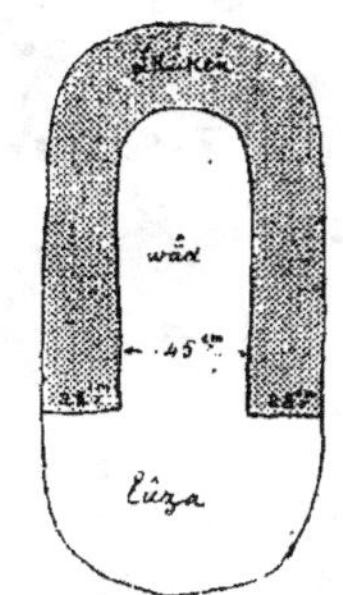

Fig. 73. — Projection horizontale du fond du *sjen*.

Ce dispositif permet aux cendres de s'accumuler dans la *lûza* sans atteindre toutefois le niveau des *dkâken* sur lesquels sont disposés des pièces crues à passer en première cuisson, ou des minerais à oxyder.

Le *ġorbâl* est un plafond circulaire en briques, s'appuyant en un cintre contre les parois du four (fig. 74), et dont la face supérieure est parfaitement horizontale. L'air chaud du *sjen* s'élève à travers les trous triangulaires du pourtour (appelés *šâblu*, pl. *šwâbel*) en nombre variable et se répand dans le four au-dessus. Un trou circulaire (parfois deux dans les fours à *zâllîj*), au centre du *ġorbâl*, nommé *es-sâreq* ou *ṭôqba d'èl-wusṭ*, ouvert pour la cuisson des *zâllîj*, est fermé quand on cuit d'autres pièces. La figure 75 peut donner une idée de la forme du *ġorbâl*, en épaisseur. En surface le *ġorbâl* qui constitue la base de la *frîna* est circulaire et son diamètre est toujours très inférieur à la plus grande largeur du *sjen*. Dans le petit four pris comme exemple ici, il n'a guère que 1^{m}20 de diamètre.

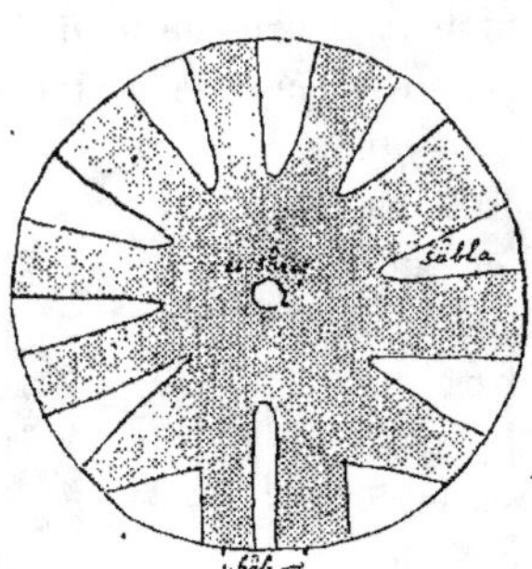

Fig. 74.
Projection horizontale de la face
supérieure du *ġorbâl*.

La *frîna* a la forme d'une chambre cylindrique voûtée en dôme. Une porte de 1^{m}35 de hauteur y donne accès. Cette porte a la forme d'un rectangle de 1^{m}10 de côté sur 0^{m}35 de largeur, surmonté d'un arc de cercle de 0^{m}25 de flèche (fig. 78). La hauteur du sommet de la voûte au-dessus du plancher du *ġorbâl* ne dépasse pas 1^{m}50 à 1^{m}60, et cette voûte est percée en son sommet d'un orifice circulaire de 0^{m}40 de diamètre, appelé *ṛâs tennûr* ou quelquefois *käskâs*.

Trois orifices en demi-lune de 0^{m}25 de rayon, les *mnâfes*, sur le même plan

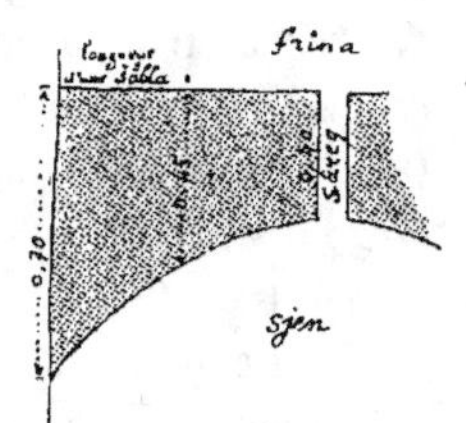

Fig. 75. — Coupe verticale
du
ġorbâl par le centre.

et de mêmes dimensions que le sommet cintré de la porte, sont disposés sur le pourtour de la *frîna*, de façon que l'un de ces *mnâfes* soit en face de la porte et les deux autres en face l'un de l'autre et à égale distance de la porte et du *mänfäs* opposé.

Les murettes en élévation, soutenant le dôme du four formant le four-à-potier, sont construites en briques posées à plat les unes sur les autres et de façon que la petite base de chaque brique soit du côté interne du four. Les briques sont lutées avec de l'argile mélangée de paille coupée *(tben)* en guise de ciment. L'ensemble du four constitue donc un cylindre reposant sur le plancher ou *ǧorbâl* et couronné par un dôme aplati en *qobba*.

Les portes du *sjen* et de la *frina* sont placées au-dessus l'une de l'autre sur un même alignement, et les briques qui en forment l'ouverture sont renforcées de la façon suivante : contre la rangée de briques tournées vers l'intérieur du four comme on vient de le dire, et extérieurement, se trouve une seconde rangée de briques disposées de façon que la grande base de celles-ci s'appuie sur les petites bases des premières (fig. 76) . Cette garniture de briques pour renforcer les montants de la porte se nomme *mäqdem*.

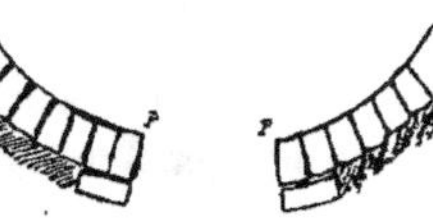

Fig. 76.

J'ai dit que la porte de la *frina* donne accès directement et de plain-pied sur le *ǧorbâl*. En avant de cette porte (qui est en retrait sur la porte du *sjen)* et au-dessus de la porte du *sjen* se trouve une petite plate-forme appelée *raqba*. C'est sur cette *raqba* que les ouvriers déposent les pièces avant de les ranger dans le four, ou après leur sortie lorsqu'elles ont été cuites.

Pour éviter toute déperdition de chaleur, le *sjen* est, comme pour tous ces fours à céramique, enterré au-dessous du niveau du sol de la cour ; quant à la *frina*, elle est complètement entourée d'un manteau *(jébba)* d'un à deux mètres d'épaisseur, formé d'un mélange de terre *(trâb)*, de pierraille et de débris de poteries. Cette *jébba* s'élève jusqu'à la hauteur de la base des *mnâfäs*. De sorte que le dôme seul de la *frina* apparaît, émer-

10

geant de la *jébba*, ainsi que la porte qui s'ouvre dans le renfoncement derrière la plate-forme dite *raqba*.

Pour compléter cette description, il faut signaler encore une petite ouverture ménagée en haut du *sjen*, tout près et à gauche de la porte, et appelée *es särrâqa*. Elle est ouverte dans l'épaisseur de la murette, au moyen d'un tuyau en poterie de petit calibre (*qâdûs fĕḫti*) tenu fermé en temps ordinaire au moyen d'une motte d'argile. On n'ouvre la *särrâqa* que lorsque l'on juge que la flamme du foyer est trop vive, pour l'abattre : *bäš tänhädem ennâr* « pour que le feu s'abatte ».

Les potiers n'ignorent pas que le four est un organe important de leur industrie et que la cuisson des pièces est une opération délicate. La légende de Noé, père des potiers, qui voit rater la première cuisson qu'il fit de ses pots par un refroidissement trop brusque est courante chez tous les potiers de Fès. Aussi bien la construction du four demande-t-elle une compétence toute particulière de la part de ceux qui en sont chargés et c'est surtout le *gorbâl* qui passe pour être particulièrement difficile. Il y a donc des ouvriers spéciaux qui construisent ici les fours-à-potiers. Le plus réputé en ce moment est un nommé Ḥajj Moḥammed ben Ṭâhar. C'est d'ailleurs à peu près le seul actuellement qui soit chargé de ce travail ; et encore, comme il chômerait souvent, car un four une fois construit dure longtemps et qu'il n'y a pas de travail tous les jours, ce maçon est-il obligé d'avoir une autre profession à côté de celle-là : il est fossoyeur au cimetière. La figure 77 représente un four en construction sur l'emplacement d'un ancien four en ruines ; la porte est terminée et l'arc du cintre est fendu malgré les morceaux de tuyaux en poterie qui le soutiennent au milieu. A gauche, on aperçoit un aide avec sa planche chargée de mortier.

Combustible et accessoires pour le chauffage
du four-à-potier

Le chauffage des fours est coûteux à Fès, en raison du manque
de bois dans les environs, de la difficulté du transport du bois
de la montagne à dos de bêtes de somme, de l'absence de
charbon de terre. Les briquetiers comme les potiers et les faïenciers sont obligés de chauffer leur four avec un bien mauvais

Fig. 77.
Réfection d'un four neuf sur l'emplacement d'un ancien

combustible. Mais alors que pour les briques on n'est pas très
limité dans le choix du combustible et que l'on peut employer
de la paille et des tourteaux d'olive, pour les faïences il n'en est
pas de même, il faut éviter le combustible dont la fumée, par sa
composition, souillerait ou décomposerait l'émail.

En raison de ces considérations, les faïenciers de Fès n'emploient jamais dans leurs fours ni paille de céréales (*bŗômé*) ni
tourteaux d'olive (*fiṭôr*) ; ils ne se servent guère comme com-

bustible que des feuilles de palmier nain (*dôm*), de grands chardons blancs (*järnij*), de branches de laurier-rose (*däfla*), qu'ils achètent dans la rue principale traversant les ateliers des potiers, à des bédouins ou bédouines qui viennent chaque jour avec leurs ânes — si ce sont des hommes — ou portant la volumineuse charge de chardons sur leur dos — si ce sont des femmes — faire aux potiers l'offre de leur marchandise (fig. 7).

Le combustible (*harq*) nécessaire pour le chauffage d'une fournée varie de 15 à 35 ryal (60 à 140 fr.).

Les instruments servant à la cuisson sont au nombre de quatre :

La fourche en bois à trois branches, appelée *mädra* (pl. *mdâri*), sert à pousser le combustible de la cour dans le *sjen*. On se sert aussi pour le même usage d'un simple bâton de roseau ou d'une perche en bois quelconque terminée à une extrémité par une fourche. La fourchette (*tfarqa*) à deux courtes branches en fer terminant une tige de fer de 50 à 60^{cm}, emmanchée au bout d'une perche en bois de 1^{m}25 à 1^{m}50, sert au même usage, mais surtout à pousser le combustible dans l'intérieur du *sjen*, ce que l'on ne saurait faire avec la fourche de bois qui s'enflammerait.

La raclette pour les cendres *mjâr* (pl. *mjûra*) est en fer ; elle a un manche formé par une tige de fer de 3^m à 3^{m}50, prolongée par un bâton de bois dur de 1 mètre de long environ. Elle sert à remuer le combustible dans l'intérieur du foyer et à tirer la cendre en avant, dans la *lûza*.

Le *qtib en-nâr* « baguette du feu » est une baguette en fer de 1^{m}25 de longueur environ, terminée à un bout par un crochet (*mohtaf*) et à l'autre par un tube (*ja'ba*) de 5 à 6 centimètres de longueur sur 1 à 1 1/2 de diamètre. On se sert de cette baguette pour se rendre compte du degré de température à la fin de la cuisson de la fournée. A cet effet, on fixe dans le tube terminal de la baguette un bâtonnet de bois sec, et par un des *mänfäs* du four on introduit ce bâtonnet au bout du *qṭib en-nâr* dans le milieu de la *frina*. Le bâtonnet s'enflamme aussitôt et sa combustion est d'autant plus rapide, l'éclat de la flamme qu'il donne en brûlant est d'autant plus grand, que la chaleur est plus intense. C'est ce moyen primitif qui est seul employé par les faïenciers de Fès pour savoir si la cuisson a eu la température voulue et si par conséquent on peut couper le feu. Ils ne connaissent pas l'usage du thermomètre.

A ces instruments servant au chauffage du four il faut ajouter les cloisons mobiles servant à fermer les deux portes et les trous de fumée ou *mnâfäs*. Aux cloisons des ouvertures sont faites par les potiers eux-mêmes, elles sont en argile pétrie avec de la paille hâchée et épousent la forme de l'ouverture sur laquelle elles doivent s'appliquer : pour les *mnâfäs* elles ont la forme de demi-lune, de même que pour le sommet cintré de la porte de la *frina* ; pour la porte de la *frina* il faut, selon sa hauteur, trois ou quatre dalles d'argile dont deux ou trois carrées ou rectangulaires appelées *lûḥ*

Fig. 78.

(*älwâḥ*) ou *noṣṣ lûḥ* « demi-dalle » lorsqu'il faut un troisième morceau (fig. 78) pour fermer la porte.

Au moment de l'allumage du foyer, les *lûḥ* de la porte de la *frina* sont placés et fixés contre les parois de la porte avec de l'argile. Tous les autres orifices du four, même le sommet de la porte qui joue le rôle d'un (*mänfäs*), sont ouverts. Toutefois, pour éviter les courants d'air froid qui pourraient s'engoufrer par les *mnâfäs*, la cloison *tagṭiya* (pl. *tgâṭi*) de chaque *mnâfäs* est dressée devant l'orifice qu'elle doit fermer et plus ou moins loin de celui-ci, selon la direction et la violence du vent ; certains *mänfäs* peuvent même être complètement fermés.

La cuisson des pièces

Nous indiquerons plus loin comment les pièces sont disposées dans le four pour la cuisson. L'arrangement des pièces varie naturellement avec la forme de celles-ci, alors que le principe constant est toujours de mettre le plus de pièces possible afin de ne perdre que le minimum d'espace dans le four. On les dispose de façon qu'elles reçoivent sur toutes leurs faces à peu près la même quantité de chaleur.

Supposons donc le four chargé pour la cuisson. Le patron de l'atelier a réuni dans la cour et dans le voisinage du four tout le combustible qui lui est nécessaire. La porte de la *frina* a été fermée et soigneusement lutée à l'argile comme on l'a dit plus haut (fig. 78), quelques grosses pierres ont été appliquées contre les *luwâḥ* de cette porte pour mieux les soutenir. Le *ṛâs tennûr* ou orifice supérieur du dôme du four a été recouvert de fragments de plats de terre (*šqûf*), à travers lesquels passera la fumée et l'air chaud, mais qui ont pour but de protéger cependant l'intérieur contre un refroidissement trop brusque. Les volets mobiles ou *iǧâṭi* ont été dressés devant leur *mnâfâs* et à peu de distance de ceux-ci, une main par exemple. Il ne reste plus qu'à allumer le feu. Un fagot en flamme est jeté dans le foyer ou *sjen* par la porte de celui-ci, puis d'autres fagots de menu bois sec alimentent le feu au début. Il n'y a plus qu'à continuer à envoyer, à l'aide de la fourche, du combustible dans le foyer, sans interruption. Une fois que le feu est bien allumé, il s'agit de chauffer le four progressivement car si l'on donnait brusquement à la poterie crue une très haute température elle se fendrait. Pour y arriver on commence par du combustible qui brûle assez lentement et donne peu de chaleur, du palmier nain encore vert par exemple, puis on prend du palmier nain de moins en moins vert, jusqu'à ce qu'on arrive au très sec.

On entretient ainsi le feu en y jetant continuellement, par petites doses, le combustible dont on dispose. Le patron lui-même ou un maître-ouvrier accompli dirige l'opération qui dure de 4 heures 1/2 à 7 heures, selon les dimensions du four et selon la saison (fig. 79). De temps à autre un ouvrier remue la cendre avec la longue raclette dite *lāmjaɣ*.

Fig. 79. — Le chauffage du four.
(Photo A. Bel)

Sans même avoir besoin de se servir du *qṭib en-nâɣ*, l'ouvrier faïencier voit par les *mnāfäs*, si la cuisson est terminée à l'aspect des pièces à cuire. Quand elles sont au rouge blanc, on peut arrêter le feu, la cuisson est suffisante. On ferme alors la porte du *sjen* avec sa dalle de terre cuite. De l'ouvrier qui place cette dalle on dit *iṣoweb el-lûḥ*, Puis il la lute (*iṭonnoṣ*) avec un gâchis d'argile.

Il n'a plus qu'à laisser refroidir avant d'ouvrir le four et d'en retirer les pièces.

Ce refroidissement se fait plus ou moins lentement; selon les dimensions du four et la saison.

Le salaire de l'ouvrier qui surveille la cuisson et entretient le feu est variable selon l'importance des fours et la durée de la cuisson. On compte, pour une cuisson, que l'ouvrier chargé de ce service gagne de 2,50 à 7,50 pessetas (soit de 2 francs à 6 francs).

QUATRIÈME PARTIE

Fabricants de carreaux émaillés

Zāllâijîya

Le carreau de faïence émaillée se nomme *zällija* (coll. et pl. *zällîj*). L'ouvrier qui travaille dans un atelier de *zällîj* est un *zällâiji* (pl. *zällâijîya*) et le nom de métier est *tâzällâijît* [1]. Dans un même atelier on fait également des *bojmâṭ* ou pavés de faïence émaillée de forme rectangulaire et plus épais que les *zällîj*, des *hoṣáṛ* ou briques émaillées spécialement employées, à cause de leur forme, pour le parement en bordure des seuils des fenêtres et des portes, des tuiles (*qarmûd*) émaillées en vert. Tous ces derniers vocables sont employés pour le pluriel et le collectif ; on en forme régulièrement le nom d'unité par le suffixe *a* (*ŏ*).

I. — ORGANISATION DU TRAVAIL ET SALAIRES

La corporation des *zällâijîya* étant une fraction des *Ṭollâya* elle a pour *lâmîn* celui des *Ṭollâya* qui, avons-nous dit, se distingue des *lâmînât*, des briquetiers et des potiers.

Le nombre des ouvriers varie avec l'importance de l'atelier.

---

(1) Le verbe *zällâj* signifie ici spécialement « émailler la terre cuite » et son infinitif courant est *tázlîj*. A propos de l'étymologie du mot *zällîj* que beaucoup pensent venir de l'espagnol *azulejo*, A. JOLY, dans son travail sur *L'Industrie à Tétouan* (p. 292, note 1), émet une opinion contraire et pense que c'est *azulejo* qui vient de l'arabe *zällîj*. Dozy *(Supplément aux dictionnaires arabes*, I, 598) fait venir le mot dialectal de l'espagnol qui l'a tiré de l'arabe-persan. Étant donné que ce sont les musulmans d'Espagne — dont de nombreux orientaux — qui ont instauré en Espagne le carreau de faïence émaillé, il y a des chances pour que le mot arabe ait été pris par l'espagnol.

On rencontre assez souvent le cas d'un petit patron qui fait tout le travail par lui-même avec un seul aide, pour les *zällïj* et autres pièces similaires, à l'exception des tuiles qui demandent au moins deux ouvriers. Au surplus, cette industrie est, comme toutes les industries de Fès, entre les mains d'une foule de petits patrons, il n'existe aucun grand atelier, rien qui puisse rappeler même de très loin notre grande industrie européenne.

Alors que chez les *Ḥaṛṛaša* ainsi que chez les *Ṭollâya*, autres que les *zällâijïya*, il existe des associations entre patrons et ouvriers. Chez ceux-ci on ne trouve rien de semblable.

Les ouvriers sont payés par le patron à la tâche :

Le *roḍḍâḍ* gagne une pesseta pour le travail d'une *zôba* de 500 briques à 600 briques [1] ; le *ṣâna'*, ouvrier accompli, chargé du moulage (*ḍṛéb*) et du découpage (*qṭi'*) des carreaux pour *zällïj* gagne aussi, selon son travail, de 2 à 3 pessetas par jour, pour un bon ouvrier qui fait sa *ṭṛiḥa*, soit 1.200 *mzähri* dans sa journée [2]. Pour les *bojmâṭ* on paie pour le *ḍṛib* seulement 1/4 de ryâl, soit une pesseta 25 par mille, tandis que pour le *qṭi'* on donne un ryâl (cinq pessetas) par mille pièces.

L'apprenti, selon sa force, son ancienneté dans l'atelier, reçoit de 1 ryâl 3/4 à 4 ryâl (de 7 à 16 francs) par mois musulman. Son rôle se borne, à part les commissions de l'atelier, à

---

(1) Le volume de la *zôba* ou fosse à détremper l'argile est toujours calculé d'après le nombre de briques que l'on peut tirer de l'argile de cette *zôba*, ce qui contribuerait à montrer que le travail de la brique à Fès est plus important que tous les autres — ce qui est naturel — mais aussi plus ancien qu'eux. Les fosses des *Feḫḫârîn* sont de dimensions invariables, mais généralement beaucoup plus grandes (le double) que celles des *Lwâjriyîn*.

(2) On compte généralement que le patron donne 3 pessetas pour le *ḍṛéb* et le *qṭi'* à un bon *ṣâna'* ; mais comme généralement le patron s'attache l'ouvrier en lui faisant des avances d'argent sur ses salaires à venir, celui-ci en paie en quelque sorte le gros intérêt (bien que ce soit défendu par l'Islàm) en acceptant de ne recevoir que 2 pessetas, 2 pessetas 25 au lieu de 3 pessetas pour son salaire.

porter les pièces au soleil (*iferreq*, infin. *tefrîq*), à les rapporter dans les chambres d'atelier (*itomm*, infin. *tommân*) ou à les tendre à l'ouvrier pour la mise au four (*iqarreb*, infin. *teqrîb*). A ses moments de loisir il apprend le métier, soit en regardant travailler, soit en mettant lui-même la main à la pâte.

Les salaires sont différents pour les *hosâr* et les *qarmûd*. D'ailleurs pour ceux-ci, comme on le verra, la pâte d'argile doit subir une préparation plus complète, elle est malaxée et pétrie. Les salaires sont les suivants :

Pour les *hosâr*, on paie : Détrempage et mise à l'atelier = une pesseta par *zôba* de 500 à 600 briques, comme ci-devant.

Moulage [1]. = 1/4 ryâl (1 franc) par cent pièces.

Découpage [1]. = 1/2 ryâl (2 francs) par cent pièces.

Pour les *qarmûd*, on compte pour le pétrissage, le malaxage et le moulage 1/4 de ryâl (1 franc environ) pour cent pièces moyennes (*wûsti*). On estime que trois ouvriers travaillant ensemble à cette besogne peuvent faire une centaine de *qarmûd* à l'heure.

II. — Fabrication des *zällîj*, des *bojmât* et des *läjôr dèl ferrân dèl hobz*

L'argile apportée de la carrière subit dans la *gâra* ou cour de l'atelier, les mêmes préparations préliminaires avant le moulage, que pour les pots : concassage à la pioche, transport à la couffe dans la *zôba* ou elle est versée sur le pourtour, détrempage dans l'eau de la *zôba*. Comme pour les pots, l'argile sortie de la *zôba* après l'essurage, soit de 12 à 15 heures d'égouttage sur le bord de cette fosse, ne passe pas au repos, à la

---

(1) Le ou les ouvriers qui se chargent du moulage et du découpage des *hosâr* sont, pour les prix indiqués, tenus de faire ou d'assurer à leurs frais le malaxage et le pétrissage de l'argile.

« pourriture » comme on l'a dit ; elle est prise dans les mains par l'ouvrier dit *ḍeṛṛâb*, déposée sur un *ṭbaq* en bois et transportée à l'endroit de la cour où l'ouvrier veut mouler ses carreaux et les laisser sécher.

Moulage (*ḍṛéb*) des carreaux dits *zällîj*

En cet endroit le sol bien uni a été préalablement balayé et saupoudré de cendre pour faciliter le décollage des pièces après séchage. Le moulage (*ḍṛéb*) se fait exactement comme pour les briques ; le moule ou *qâleb* sert à faire deux carreaux en même temps, il est de dimensions différentes de celles du moule à briques. Il est formé d'un cadre en bois, rectangulaire et séparé en son milieu par une traverse de bois prolongée hors du cadre pour former le manche servant à le saisir à la main

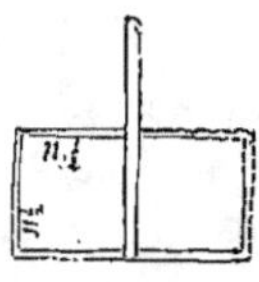

Fig. 80.

(fig. 80). Les deux cases ainsi formées sont deux carrés de 11ᶜᵐ 1/2 de côté, la hauteur du bois du cadre, donne l'épaisseur du carreau, soit environ 1ᶜᵐ 1/2 environ. Ce moule est en bois de cèdre formé de cinq liteaux de 1/2 ᶜᵐ d'épaisseur environ chacun.

Comme pour les briques, le carreau d'argile de 11ᶜᵐ 1/2 de côté environ, ainsi moulé, reste sur place jusqu'à ce qu'il soit suffisamment sec pour être découpé, avant cuisson, dans la chambre d'atelier. Ce carreau moulé ne se nomme pas encore *zälltja*, nom qu'il ne reçoit que lorsqu'il est émaillé (*mzälläj*) il se nomme *mzährîya* (coll. et pl. *mzährî*).

Découpage avant cuisson (*qṭí'*)

Les carreaux d'argile équarris au moule (*qâleb*) sont transportés, après séchage dans la cour, dans la chambre d'atelier (*bît* ou *tehûna*) et empilés sur le sol. A côté des piles de *mzährî*, l'ouvrier chargé du découpage s'assied par terre, ayant à portée de la main le petit matériel qui lui est nécessaire et qui consiste en :

1° la *qarṭa* ou plateau rectangulaire, en bois de cèdre généralement, d'au moins une quarantaine de centimètres de largeur, sur le double environ de longueur, est d'au moins 4^cm d'épaisseur et d'ordinaire il est d'une seule pièce. La *qarṭa* est posée bien d'aplomb à terre, calée au besoin, de façon à être absolument stable, et disposée entre les jambes allongées de l'ouvrier, de façon que les grands côtés du rectangle suivent la direction des jambes de l'ouvrier ;

2° la *jällâda* ou maillet plat formé d'une planchette de bois dur, généralement en abricotier, est d'une seule pièce, manche compris. La figure 81 A et B montre que ce maillet, le man-

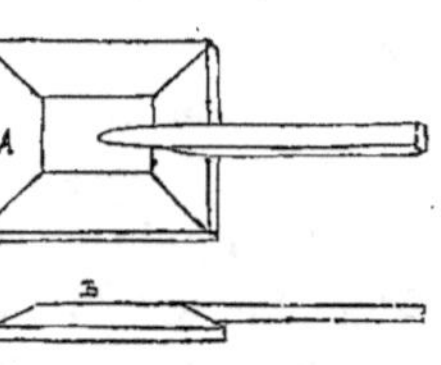

Fig. 81.

che mis à part, a la forme d'un tronc de pyramide à base rectangulaire de 19^cm $\times$ 15^cm environ et de 2^cm de hauteur du tronc du pyramide, reposant lui-même sur un parallélipipède droit de 2^cm de hauteur, et dont les bases sont égales à la grande base de la pyramide ;

3° la *qâla* ou mesure étalon sert à donner à tous les *mzähri* la même surface de base de 11^cm ; comme la *jällâda*, la

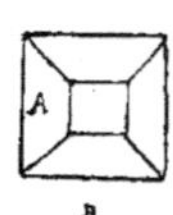

Fig. 82.

qâla est en abricotier *(mešmâš)* ; elle a la forme d'un tronc de pyramide à bases carrées ; la grande base a 11^cm de côté et la hauteur de ce solide est de 3^cm (fig. 82 A et B) ;

4° la *jänwi* (ce nom est féminin) ou couteau à lame fixe, plate et large, arrondie au bout, de 8 à 10^cm de longueur sur 1 1/2 à 2^cm de largeur.

L'ouvrier ainsi installé, comme il vient d'être dit, commence alors son travail. Il prend à côté de lui un carreau de *mzähri*, le pose à plat sur la *qarṭa* et lui applique quelques coups de

son maillet plat, pour écraser un peu la pièce et régulariser la
surface supérieure qu'il polit d'ailleurs ensuite avec le plat
de la *jänwî*, promenée sur cette face du carreau d'argile. Il
applique alors sur la pièce la *qâla*, de façon que les côtés de
celle-ci soient parallèles à ceux du carreau qui dépassent un
peu sur tout le pourtour. D'un coup de *jänwî*, il tranche dans
l'argile pour enlever ce qui émerge sur le pourtour de la *qâla*.
Il a soin pour cette opération d'incliner la lâme de son couteau
de façon à former un tronc de pyramide avec la *mzähriya*
découpée. Ce sera ensuite après première cuisson, sur la base
étroite que l'on mettra le vernis ; on protège ainsi cette base
contre les chocs (puisque l'arête aigüe est celle de la grande
base) car elle risquerait de s'éroder en dents de scie. La
grande base se dentèle sans inconvénient, car après la seconde
cuisson du carreau, on le découpera de façon que le tronc de
pyramide ait, au moment de la pose, sa grande base émaillée
vers le haut et la plus petite en dessous, contre le sol. La pièce,
ainsi achevée, est déposée par l'ouvrier à côté de lui et le
travail continue. Les *mzähri* découpés sont ensuite étalés de
nouveau au soleil, de préférence sur les terrasses des ateliers,
pour séchage plus complet. Ils sont rentrés après ce séchage,
dans les chambres d'atelier ou plutôt sous les hangars (*sqîf*)
en attendant la cuisson.

On fait en été et en automne des *mzähri* préparés à l'avance
pour être cuits en hiver, lorsque le travail du moulage des
pièces chôme par suite des pluies et du mauvais temps.

On fabrique aussi à Meknès quelques carreaux de faïence de
même type [1] et de la même façon que ceux-ci pour l'émaillage.
Les vernis des émaux sont préparés à Fès. Mais il existe à
Meknès une fabrication de carreaux de faïence qui ne sont pas

---

(1) A. JOLY (*L'Industrie à Tétouan*, loc. cit., p. 291 et 295) donne des
indications très sommaires sur la fabrication du carreau de faïence
émaillée à Tétouan.

destinés à être émaillés et sont employés pour les carre-
lages des parquets, après la première cuisson. Ils sont rougeâtres. Leur technique nécessite les mêmes opérations, et les
mêmes instruments que ceux employés pour les *mzährî*,
leurs dimensions après cuisson sont : grande base (qui
forme la surface extérieure quand le carreau est placé)
10^{cm} 5 × 10^{cm} 5 ; petite base (qui doit reposer sur le sol)
9^{cm} 25 × 9^{cm} 25 ; épaisseur 1^{cm} 5.

Naturellement l'ouvrier qui découpe ces carreaux crus sur la
qarṭa, incline son couteau de façon que la petite base du
carreau soit celle de la face inférieure, c'est le contraire qu'il
fait, ai-je dit, pour les *mzähri*. Les ouvriers de Meknès qui font
ces carreaux leur donnent le nom de *m'arqeb*.

Moulage des *bojmâṭ*

La préparation de l'argile jusqu'au *dṛéb* est la même que
pour les *mzähri*. Le *dṛéb* ou « moulage » lui-même se fait
d'une manière identique ; mais le moule ou *qâleb*, qui doit
donner à la pièce sa forme est naturellement de forme et de
dimensions différentes. Le *qâleb* sert à faire deux pièces comme
pour les *mzähri* ; ses dimensions sont pour chaque compartiment de 21^{cm} de longueur sur 6 1/2 à 6 3/4 de largeur et sur
une épaisseur de tranche de 3 1/2 à 3 3/4.

Découpage des *bojmâṭ*

Une fois sortis du moule, les *bojmâṭ* sont séchés au soleil
partiellement avant le découpage. Ce séchage dure plus ou
moins longtemps selon la saison. En été, une demi-journée
suffit, alors qu'il faut en hiver de deux à quatre jours d'exposition au soleil. L'ouvrier s'aperçoit que le séchage est suffisant
quand, appuyant légèrement le doigt sur la pièce, l'empreinte

n'apparaît pas. On peut alors procéder au découpage (*qṭi'*) qui est de tous points semblable à celui des *mzähri*, à cette différence près que les outils de l'ouvrier ont une forme légèrement différente et appropriée aux pièces à découper

La *jallâda* en bois de *mašmâš* a pour dimensions 22 à 25^{cm} sur 10 à 12^{cm} en longueur et en largeur.

La *qâla* est un parallélipipède en bois surmonté d'un tronc de pyramide, d'une épaisseur totale de 3^{cm} 1/2. La longueur et la largeur du rectangle de base donnant les dimensions de surface des *bojmâṭ*, sont de 20 1/2 × 5 1/2.

La *jânwi* n'est pas verticale, mais légèrement inclinée en dedans de façon que la pièce une fois découpée ait la forme d'un tronc de pyramide dont la face la plus polie (celle qui doit recevoir le vernis) soit la grande base, ce sera celle qui sera tournée vers le haut et qui apparaît lorsque les *bojmâṭ* sont posés pour les parements de sols. Chaque pièce est rendue par la figure 83 (A), tandis que la figure 83 (B) nous donne une idée de la succession des pièces posées sur un parquet, par une coupe verticale par plan perpendiculaire aux grands côtés du rectangle de base. Cette forme et cette disposition ont pour but de faire pénétrer le ciment entre les *bojmâṭ* pour assurer leur solidité. Au fur et à mesure que l'ouvrier a découpé chacune des pièces, il la dépose à côté de lui sur les autres et forme des piles de 10 unités pour que le compte des pièces finies soit plus facile, car il est payé aux pièces faites, comme on l'a dit.

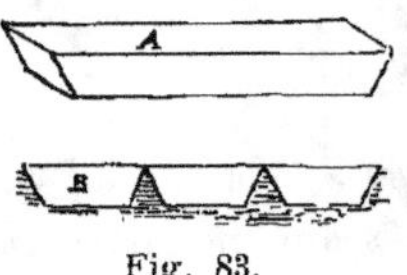

Fig. 83.

Avant de passer à la suite des opérations qu'il reste à faire subir aux *zällîj* et *bojmâṭ* avant leur emploi, je dois parler ici de la confection d'une variété de briques fines et non émaillées utilisées seulement pour le pavage des fours à pain.

Carreaux du four de boulanger : *Lâjôr dèl ferran dèl ḥobz*

Pour ces briques on se sert de l'argile jaunâtre de Ben Jellîq de préférence à toute autre. L'argile subit les mêmes préparations que pour les briques ordinaires (*lâjôr*), mais elle est moulée dans un *qâleb* de dimensions différentes. Alors que les *lâjôr* ordinaires passent au four, sans *qṭî'*, après simple moulage au *qâleb*, celles-ci sont mieux finies.

Après un séchage partiel, comme pour les *mzâhrî* par exemple, on régularise les faces et les bords de la brique par le *qṭî'* au moyen de la *jällâda*, d'une *qâla* spéciale et du découpage en bordure sous la *qâla* au moyen de la *jânwî* (opération appelée : *tešfîr bèljânwî*).

On fait comme toujours une tranche en retrait donnant deux grandes bases de surfaces inégales, la plus grande devant, à la pose, se trouver en surface et la petite contre le sol, sur le plancher du four.

Les dimensions de ces deux bases sont : pour le rectangle de grande base : $22^{cm} 1/2 \times 10^{cm} 1/2$; petite base $= 22^{cm} \times 10^{cm}$.

L'épaisseur de ces briques est également plus considérable que celles des briques ordinaires. elle est d'environ 3^{cm}. Le prix de vente de ces *lâjôr* est de 2 ryâl à 2 1/2 pour cent pièces.

Ces briques ne sont jamais faites par les *lwâjriyîn*, mais par les *ḥarraša* et les *zâllâijîya*. On peut les cuire dans le four des *ḥarraša* aussi bien que dans celui des *zâllâijîya*.

Les salaires ordinaires pour ces sortes de briques sont :

pour le *ḍréb*, 1 pesseta par *zôba* de 600 à 700 pièces,

pour le *qṭî'*, 1 ġerš 1/2 (environ 0 fr. 30) le cent.

Ces briques ne sont jamais vernies.

Pose de l'émail des *zâllîj* et des *bojmât*

Assis sur le sol ou sur un tabouret, les jambes allongées .de
part et d'autre d'un grand vase profond en terre (*maḥbès*)
contenant le liquide qu'il a préparé pour l'émaillage, l'ouvrier
prend, à côté de lui, une à une les pièces à enduire de vernis.
Ces pièces sont apportées là au fur et à mesure par un aide.
Il saisit chaque carreau de terre cuite par la grande base et
trempe la surface de la petite base dans le liquide.. Il retire
aussitôt le carreau et le dépose à terre sur sa grande base.
Cette opération se nomme *èṭṭlâ* et on dit de l'ouvrier qui
l'accomplit : *yeṭli* ; on dit aussi *izâllâj*. L'aide reprend ensuite
les pièces vernies pour aller les empiler à côté du four, de
façon que les carreaux soient superposés par groupes de deux
en contact par les bases vernies.

Le vernis ainsi appliqué sèche rapidement sur ces pièces qui
ont subi déjà une première cuisson. Elles sont prêtes à en subir
une seconde, qui se fera dans la *frîna* du four, jamais dans le
sjen et les pièces vernies seront même placées au centre de la
frîna, dans la partie la plus chaude, tandis que les pièces en
première cuisson sont disposées sur le pourtour ou dans le *sjen*.

Pendant que l'ouvrier vernit, il a toujours près de lui un
vase en terre plein d'eau pour allonger le vernis lorsque celui-
ci devient trop épais. Il remue de temps à autre le liquide
avec la main, pour éviter le dépôt sur le fond du vase des
matières solides en poussière mélangées à l'eau.

Le découpage des *zâllîj* ne se fait qu'après cuisson et appar-
tient à des ouvriers spéciaux.

Enfournement des *zâllîj* et des *bojmât*

Comme on l'a dit, la poterie émaillée quelle qu'elle soit subit
toujours deux cuissons et jamais davantage, même quand il
y a peinture sur émail. La poterie crue se nomme *ènnèi* et n'est

enduite du vernis qu'après une première cuisson. Avant et après la première cuisson, nous avons vu que les carreaux de faïence se nommaient *mzáhri*, tandis qu'après la seconde cuisson ils se nomment *zállij*.

Le remplissage du four se fait avec un mélange de carreaux en première et en deuxième cuisson, mais à condition toutefois d'avoir soin de mettre au centre, c'est-à-dire à l'endroit le plus chaud les pièces émaillées, et de ne mettre sur le pourtour ainsi que dans le *sjen* que les pièces en première cuisson (le *nèï*).

C'est d'ailleurs une opération délicate que de placer les carreaux de faïence dans le four pour la cuisson ; il faut avoir soin que chacun d'eux reçoive bien une chaleur égale et suffisante sur ses deux faces et que l'oxydation se fasse pour la réduction du vernis [1].

Les potiers de Fès, qui constatent que les pièces en première cuisson placées aux endroits mal ventilés (dans le *sjen* par exemple) par les gaz chauds ressortent blanches tandis que les autres sont rouges, disent que les pièces qui rougissent n'ont pas eu assez de cuisson, tandis que la couleur blanche des autres dénote une cuisson excellente. Naturellement ils ne se rendent pas compte des phénomènes chimiques qui se produisent en même temps que la cuisson de l'argile. Ils ne s'expliquent pas non plus pourquoi ils placent au milieu de la *frina*

---

(1) Il faut, en outre, tenir compte que les émaux selon leur nature exigent une température plus ou moins élevée pour fondre et arriver à la cuisson nécessaire. Bien que nos céramistes de Fès ignorent tout du côté scientifique de leur art, ils savent bien que dans le four les *zállij* de diverses couleurs doivent occuper des places différentes. C'est ainsi qu'en chargeant le four, ils ne manquent pas de mettre les *zállij* à cuire dans l'ordre suivant, de bas en haut, à partir du plancher du *gorbál* : blancs, noirs ou bruns, jaunes, bleus ou verts. Pour ces derniers il faut une température plus faible que pour tous les autres et on les met tout en haut. C'est ce qui fait aussi qu'ils offrent plus de déchet que les autres par manque de cuisson.

des pièces émaillées ; car si, comme ils le disent, il s'agissait seulement d'une question de température, ils mettraient ces pièces dans la partie la plus chaude du four, c'est-à-dire dans le *sjen* ; or, ils ne le font pas.

L'ENFOURNEMENT ou remplissage du four se nomme toujours *eš-šḥín*. Il comporte celui du *sjen* et celui de la *frína*.

Pour le *sjen* on dispose d'abord sur les *dkâkăn* des briques inclinées les unes contre les autres, formant une série de V ou de A consécutifs. Sur l'ouverture supérieure de chaque V on place une seule brique, horizontalement et à plat, n'arrivant pas jusqu'à la paroi du *sjen*, de façon à laisser le passage aux gaz chauds. C'est sur ces briques horizontales que l'ouvrier dispose les carreaux à cuire une première fois, de telle sorte qu'ils ne reposent pas à plat sur les briques formant plancher, mais qu'ils soient légèrement inclinés, en sorte de chevrons, et que l'air circule entre tous les carreaux.

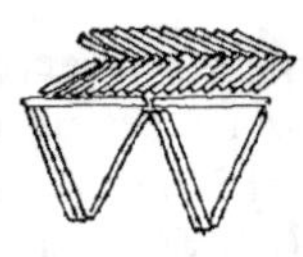

Fig. 84
Cuisson des *mzăhri*
dans le foyer
(coupe verticale)

Cette disposition permet de mettre dans l'espace donné le maximum de pièces à cuire sans que deux pièces s'appliquent exactement face à face l'une contre l'autre. Le contact de deux faces pendant la cuisson ne se produit que pour les briques disposées en V pour lesquelles l'un des deux bras du V est formé par deux briques en contact par leur face, de deux en deux. Le dispositif de l'ensemble est représenté par la figure 84 en coupe par plan vertical. L'empilage des carreaux se fait ainsi, sur le pourtour du *sjen*, sur les *dkâkăn* jusque dans le voisinage de la naissance de l'arc de courbure du plafond ou *ĝorbâl*.

Le remplissage de la *frína*, tout en s'inspirant des mêmes principes, se fait un peu différemment, car ici on a à couvrir toute la surface de la sole du four *(ĝorbâl)* jusqu'à la hauteur de la base des *mnâfás*.

L'ouvrier ou le patron, pour remplir la *frîna* se place dans l'intérieur de celle-ci et un ou deux aides lui apportent les pièces : carreaux en première ou seconde cuisson, *ḥoṣâr, bojmâṭ,* voire même des briques crues.

Le pourtour de la *frîna* est garni de pièces en première cuisson et les pièces de seconde cuisson se placent au centre, comme je l'ai déjà dit.

Dans la *frîna* les carreaux sont toujours placés verticalement sur un de leurs côtés étroits, non sur leur large base, sauf pour les pièces qui se trouvent sur l'ouverture même de la porte, comme on le verra plus loin.

On pourrait représenter par la figure schématique 85 la disposition des carreaux, trois par trois dans le four, la flèche indiquant la direction ascendante des gaz chauds.

Fig. 85

D'autres groupes de trois viennent s'appuyer à ceux-ci par l'arête de la figure tétraédrique ainsi formée, jamais par la face, quand il s'agit de pièces en première cuisson. S'il s'agit de pièces en seconde cuisson, on dispose au contraire toujours deux carreaux accolés par leurs grandes bases de façon que les petites bases émaillées soient seules exposées à l'air chaud.

Pour soutenir les carreaux ainsi disposés en forme de figure tétraédrique et éviter qu'ils tombent, l'ouvrier qui procède au remplissage du four tient près de lui une motte d'argile malaxée dont il enlève des boulettes qu'il nomme *moṣmâr* (pl. *mṣâmor*) ou « clous » parce qu'elles servent à accoler les angles des deux carreaux pour les maintenir stables et en contact dans la position où les met l'ouvrier.

Un arrangement analogue est adopté pour les autres pièces (*bojmâṭ* et *ḥoṣâr*) que l'on veut cuire en même temps que les carreaux de *mzâhrî*.

Le remplissage du four (*šḥin*) se fait toujours en commençant par les parois de la *frîna* et en revenant vers le centre. Il s'arrête à la hauteur d'une main environ au-dessous de la base des *mnâfâs* qui resteront ouverts pendant le chauffage du four, s'il n'y a pas de vent qui risque de nuire à la cuisson.

Quand l'ouvrier a rempli l'intérieur de la *frîna*, il lui reste à garnir la porte dans la partie qui se trouvera immédiatement derrière la dalle de fermeture. Le dispositif adopté ici est indiqué par la figure 86. Il consiste à placer au milieu une pile de 50^{cm} de hauteur environ de carreaux déjà cuits reposant à plat les uns sur les autres. Au-dessus d'eux on place deux briques cuites surperposées de façon que leur plus grande largeur soit dans la largeur de la porte. Ces deux briques servent elles-mêmes de support aux carreaux non cuits que l'on dispose à plat les uns sur les autres de façon que l'air chaud puisse circuler entre eux, comme l'indique la figure 86.

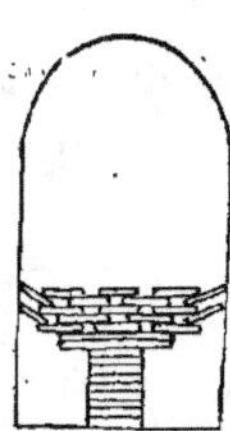

Fig. 86.

Les carreaux des bords s'appuient contre les montants de la porte.

Pour maintenir la chaleur on recouvre quelquefois les pièces à cuire de débris de poterie *(šqûf)* ; le plus souvent on se borne à recouvrir l'ouverture supérieure du four, une fois que tous les *mnâfâs* sont fermés.

La cuisson terminée, on laisse refroidir lentement le four, dont toutes les ouvertures sont soigneusement fermées sauf celle du sommet du dôme recouverte seulement de débris de poterie.

Les carreaux sont ensuite retirés du four et amoncelés dans la cour près de là, par tas de même nature d'après leur couleur, les *mzâhrî* étant mis à part pour être émaillés et repassés au four.

Les *zâllîj* sont ensuite l'objet d'un triage de la part du patron de l'atelier. De chaque groupe il en forme deux, l'un pour les pièces bien cuites et dont l'émail offre un beau poli et une surface uniforme, l'autre comprenant les pièces plus ou moins ratées à la cuisson. Je ne parle pas ici des déformations que peut subir la pièce et qui ont été révélées dès la première cuisson, mais des défauts de la glaçure seulement, ce que nos faïenciers européens appelleraient : coque d'œuf, écaillage (rare ici), ponctuage ou taches, ressuie, retirement, pour ne citer que les principaux. Ces pièces dont l'émaillage est plus ou moins manqué sont vendues à meilleur compte naturellement. Les prix de vente sont, en moyenne, pour les *zăllîj* bien émaillés, de dix ryâl (40 francs) le mille.

Le patron de l'atelier vend ainsi ses *zăllîj* à la sortie du four ou dans son magasin de dépôt, aux clients qui l'en débarrassent aussitôt. Mais les *zăllîj* ne s'emploient pas ainsi. Il faut encore les découper. Or ceci est l'affaire d'ouvriers spéciaux travaillant généralement dans les maisons des particuliers où les carreaux découpés doivent être posés, soit sur le sol pour le pavage des parquets, soit contre les murs pour former des revêtements de mosaïque.

Découpage des *zăllîj*

Il y a ici deux opérations pour découper en quatre chaque carreau des *zăllîj*. La première opération consiste à marquer de traits la face vernie du carreau pour indiquer les lignes à suivre dans le découpage ; la seconde est le découpage proprement dit.

Fig. 87.
Le *qlem* à marquer les *zăllîj*.

Pour la première opération, un simple apprenti peut suffire, c'est ce qu'on appelle le *teršim*. Trois instruments lui sont nécessaires : un style, un encrier, une règle. Le style ou *qlem* est une barre plate et mince en roseau, de la longueur d'un porte-plume, arrondie en spatule à l'extrémité, qui sert à tirer les traits (fig. 87).

L'encrier ou *qjār* est une petite pièce de bois de cèdre en forme de parallélipipède ; la face supérieure est percée de deux trous cubiques ou cylindriques (fig. 88 et 89).

Dans l'un de ces trous se trouve un vernis blanc, formé d'une poudre blanche, dite *byâḍ èl ûjâh*, vendue par les épiciers ou droguistes à raison d'une pesseta et demie le *rṭaḷ 'aṭṭâri*, et mélangée dans l'encrier

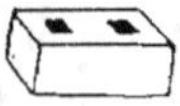

Fig. 88.

Fig. 89. — Apprenti découpeur de *zâllîj* avec son encrier devant lui.

(Photo P Ricard)

à un peu d'eau. Dans l'autre trou se trouve le *zrîreq*, vendu en poudre ou en grains dans de petits barils de 1 *rṭaḷ* et demi moyennant 3 pessetas 75 (environ 3 francs). Ce produit est soluble dans l'eau. C'est cette solution que l'ouvrier prépare dans l'encrier même et dont il se sert pour marquer les carreaux blancs de traits vert sombre (*azroq*).

La règle en terre cuite (*fárma*, pl. *frem*) avec laquelle on trace les raies droites (*elfárma bâš kiršmû zzállij*) a les dimensions d'un demi-carreau de *zállij* coupé en son milieu et parallèlement à l'une des bases.

L'ouvrier assis par terre applique sa *fárma* sur le carreau à marquer, puis trace avec le *qlem* des traits sur le pourtour à un 1/2 ^{cm} des bords et deux traits en croix partageant la face du carreau en 4 compartiments égaux (fig. 90) après avoir plongé sa plume dans le trou convenable de l'encrier.

Fig. 90.

Pour le découpage du carreau auquel ne peuvent procéder que des ouvriers accomplis, il faut :

1° un bâti ou *manjra*, contre lequel deux ouvriers appliquent les carreaux à découper en se faisant vis-à-vis ;

2° une hachette double (*monqaš*) ;

3° une pierre de grès pour aiguiser la hachette.

La *manjra* est un bâti généralement de briques sèches. Il peut avoir 25.^{cm} de large sur 25 à 30^{cm} de hauteur et 50 à 60^{cm} de longueur. A chaque extrémité est solidement fixée sur une inclinaison de 45 à 55° sur l'horizontale, une dalle en calcaire dur, arrondie en ovale plus ou moins régulière à son extrémité (fig. 91 et 92). C'est sur le rebord supérieur de cette dalle que l'ouvrier applique à plat, le tenant de la main gauche, le carreau à découper. Deux ouvriers travaillent ordinairement ensemble sur un même bâti.

Le *monqaš* est une hachette double en fer, rappelant quelque

Fig. 91. — Ouvriers découpant des *zâllîj* autour de la *manjra*.
(Photo P. Ricard)

Fig. 92. — Position de l'ouvrier affinant les bords
des *zâllîj* découpés.
(Photo P. Ricard)

peu une herminette de charpentier (fig. 93) mais dont les deux
bras sont à peu près droits et ont une longueur totale ensemble
de 18 à 20 cm. Ces deux bras sont terminés
chacun par un tranchant d'acier (brasé sur
la pièce de fer) de 5 cm de largeur de lame,
et appelé *fumm* (pl. *fomam*). Un manche en
bois (*yádd*) traverse la pièce de fer par un
trou *'aîn*, dans lequel il est fixé au moyen

Fig. 93.

d'un morceau de cuir de bœuf (*jèlda)*. Le manche peut
avoir 25 cm de longueur totale et l'ouvrier qui le tient de la

Fig. 94. — Ouvrier aiguisant le *monqaš* sur la meule.
(Photo P. Ricard)

main droite, en position de travail, appuie son coude sur
sa cuisse droite dans le voisinage du genou (fig. 91-92).

L'ouvrier aiguise son *monqaš*, qui doit toujours être bien
affilé, sur une pierre plate de grès, appelée *rḥá* ou meule.
Pour aiguiser l'outil il verse un peu d'eau sur le *rḥá* (fig. 94).

Chacun des ouvriers découpeurs a un rôle spécial dans son travail. L'un partage le carreau en autant de morceaux qu'il comporte. Assis par terre, les jambes repliées sous lui, il applique le carreau, par la face non vernie, à plat contre le rebord de la dalle de calcaire de telle façon que la partie à couper s'appuie contre cette dalle. Tenant de la main droite son *monqaš*, l'ouvrier, avec les tranchants de l'instrument, frappe deux ou trois petits coups secs suivant le trait qui indique la ligne du découpage ; il prépare ainsi la fracture nette du carreau et l'obtient en frappant le milieu de la ligne de découpage d'un coup unique plus fort et plus sec que les précédents. On dit de cet ouvrier *iqṣar* et l'opération se nomme *qṣir*. L'autre ouvrier assis de même et en face, devant le même bâti, reprend les morceaux de *zăllij* et avec son *monqaš* il enlève la tranche sur toutes les faces, pour donner au fragment une tranche en bizeau dont l'arête du côté émaillé est plus large que l'autre. C'est l'achèvement du travail, le *ẖolăṣ* comme on dit. Le morceau peut dès lors être mis en place sur les parquets ou les murs.

Lorsque, par suite d'une malfaçon ou d'un coup de *monqaš* mal appliqué, le carreau se brise mal, par une fente transversale par exemple, l'ouvrier utilise les débris selon leur forme, soit pour en tirer des quarts de carreaux soit pour obtenir des demi-quarts en taillant au *monqaš* suivant une diagonale du petit carré représentant le quart de carreau. Ces morceaux en forme de petits triangles servent pour le pavage des bordures. Les faïenciers donnent aux quarts de carreaux de *zăllij* le nom de *mdăbdăb* (nom d'unité *mdăbdba*).

Pour être complet il y aurait ici à ajouter comment se fait la pose des petits carreaux ou fragments de carreaux émaillés sur les parquets et les murs, quelles sont les formes de ces divers éléments de la mosaïque de faïence et quels sont les noms donnés à chacun d'eux ainsi qu'aux combinaisons obtenues. Il y aurait à faire une étude de ce décor depuis le XIVe siècle à Fès, jusqu'à ce jour et ce serait un des beaux chapitres de l'art décoratif musulman du Maroc. Mais j'ai renoncé ici à esquisser même cette étude, pour ne pas déflorer le travail consciencieux et complet qu'a préparé sur ce point spécial mon ami Ricard, beaucoup plus qualifié d'ailleurs que moi pour s'occuper de cette question du décor en mosaïque de faïence [1]. Je dois cependant ajouter que si les occupations actuelles de M. Ricard ne l'avaient pas empêché de terminer ce travail, déjà pourtant très avancé, je lui aurais demandé de le donner, en appendice au présent ouvrage.

III. — *Hosâr* ET *Qarmûd*

Pour les *ḥoṣâr* comme pour les *qarmûd*, la pâte d'argile n'est employée qu'après avoir été malaxée avec les pieds (*'ajîn*), puis pétrie avec les mains (*teṭrâb*) comme pour la fabrication des vases de poterie ou de faïence. A part ce point commun à ces deux catégories d'objets en terre cuite (*ḥoṣâr* et *qarmûd*), la confection de chacun diffère comme on va le voir.

---

(1) Remarquons seulement qu'à Fès les divers éléments composant la marqueterie de faïence, quelle que soit leur forme, sont toujours taillés dans le carreau émaillé qui est, lui, d'un seul format. Jamais on n'y fait, comme cela se pratique à Tétouan cf. A. JOLY, *L'Industrie à Tétouan*, loc. cit., p. 295 à 309, et H. SALADIN, *Les portes de Meknès* dans le *Bulletin archéologique*, 2e livraison de 1915, p. 251-252), ces diverses pièces taillées dans l'argile crue. On fait encore à Fès (comme au XIVe siècle) des décors sur carreaux émaillés (p. ex. le décor sur faïence de la porte de Bou Jloûd. construite en 1913 par le Mejlès de Fès) en enlevant l'émail au burin pour faire un fond de la couleur de la brique. Mais on ne fait plus, sur les carreaux émaillés en blanc, de dessins en émail polychrome comme certains revêtements à Fès en donnent encore témoignage ; par exemple, la porte du fondaq des Nejjârîn. On n'émaille plus non plus de carreaux sur la tranche pour obtenir des baguettes d'encadrement si communes sous les Mérinides.

A) *Ḥoṣâr*

C'est une pièce en terre cuite émaillée d'une forme spéciale qu'elle doit à sa destination. Elle sert à garnir les rebords des seuils de fenêtres et des portes, à l'endroit où porte le pied. Il faut évidemment une solidité plus grande qu'en toute autre partie du revêtement d'un mur ou du pavage d'un parquet. Aussi bien la face interne de ces carreaux de pavage, le *sdâr* comme on l'appelle, est-elle renforcée à sa base par un buttoir nommé *dărra* [fig. 95 (B)] qui maintient dans le mur les *ḥoṣâr* disposés comme l'indique la figure 95

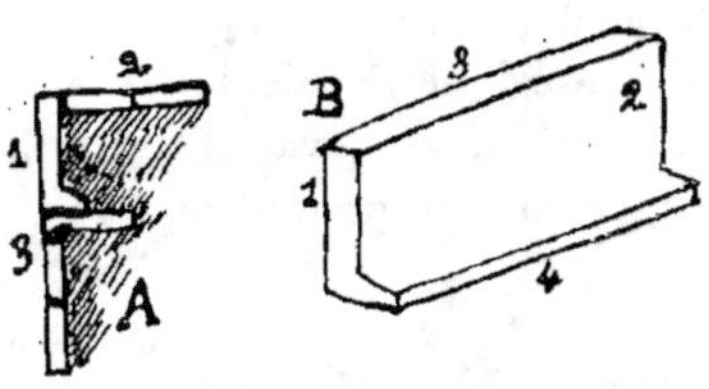

Fig. 95.

(A) Coupe d'un seuil indiquant la position d'une *ḥoṣâra* (1) entre des *zâllîj* (2, 3).

(B) Une *ḥoṣâra* : 1. *ûjâh* ; 2. *sdâr* ; 3. *ḥarf* ; 4. *dărra*.

(A, 1). Dans cette disposition, les faces émaillées en bleu généralement, rarement en vert) sont celles qui apparaissent à l'extérieur du pavage ; ce sont : la partie supérieure ou *ḥarf* et la face latérale ou *ûjâh* (fig. 95 B). Les dimensions du *ûjâh*, qui est un rectangle, sont de 19 ^{cm} 1/2 × 7 ^{cm} ; celle du *ḥarf*, rectangulaire également, sont de 19 ^{cm} 1/2 × 3 ^{cm}. La saillie à l'intérieur, de la *dărra* sur le *sdâr*, ne dépasse pas 2 ^{cm} 1/2 à 3 ^{cm}.

Confection des *ḥoṣâr* [1]

La pâte d'argile ayant été successivement malaxée avec les pieds et pétrie avec les mains reçoit sa forme grossière de la

---

[1] La confection des *ḥoṣâr* a lieu surtout en hiver, au moment des *lyâli* comme on dit, alors que le travail chôme pour les autres objets de terre cuite.

façon suivante : L'ouvrier assis à terre, a devant lui un **plateau**
(qarṭa) sur lequel il roule la boule de pâte qui doit devenir une
hoṣâra ; il en fait un cylindre de la longueur voulue, c'est-à-
dire un peu plus long que le *ḥarf*. Puis il aplatit ce cylindre
dans sa longueur en le frappant contre la *qarṭa*. Il frappe
ensuite sur la tranche avec le revers de la main pour faire une
saillie dans toute la longueur, tout en aplatissant cette face
(dârra). Il mesure la longueur voulue sur le *ḥarf*, au moyen
d'un bâtonnet *(qyâs)* un peu plus long que la longueur définitive du *ḥarf*, et coupe
aux deux bouts toute la
pâte qui dépasse la me-
sure ; il coupe également
avec le couteau l'excès de
pâte faisant un buttoir

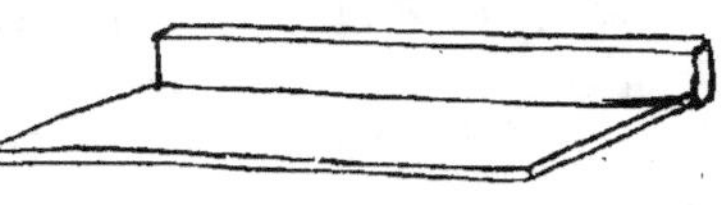

Fig. 96.

Calibre ou *qâla*, en bois, pour les *hoṣâr*.

(dârra) trop large et passe la pièce à l'ouvrier chargé du
découpage ou la laisse sécher un peu.

Le découpage *(qṭi')* se fait dans la chambre d'atelier ou bien
dans la cour, lorsque le temps s'y prête ; il a pour objet de
donner à la pièce encore molle sa forme définitive. Comme pour
le découpage des *mzâhri* l'ouvrier, (qui ne peut être ici qu'un
m'allem) est assis à terre ; devant lui, entre ses jambes étendues,
est posée la *qârṭa*, fixée bien d'aplomb sur le sol et de façon
que les côtés les plus longs soient le long des jambes.

L'ouvrier se sert pour ce travail des mêmes instruments que
nous avons décrits déjà pour le *qṭi'* des *mzâhri*.

Ici, toutefois, la *qâla* est d'une forme spéciale (fig. 96) ; elle
est en bois de cèdre généralement, formée de deux planchettes
assemblées par des clous par leurs grands côtés qui sont égaux
(20ᶜᵐ) et de sorte que l'une soit perpendiculaire au plan de
l'autre. Ces deux planchettes rectangulaires qui ont 20ᶜᵐ de
grande base, ont, intérieurement, l'une 7ᶜᵐ 5 de largeur et
l'autre 3ᶜᵐ 5.

L'opération du découpage présente les phases successives suivantes :

1° La pièce d'argile molle équarrie par le moulage est placée sur sa grande base étroite à plat sur la *qarṭa* ; puis l'ouvrier, soutenant la pièce de la main gauche, applique de haut en bas quelques coups de la tranche du battoir dit *jállâda*, décrit ci-dessus, de façon à faire saillir à la base de la face large tournée à sa droite, et sur toute la longueur de la pièce, le buttoir que nous avons appelé *dắrra* et qui a environ 3 ᶜᵐ.5 de saillie à ce moment. Du plat de la *jállâda*, en tapotant légèrement les deux faces, l'ouvrier leur donne un peu de régularité ;

2° La pièce est placée sur la *qarṭa* de façon que le buttoir (*dắrra*) vienne s'appliquer sur la tranche de gauche de la *qarṭa*. Dans cette position de la pièce, la face large qu'on a appelée *sdár* se trouve appliquée contre le plateau de la *qarṭa*, tandis que l'autre face appelée *ûjắh* s'offre à découvert à l'ouvrier. Celui-ci frappe cette dernière face fortement du plat de sa *jállâda*, pour amincir encore la pièce ;

3° L'ouvrier applique, sur la face dite *ûjáh*, sa *jállâda* de façon que la tranche longue de celle-ci soit parallèle à l'arête de la pièce et que le plan extérieur de la *dắrra* soit dans le prolongement du plan de la tranche de la *jállâda*. Se servant de celle-ci comme d'une règle, l'ouvrier appuie contre elle la lame de la *jánwî* ou couteau et la fait glisser le long de cette règle pour couper et égaliser ainsi cette face extérieure de la *dắrra*. Il aplanit ensuite cette face avec le plat de la lame de son couteau, comme le ferait un plâtrier avec une truelle pour polir une gâchée de plâtre ;

4° Ayant enlevé son battoir, mais sans toucher à la pièce, il applique sur celle-ci la *qála* de telle façon que la grande face interne de celle-ci soit sur l'*ûjắh* et la petite sur le dessous de la *därra ;* et avec la *jänwî* il coupe toute l'argile qui dépasse les bords de sa *qâla ;*

5° Il retourne sa *qâla* de façon à appliquer la petite face de celle-ci sur la tranche de la pièce appelée *harf*, c'est-à-dire sur la tranche opposée à la *därra*. Il enlève alors le tout, pièce d'argile et *qâla*, dans cette position et met la pièce, debout sur la *qarta* reposant sur la *därra*. Se servant comme règle de la tranche *a b* (fig. 97) de la *qâla*, il coupe avec son couteau les saillies de la face interne ou *sdär* qu'il égalise ainsi ; il coupe également, mais en sifflet, les deux extrémités étroites de la *därra* de telle sorte que l'arête d'argile *a' b'* con-

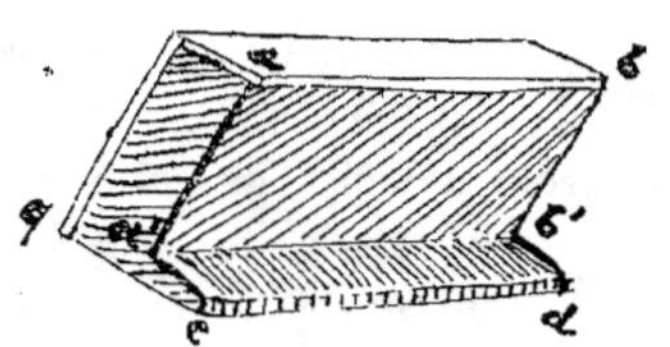

Fig. 97.

La pièce crue est calibrée à l'aide du *qâlab*, a, b, q.

servant sa longueur, l'extrémité du buttoir, en *c d*, a environ 3^{cm} de moins.

Il ne reste plus qu'à faire sécher la pièce au soleil avant de la mettre au four pour la première cuisson. La pose du vernis se fait comme pour les *mzälrî*. Le salaire de l'ouvrier au découpage est de 1/2 ryâl (environ 2 fr.) par cent.

B) *Qarmûd*

Les *qarmûd* ou tuiles, bien que de trois modèles différents quant aux dimensions, sont toutes du même type. C'est la tuile arquée plus étroite à l'une de ses extrémités qu'à l'autre et vernie sur la moitié environ de sa longueur, du côté le plus large, celui qui apparaît sur le toit. Toutes les tuiles sont vernies en vert.

Le type le plus grand se nomme *mâṭnî* ; le moyen, *wûsṭî* ; le petit, *mzîbrî* (1).

L'argile après avoir été malaxée et pétrie est mise en galettes légèrement bombées appelées *qoṛṣa* (pl. *qṛoṣ*) ; chaque galette servira à faire une seule tuile.

Les outils d'un ouvrier tuilier, d'un *m'allem di qaṛmûd*, sont les suivants :

1° Un calibre appelé *mṛâya*, ayant la forme d'un trapèze (fig. 98). Puisqu'il y a trois modèles de tuiles il y a aussi trois modèles de calibres de même forme.

---

(1) On fait à Fès, pour couvrir les arètes des toits en pyramide, de très grandes tuiles appelées *mgrâlla*. Mais elles ne sont pas faites au moule *(mṛâya)* comme les autres tuiles. La *mgrâlla* est simplement un demi-*qâdûs*, du type dit *ferḥ*, scié dans le sens de la longueur, après la première cuisson et émaillé ensuite en vert sur sa face convexe.

Enfin, il est encore un type de tuiles, à Fès, plus grand que le *mâṭnî* et de même forme que lui, mais moins grand que la *mgrâlla*. Ce type existait autrefois, à l'époque où furent construites les Médersas (au xiv° siècle), car c'est là surtout qu'on le retrouve, ainsi que dans les vieilles maisons privées. J'en ai trouvé aussi dans une maison en ruines du xiv° siècle à *Swîqèt êddébbân*, et j'en ai déposé au Musée archéologique de Fès quelques spécimens avec d'autres témoins de l'architecture et de la décoration de cette maison privée de la belle époque de la décoration mérinide.

Ce modèle ancien de tuiles ne se fait plus dans les ateliers de Fès. On a dû cependant demander en 1915-1916 aux céramistes de Fès de refaire des tuiles de ce format pour la restauration des Médersas entreprise par le service des Beaux-Arts et ils sont très facilement arrivés au type désiré. Il n'en demeure pas moins que ce modèle est une exception dans le travail actuel des fabricants de tuiles.

Les prix des diverses espèces de tuiles sont :

pour les *mâṭnî*, de 35 ryàl ou 175 pessetas le mille (140 francs).

— *wûsṭî*, de 20 ryâl ou 100 pessetas le mille (80 francs).

— *mzîbrî*, de 10 à 15 ryâl ou 50 à 75 pessetas le mille (40 à 60 fr.).

Les *mdâbdâb* se vendent 40 ryâl le cent. Certaines tuiles ne sont pas émaillées, ce sont celles qui servent de chenal à l'écoulement de l'eau et ont leur face concave en l'air. Elles sont placées entre deux tuiles émaillées. La tuile non émaillée vaut moitié moins cher que l'autre.

Le tableau suivant donne leurs dimensions, d'après la figure 98 :

	mâṭnî	*wusṭî*	*mzîbrî*
ab	58 cm	47 cm	43 cm
cd	11 »	9 1/2 »	8 1/2 »
ef	24 »	20 »	16 »
ce	34 »	28 »	25 »
eé	4 »	3 1/2 »	3 1/4 »

Ce calibre est fait de règles plates de moins d'un centimètre d'épaisseur, en bois de cèdre ;

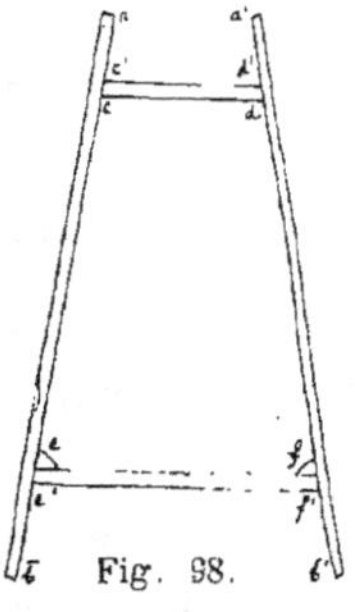

Fig. 98.

Calibre *(mṛâya)* pour
les tuiles.

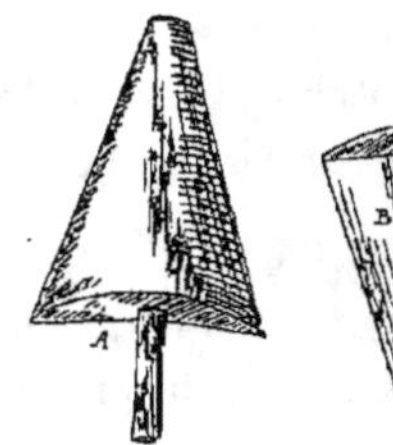

Fig. 99.

Moule à tuile *(ḥomâr)*.

A. Vu de dessus (partie convexe).
B. Vu de dessous (partie plane).

2° Un plateau carré ou rectangulaire, d'une seule ou de deux planches assemblées, appelé *ṭbaq*, sert pour calibrer l'argile dans la *mṛâya* ;

3° Un moule en bois appelé *ḥomâr* sert à donner à la tuile sa forme convexe. Ce moule a la forme d'un demi-tronc de cône prolongé à sa grande base par un manche (fig. 99). La face plane, suivant l'axe du tronc de cône, est creusée en son centre d'une rainure en V sur toute la longueur de la petite à la grande base. Le manche qui est en arrière et dans le prolongement de cette rainure se nomme *qobḍa*. La figure 99 B représente le *ḥomâr* vu de dessous, c'est-à-dire suivant la face plane.

Bien qu'il y ait trois dimensions de tuiles, il n'y a que deux grandeurs de *ḥomâr* : le plus grand pour le *mâṭni*, le plus petit pour les *wusṭi* et les *mzîbrî*.

Voici les dimensions du *ḥomâr* de chaque catégorie :

	GRAND	PETIT
Longueur de l'arête du tronc de cône.	38 cm	34 cm
Diamètre de la petite base...........	4 1/2 »	3 1/2 »
Diamètre de la grande base..........	14 »	12 »
Longueur du manche.......	15 »	13 »

Il va de soi que le dos du *ḥomâr* doit être parfaitement poli et lisse pour que la plaque d'argile que l'on moule sur lui soit bien unie et puisse glisser facilement ;

4° Une règle en bois blanc appelée *sîf*, d'une épaisseur de près de 3 cm et en forme de parallélipipède en tronc de pyramide quadrangulaire dont la coupe aux côtés de grandes bases serait un trapèze ; elle est taillée en biseau à ses deux bouts, en sorte que les proportions des deux grands côtés de la grande base sont de 44 cm et ceux de la petite base 42 cm.

Il n'y a qu'un seul *sîf* pour toutes les dimensions de tuiles ;

5° Une terrine en terre cuite contient de l'eau pour permettre à l'ouvrier qui passe la pâte à la *mṛâya* d'humecter la surface de l'argile qu'il moule.

Cette terrine se nomme *mannâr*, comme celle du *m'allem*

du tour-à-potier, ou *bdän*, comme celle dont se sert le *derrâb*
pour le moulage des briques et des carreaux ;

6° Une couffe d'alfa, dite *terrâbîya* ou un plat creux en
terre cuite appellé *gosi'a*, plein de cendre, est également placé
à proximité de l'ouvrier tuilier qui moule sa pâte. Il saupoudre
le *tbâq* de cette cendre pour faciliter le décollage de la pièce
moulée.

La fabrication des tuiles nécessite trois ouvriers : l'un fait
le pétrissage et prépare les pains d'argile ou *qros* comme les
galettes dont elles portent d'ailleurs le nom ; un second calibre
la pâte en la faisant passer à la *mrâya* ; un troisième donne
à la plaque trapézoïdale de pâte sa forme convexe en la faisant
passer sur le *homâr*.

Le premier travaille dans la chambre d'atelier *(bît)*, les
deux autres dans la cour ou dans un *sqîf*.

La préparation des *qros* n'a rien de particulier, c'est la même
que celle des *tôb* ou « balles » dont on a parlé déjà. Toutefois,
pour faire une *qorsa* de la dimension voulue, l'ouvrier prépare
séparément deux petits cylindres de pâte qu'il épure soigneusement des petites pierres que chacun d'eux pourrait encore
contenir, puis il les réunit en un seul, en les pétrissant pour
faire de leur ensemble une seule *qorsa*. Une fois faits, les *qros*
peuvent être employés immédiatement où attendre quelques
jours, à l'ombre, leur moulage en tuiles.

Pour calibrer chaque *qorsa* dans la *mrâya*, l'ouvrier pose à
plat cet instrument sur le *tbaq* installé, en plan légèrement
incliné, sur un bâti de pierres de façon que l'avant du *tbaq*, qui
est plus haut, soit à peu près à la hauteur de la base de sa poi-
trine. La grande base de la *mrâya* est tournée vers l'ouvrier
(fig. 100). D'une pincée de cendre, prise dans la *terrâbîya*,
l'ouvrier saupoudre le *tbaq* entre les bras de la *mrâya* ; il prend
ensuite une *qorsa* du tas placé à côté de lui, la pose dans l'inté-

rieur de la *mṛâya* et contre la grande base de celle-ci. A coups
de poing, il aplatit cette *qoṛṣa* dans le cadre trapézoïdal de la
mṛâya de façon qu'elle en prenne exactement la forme. Avec la
main qu'il vient de tremper dans l'eau du vase voisin, il humecte
la surface de l'argile ainsi aplatie ; puis il saisit le *sqîf* par ses

Fig. 100.

L'ouvrier dépose la plaque d'argile du calibre sur
le moule *(homâr)*
que lui présente un autre ouvrier.

(Photo A Bel)

deux extrémités et l'applique sur la *mṛâya*, parallèlement à la
grande base et à 3 ou 4^{cm} de celle-ci, d'un seul coup, en
appuyant sur le *sîf ;* pour le maintenir en contact avec les bras
de la *mṛâya*, il le fait glisser d'avant en arrière, parallèlement à
sa position première, le long des deux montants de la *mṛâya*.
Il nivelle ainsi à la hauteur de ces montants, c'est-à-dire du
cadre de la *mṛâya*, la surface de l'argile, de sorte que la pièce
d'argile, ainsi calibrée, prend exactement la forme et l'épaisseur
du trapèze de ce moule. L'excès d'argile adhère au *sîf* et l'ou-

vrier l'enlève entre ses doigts, qu'il glisse le long de la règle, et le rejette à sa gauche en un tas. Ces débris seront utilisés de nouveau dans une autre occasion.

La *mŗâya* étant enlevée, la feuille trapézoïdale d'argile reste sur le *ṭḫaq* ; l'ouvrier l'y prend délicatement à deux mains et la

Fig. 101. — Fabrication des tuiles.

A droite, ouvrier passant la tuile à la *mŗâya*.

A gauche, ouvrier emportant la tuile sur le *ḥomâŗ*.

(Photo A. Bel)

pose sur le dos du *ḥomâŗ* que lui tend son collègue, le troisième ouvrier (fig. 100).

C'est ce troisième ouvrier qui donne à la tuile sa forme définitive en la moulant sur le dos du *ḥomâŗ*, avec le plat de sa main droite, tandis qu'il tient de la gauche le *ḥomâŗ* par le manche. Tout en modelant sa tuile, cet ouvrier se dirige vers une petite cuvette d'eau, une *zlâfa*, placée sur l'ouverture d'un tuyau en poterie dressé debout dans la cour (fig. 101). Arrivé à cette *zlâfa*, il trempe dans l'eau sa main droite et humecte en la frappant la surface convexe de la tuile afin de lui donner le poli nécessaire. Enfin, avec le revers du pouce de la main droite il marque à intervalles réguliers et très voisins le rebord angulaire de la grande base de façon à y faire une sorte d'ondulation, de gaufrage nommé *ršem*.

Tout en travaillant ainsi — sur le dos du *ḥomâṛ* — son argile pour faire une tuile, l'ouvrier se dirige vers l'endroit de la cour qu'il a choisi pour le séchage au soleil des pièces ainsi faites. Arrivé à l'endroit où il doit déposer sa tuile molle, il s'accroupit, fait glisser la pièce d'argile le long du *ḥomâṛ*, incline le manche en haut, de façon qu'elle vienne tout doucement se poser sur le sol, dans la position qu'elle occupait sur le *ḥomâṛ*, c'est-à-dire la face convexe en haut.

On a remarqué ci-dessus que l'ouvrier qui calibrait la tuile dans la *mṛâya* laissait une hauteur de 3 à 4^{cm} à partir de la grande base, sans l'amincir comme le reste, avec son *sîf*. Cette partie de la tuile, à 3 ou 4^{cm} de la grande base, demeure ainsi un peu plus épaisse que le reste de la pièce. C'est elle qui, renforcée en épaisseur, se nomme *ḥerz* ; elle a pour objet d'assurer une plus grande solidité à la grande base et de la rendre moins glissante également lorsqu'elle sera placée sur un toit.

Les tuiles ainsi préparées sèchent dans la cour de l'atelier et sont rentrées dans les *bît* ou les *sqîf* en attendant leur première cuisson.

Après la première cuisson, les tuiles sont émaillées.

La pose du vernis liquide se fait, soit dans la cour de l'atelier, soit dans une des chambres. Tenant de la main gauche la tuile par son extrémité la plus petite, la convexité tournée en haut et la tuile inclinée vers le vase à vernis placé au-dessous, l'ouvrier, à l'aide d'un bol qu'il tient de la main droite, prend le vernis liquide dans le vase (*maḥbès*) et le verse sur le dos de la tuile à partir du milieu ; le vernis se répand ainsi sur la tuile dans sa moitié la plus large, celle qui se trouve du côté de la grande base (fig. 102).

Les tuiles passées à l'émail sont emportées dans la chambre

Fig. 102.
Pose de l'émail sur les tuiles
(Photo A. Bel)

d'entrepôt par un aide qui les y entasse. Là, elles attendent la cuisson, qui a lieu lorsque l'on a de quoi charger le four.

La cuisson n'offre rien de particulier à signaler ; l'enfournement, le chauffage du four, la conduite du feu, le défournement se font avec le même combustible et selon les mêmes principes que pour les *zâllîj*.

CINQUIÈME PARTIE
Fabricants de faïence peinte sur émail

Les véritables *Ṭollâya* sont ceux qui font la peinture sur émail ; les autres, ceux qui se bornent à émailler de la terre cuite, sans décor en peinture, c'est-à-dire à fabriquer des carreaux vernissés ou *zâllîj*, des *bojmâṭ* et des *ḥoṣâr*, des tuiles même, sont plutôt compris comme nous l'avons dit sous le nom de *zâllâijîya*, bien que le profane les comprennent tous dans le terme général de *Ṭollàya* qui signifie proprement « ceux qui posent l'émail ».

L'argile est de même provenance et de même nature que pour les *zâllâijîya* et les manipulations qu'elle subit sont les mêmes que précédemment, à cette nuance près qu'ici comme pour les tuiles et les *ḥoṣâr*, il y a toujours malaxage et pétrissage de l'argile avant qu'elle soit employée sur le tour pour recevoir la forme du vase ou de l'objet désiré. En outre, nous avons vu que, dans les cas précédents, un simple émaillage des surfaces de la terre cuite suffisait ; pour les pièces dont on va parler, il y a en plus peinture sur émail. Cette dernière opération nécessite naturellement l'intervention d'une nouvelle catégorie d'ouvriers spéciaux, celle des peintres sur émail. Le peintre sur émail se nomme *m'allem ṭollâï*. On en reparlera à propos de l'organisation du travail de ces ateliers.

INSTALLATION DES ATELIERS. — Les *ṭollâya* ont, comme les *zâllâijîya* et les *ḥaṛṛâša*, leurs ateliers mélangés à ceux-ci et dans le même quartier [1]. Il est à remarquer toutefois qu'il y a peut-être chez les *ṭoḷḷâya* une plus grande spécialisation dans le travail, c'est-à-dire qu'il est rare de voir un patron *ṭoḷḷâi* faire dans son atelier autre chose que la faïence à peinture sur émail.

Quant à ces ateliers, ils sont ou bien la propriété du patron ou sont pris en location par celui-ci à un propriétaire musulman de la ville en vertu d'un bail plus ou moins long, mais rarement inférieur à trois années. Le prix moyen de location de ces ateliers peut être donné par le cas suivant :

Un atelier loué par mois à raison de cinq ryâl et demi (soit environ 22 francs de notre monnaie) comprend, autour d'une cour de $40^m \times 20^m$ environ, deux chambres d'atelier dites *bît*, un hangar dit *sqîf*, deux fours (dont un petit a été construit par le locataire à ses frais) ; un puits existe pour l'eau au milieu de la cour. Le bail a été passé pour trois ans.

Objets fabriqués. — On peut les diviser en deux grandes catégories : 1° les objets principaux, c'est-à-dire ceux qui sont confectionnés dans tous les ateliers de *Ṭoḷḷâya* et auxquels la tradition attache une place d'honneur, et sont : les grands plats de diverses formes compris sous la dénomination de *ĝoṭar* (pl. *ĝoṭrân*), mais qui sont eux-mêmes subdivisés suivant leur forme en différentes séries dont on parlera plus loin ; les grands et larges pots, avec couvercle, tous du même type, appelés *joḅḅâna* (pl. *jḅâḅon*) ; les amphores à large ouverture, sans anse, mais avec couvercle, nommés *ḥâbya* (pl. *ḥwâbi*) et toutes du même type quoique de dimensions variables ;

2° Les objets de moindre importance que l'on fait d'une

---

(1) Le nombre des ateliers dans lesquels on fait des objets de terre peinte sur émail était en juin 1916 de neuf, occupant ensemble quatorze maîtres décorateurs *(m'allem zowwâq)* et seulement cinq maîtres tourneurs *(m'allem mwâ'ni)*.

façon assez irrégulière et quasi-occasionnelle dans les divers ateliers. Tous les ateliers ne travaillent pas forcément à la confection de ces pièces de second ordre, mais quelques-uns s'en font parfois une sorte de spécialité en dehors et en plus de la confection des objets de la première catégorie qui, eux, se font dans tous les ateliers. Ainsi je pourrais citer tel atelier qui fait surtout des quinquets à huile appelés *qandîl*, tel autre qui se spécialise presque dans la fabrication des bols (*zlâfa* ou *ṭaṛbûš*), par exemple ; d'autres, enfin, quelques mois avant la fête de *ʿašûra*, ne travaillent presque exclusivement qu'à décorer des *taʿrîja* (pl. *ṭʿârej*) parce que la vente de ces sortes de tambourins, formés d'un gros tube de terre cuite à l'un des bouts duquel on tend une peau, est très abondante à l'occasion de cette fête des enfants.

Je classe ces pièces comme secondaires par rapport à celles de la première catégorie, mais cela n'empêche pas que certaines d'entre elles sont fabriquées en très grandes quantités par quelques *ṭollâya*, voici les principales : le *qandîl* (quinquet) ; la *zlâfa* (de divers noms suivant le décor), qui est un bol sans pied ; le *ṭaṛbûš*, qui est une *zlâfa* avec pied bas ; le *kâs*, sorte de tasse droite ; l'encrier ordinaire très simple, en forme de petite bouteille, ou *dwâiya* ; le vase à fleurs, à col évasé où *mešmûm* [1] ; les divers types de flacons plus ou moins ventrus et à col court, ou *rekwa* ; des pots-à-eau appelés *ġoṛṛâf* ; des flacons, *qarʿa*, à ventre circulaire aplati, parfois évidé en son milieu, et alors l'objet est appelé *dámlij* ; des aspersoirs à parfums, ou *mrâšša*, et une foule d'autres objets de forme et de destination variées, imités d'objets européens ou d'ustensiles en cuivre fabriqués à Fès, selon la fantaisie des ouvriers et

---

(1) *Mešmûm* est le nom du bouquet qui est ici donné au vase qui le reçoit. Ailleurs (par exemple Tétouan, Tlemcen), le vase à fleurs se nomme *maḥbaq* (littéralement « vase à *ḥabeq* »).

même selon le goût de quelque client original, européen surtout.

Enfin, il convient de placer dans cette seconde catégorie les encriers à plusieurs trous appelés *mejma'* (pl. *mjâma'*) aux formes bizarres, très goûtés des touristes européens. Les musulmans, notamment les scribes, qui font des copies de manuscrits arabes et se servent d'encres de plusieurs couleurs, utilisent ces encriers à plusieurs compartiments. Comme la fabrication de ces encriers à plusieurs trous est un peu en dehors des usages ordinaires des *Ṭollâya*, je la décris d'abord ici.

Fabrication des encriers à plusieurs godets

Les *mjâma'* ne sont pas faits par les maîtres ouvriers ordinaires qui les considèrent comme indignes d'eux. Ce sont des objets de fantaisie, en quelque sorte ils sont comme des exceptions au travail courant. Je ne connais à Fès qu'un seul ouvrier qui fasse en ce moment des encriers de ce genre et quelques apprentis qui, avec plus ou moins de talent, y travaillent à leurs moments de loisirs.

Ces encriers d'ailleurs rappellent un vieux type en marbre qui se faisait autrefois à Fès et dont on ne retrouve plus que de rares spécimens aujourd'hui [1].

Voici comment on procède dans la confection et le décor de ces encriers de terre émaillée :

1° La pâte d'argile a été malaxée et pétrie comme pour les autres vases et objets du travail des *Ṭollâya*. L'ouvrier assis par terre, la *qarṭa* entre les jambes, aplatit en une feuille de 5 à 7 millimètres d'épaisseur une petite boule d'argile.

Il découpe au couteau, en s'aidant d'un calibre *(qâleb)*, ou du

---

[1] Un exemplaire de ces vieux encriers de marbre, donné par Si Ahmed Sokaïrej, de Fès, figure au Musée archéologique de cette ville.

compas et de la règle (*dâbed* et *mestra*), le fond du futur encrier qui peut avoir l'une des formes indiquées par les figures 103, 104, 105, et d'autres encore qu'il eût été superflu de donner ici (comme par exemple, 106, 107, 108).

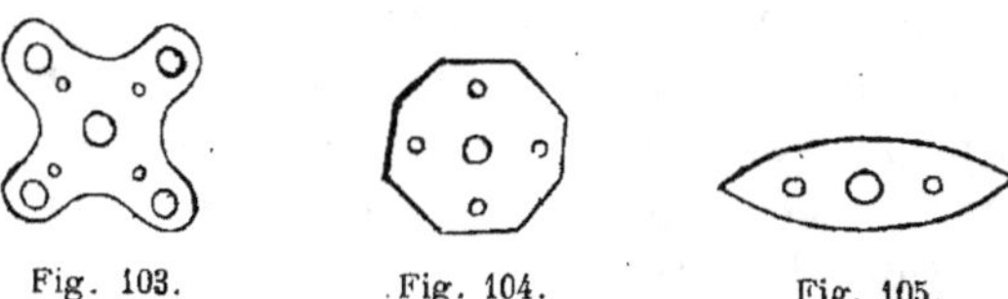

Fig. 103. Fig. 104. Fig. 105.

Chacune de ces formes du fond de l'encrier a un nom spécial : *hassa* « vasque », *hâtem* « sceau », *matiša* « tomate », *flûka* « barque », *kûra* « cercle », etc...

Le fond étant fait, l'ouvrier découpe, de la même façon et en prenant ce fond déjà fait comme modèle, le dessus et le couvercle. Ces diverses parties ont pour noms : *qâ'* « fond », *ûjèh* « face », *gota* « couvercle ».

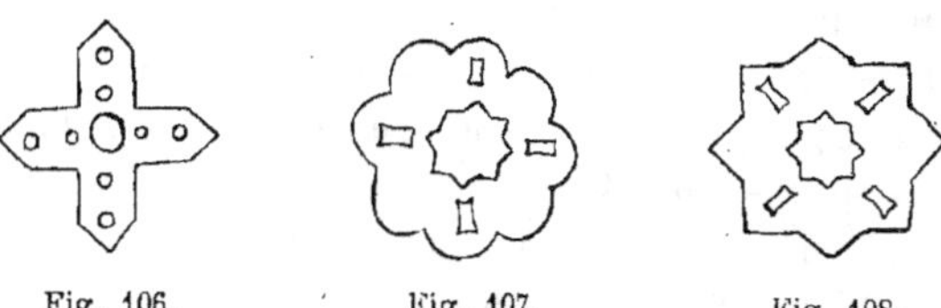

Fig. 106. Fig. 107. Fig. 108.

La face et le couvercle étant mis de côté, l'ouvrier trace au compas et à la règle les petits cercles marquant l'emplacement des réservoirs ou godets à encre, comme l'indiquent nos figures 103, 104, 105, 106 ;

2° La seconde série d'opérations comprend la fabrication des réservoirs à encre ou *j'ab* (de *ja'ba*). Ces godets ont la forme de tubes cylindriques ou striés, rayés à l'intérieur. Ils sont faits sur des moules ou calibres qui sont, ou des tubes de roseau de divers diamètres, ou des moules en terre cuite préparés par l'ouvrier lui-même pour son usage et d'une forme variable selon le goût de l'ouvrier (Voir la section droite de ces moules sur les figures 107, 108, par exemple).

L'ouvrier, ayant ses calibres à portée de la main, prépare une feuille d'argile de 5 à 7 $^{m}/^{m}$ d'épaisseur, comme pour les fonds, sur sa *qarṭa*, et avec un couteau il la partage en bandes d'un centimètre environ de largeur. Il prend chacune de ces bandes ou lanières (*sîr*) d'argile qu'il enroule en hélice autour du moule (roseau ou calibre en terre cuite) en appuyant avec ses doigts, de façon à faire prendre à son argile l'empreinte exacte du moule et pour que la lanière une fois enroulée forme un tube continu et d'une longueur supérieure à la longueur du godet à encre que l'on veut faire.

L'ouvrier, avec son couteau, coupe le tube d'argile, encore sur le moule, vers ses deux extrémités, de façon à faire une section perpendiculaire à l'axe de ce tube et à lui donner la longueur du godet qu'il veut obtenir.

Il retire alors lentement le tube d'argile en le faisant glisser par une poussée régulière et le dépose à côté de lui ; il continue ainsi pour les autres godets, de divers calibres quelquefois, d'un même encrier, en prenant le premier comme mesure étalon pour la longueur seulement ;

3° La pose des réservoirs à encre est très simple. Leur emplacement ayant été marqué sur le fond comme je l'ai dit plus haut, ils sont dressés verticalement à la place qui leur revient et, par une légère pression, l'ouvrier en assure l'adhérence par leur base.

La base ou face supérieure (*l'ûjâh*) est appliquée sur ces godets et fixée de la même façon que la base inférieure. Les ouvertures des godets sont découpées ensuite au moyen du canif ;

4° La pose des côtés ou *jnâb* de l'encrier qui doivent terminer la fermeture de cette sorte de caisse, de boîte qui enferme
les godets, est une opération assez délicate. Une feuille d'argile
de la même épaisseur que celle du fond, du dessus ou du
couvercle, est préparée. Dans cette feuille, à l'aide du couteau,
l'ouvrier découpe à la règle la pièce qui lui est nécessaire, mais
de façon à ce qu'elle soit d'un à deux centimètres plus haute
que la distance séparant les deux faces de l'encrier et plus
longue que la longueur de chacune de ces faces.

Supposons que l'encrier doive avoir quatre côtés verticaux.
Ces côtés semblables deux à deux, étant découpés, l'ouvrier,
pour en assurer la fixité et la solidité dans la construction
générale de l'objet, les colle solidement contre la tranche
externe des bases supérieure et inférieure, à l'aide d'une barbotine d'argile très fine et très fluide qu'il étale avec le doigt
sur la feuille d'argile à coller, aux endroits où cette feuille sera
en contact avec la tranche des bases. C'est cette barbotine,
appelée *mij*, qui assurera l'adhérence des parois verticales de
l'encrier contre le bord des deux fonds.

Pour que le contact se fasse exactement, l'ouvrier donne sur
la paroi qu'il vient de coller, à la hauteur de la tranche du fond
et sur tout le pourtour, de petits coups avec un tube de roseau.

L'excès d'argile de la partie de la cloison que l'on vient de
placer est enlevé avec le couteau ; en même temps, par ce découpage, l'ouvrier donne à cette paroi les dimensions désirées,
plus ou moins près de la base ou au ras de celle-ci ;

5° Le couvercle de l'encrier est de même forme et de mêmes
dimensions que les deux bases, inférieure et supérieure, mais
il est mobile naturellement et il faut une poignée pour le
prendre.

Cette poignée est constituée soit par un tube cylindrique
couché dans le sens de la plus grande longueur, au milieu du
couvercle, ou par un petit cylindre vertical, couronné alors

par une cloison circulaire un peu plus large et quelquefois percée de trous.

Le tube cylindrique couché, servant de poignée (fig. 109),

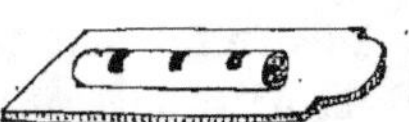
Fig. 109.

sert à mettre les plumes de roseau ; on l'appelle pour cette raison *ja'budèlqlûma* « tuyau pour les plumes ». Il est quelquefois ajouré comme dans la figure 109.

Quant à la poignée du couvercle qui est constituée par le second type (fig. 110), elle est utilisée parfois comme réservoir à poudre pour sécher l'écriture et on l'appelle, pour cette raison. *gobbàra*.

Naturellement le type de la poignée du couvercle s'inspire de la forme et des dimensions de celui-ci. Il en existe encore bien d'autres modèles que les deux indiqués ici à titre d'exemple ;

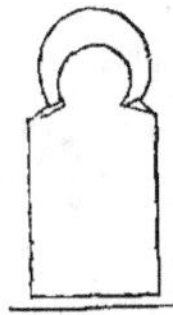
Fig. 110.

6° Les côtés de l'encrier, posés comme je l'ai dit, sont ensuite ajourés et décorés ; le tout à l'aide de la pointe du canif. Ces côtés ne sont pas toujours percés, ajourés ; parfois l'ouvrier se contente d'évider simplement la surface pour faire un défoncement resemblant à celui qu'on obtiendrait avec l'aide d'une matrice appliquée sur la surface.

Les principaux motifs des ouvertures ornementales, faites sur les côtés de l'encrier, laissant apercevoir les tubes des godets à encre, sont de simples fenêtres rondes, carrées ou rectangulaires appelées *särjem* (pl. *srâjem*) « fenêtres », ou des portes et fenêtres en ogive *qaûs*

Fig. 111.

(pl. *qwâs*) « arcature » ou *mihrâb* à cause de leur analogie avec les *mihrâb* des mosquées (fig. 111).

Des polygones étoilés inscrits dans des cercles constituent pour les parois de ces encriers le motif le plus fréquent de décoration à la pointe du couteau.

Les rayons des polygones sont marqués par des motifs rectilignes ou curvilignes qui ont, selon le cas, des noms particuliers :

La figure entière, circonférence et polygone inscrit, se nomme *tèffâḥa* « pomme ». Lorsque les rayons sont constitués par des ovales allongées en forme de noyau d'olive, la figure est dite *tèffâḥa dâ'dâm zîtûn* (fig. 112) ; si, au lieu d'ovales, ce sont des sortes de poires, on nomme la figure *tèffâḥa dèl ferṭa* (fig. 113) ; si ce sont des quadrilatères allongés à côtés égaux deux à deux (fig. 114), c'est une *tèffâḥa dèllûz*.

Fig. 112.   Fig. 113.   Fig. 114.

Des merlons *(šèrrâfât)* couronnent le pourtour de ces côtés de l'encrier. Ils sont découpés au couteau dans la partie de la paroi qui dépasse la cloison supérieure de l'encrier et ont des formes variables. Ce décor s'inspire évidemment des merlons couronnant les remparts marocains et que l'on retrouve dans la décoration d'autres pièces que les encriers et les objets de terre cuite. Ainsi, dans l'ensemble, la décoration des *jnâb* de l'encrier rappelle assez celle des murs d'une chambre revêtus de carreaux de faïence et couronnés de *cherrâfât* eux aussi ; elle rappelle également le *ḥâïṭî*, cette tenture marocaine en drap, en soie unie ou brochée d'or, dont on recouvre les murs des intérieurs.

On remarquera que dans le décor de ces encriers, comme dans la décoration de ce pays en général, la main protectrice représentée par cinq points (*ḥamsa*) par exemple (comme dans les figures 103, 104, 106, 107, 108), se rencontre assez souvent.

L'encrier ainsi préparé en poterie crue est passé en première cuisson au four, puis en seconde cuisson pour l'émail qui est toujours monochrome [1].

Fermons cette parenthèse sur le travail des encriers décorés et revenons aux coutumes et occupations ordinaires des faïenciers de Fès.

A) ORGANISATION DU TRAVAIL : SALAIRES ET ASSOCIATIONS

Naturellement, le nombre des opérations que doit subir la matière première pour devenir le produit fini, prêt pour la vente, étant plus considérable chez les *Ṭoḷḷâya* que chez tous les autres artisans de l'argile, il faut aussi y employer un plus grand nombre d'ouvriers que dans les autres ateliers de la terre cuite.

Récapitulons, en effet, les opérations que subit l'argile amenée dans la cour de l'atelier pour devenir le produit ouvré ; nous aurons :

1° Broyage de l'argile ou cassage, trempage dans l'eau de la fosse et ressuage ;

2° Transport de cette argile en pâte dans la chambre d'atelier (*ṭommân*) où on la laisse reposer pour la « pourriture » ;

3° Triple malaxage (*'ajna*) avec les pieds suivi du pétrissage (*teṭrâb*) avec les mains et de la mise en mottes (appelées *ṭôba* ou « balles ») ;

4° Tournage et tournassage ;

5° Transport des pièces façonnées dans la cour, pour séchage au soleil ou à l'ombre, et nouveau transport dans la chambre

---

(1) J'ai pourtant trouvé à Fès quelques rares encriers en faïence avec peinture polychrome sur émail blanc, et même avec des dessins estampés à la matrice. Mais il y a bien des années que cet usage paraît abandonné.

ou dans le hangar, en attendant qu'il y ait assez de pièces pour une fournée ;

6° Enfournement (*šḥîn*) des pièces crues ou *nëï* ;

7° Première cuisson ;

8° Défournement (*ḥrûj*) ;

9° Essuyage (*nfîḍ*) des pièces cuites (après la première cuisson) avec un chiffon de laine (*gädwâr*) pour enlever la poussière avant de les tremper dans le bain d'émaillage ;

10° Pose de l'émail stannifère et plombeux ;

11° Séchage ;

12° Peinture sur émail ;

13° Bain d'eau salée ;

14° Enfournement pour la seconde cuisson des pièces enduites d'émail [1] ;

15° Seconde cuisson ;

16° Second défournement.

Il n'y a pas d'ouvrier spécial pour chaque série des seize opérations mentionnées ci-devant, et le même ouvrier est employé souvent à plusieurs besognes.

Ainsi, le *reḍḍâḍ* concasse, fait détremper l'argile et la triture dans la fosse ou *zôḫa* ; il procède aussi au *ṭommân* [2] ; il reçoit pour le tout une pesseta un quart à deux pessetas (soit de 1 fr. à 1 fr. 60 de notre monnaie) par *zôḫa* comme pour le même travail chez les potiers. Selon les conditions, le *reḍḍâḍ* peut recevoir en supplément le prix du travail de *ṭommân* [soit en moyenne un *gèrš* (environ 0 fr. 20)].

-----

(1) Ces poteries ont des noms différents qu'il convient de rappeler ici selon qu'elles sont crues, cuites une première fois ou cuites après émaillage. La terre façonnée et crue est dite *en-nëï* ; après la première cuisson elle se nomme *ḥârcš* ; une fois trempée dans le bain de vernis, elle est dite *tšwît* ou *moṭlî* ; après la seconde cuisson on l'appelle *mẓâllâj*.

(2) Cette série d'opérations a déjà été décrite ci-devant pour les potiers, elle est la même et se fait dans les mêmes conditions chez les faïenciers.

Le *ṭoṛṛâb* était autrefois, comme les autres ouvriers qu'on va énumérer, payé à la *ṭriḥa*, mais aujourd'hui on ne compte plus guère ainsi et c'est le plus souvent à la journée que sont payés les ouvriers secondaires *deṛṛâb* et *ṭoṛṛâb*. Le salaire du *ṭoṛṛâb* est, comme on l'a dit pour les potiers, de deux à trois pessetas (1 fr. 60 à 2 fr. 40) par journée (la journée commençant toujours avant le lever du soleil pour finir au moment de la prière *d'el-'aṣer* (1)).

Le tournage et le tournassage des pièces sont faits par le *m'allem dèl mâ'wûn* ou *m'allem muwâ'ni* qui gagne un demi-ryâl (environ 2 francs) pour une *ṭriḥa*, c'est-à-dire pour le nombre de pièces que doit faire un bon ouvrier dans une journée de travail. Les termes employés pour ces opérations sont : pour le tournage, *ḫâdma*, « travail », pour le tournassage, *tesfiya* « finissage ».

La *ṭriḥa* étant le nombre d'objets en argile de telle ou telle catégorie qu'un bon ouvrier accompli peut façonner au tour en une journée de travail (c'est-à-dire la valeur d'une fournée), ce nombre, qui varie peu pour un même objet, est naturellement très variable selon chaque espèce de pièces d'après leur forme et leur grandeur.

Ainsi, on compte selon les dimensions : la *ṭriḥa* comme étant de *60* à *100* pièces pour les *ṣḥan* ou grands plats, très plats ; de *60* à *200*, pour les diverses dimensions de *ṭobṣil* ou plats un peu plus profonds ; de *80* à *160* pour les divers types de *moḥfiya* ou plats profonds, en forme d'entonnoir ; de *40* à *100* pour les *joḥḥâna* ou les *ḥâbya* (et encore pour ce dernier genre de vase, le travail est-il payé d'après conventions spéciales le plus souvent, et rarement à la *ṭriḥa*) ; pour les encriers simples et unis, *3 0*, etc....

____

(1) Le moment de la journée appelé *el-'aṣer* est exactement au milieu de l'espace de temps compris entre le midi solaire et le coucher du soleil.

La pose de l'émail et la peinture sur émail est le fait d'ouvriers spéciaux, *m'allem zuwwâq*, qui travaillent soit à la journée, soit d'après le travail fait. Le *m'allem zuwwâq* ne travaille guère que de neuf heures du matin jusqu'à l'heure de la prière *d'el-'açr* et gagne pour cela 2 à 3 1/2 pessetas, soit environ de 1 fr. 60 à 2 fr. 80. Cependant, un très bon *m'allem* réputé et appelé pour un travail urgent peut gagner jusqu'à 5 pessetas, soit 4 francs par journée de 6 à 8 heures.

Pour certains articles qui ne se font pas toute l'année, comme l'émaillage des tambourins dits *t'ârej* (pl. de *ta'rîja*) peintes en bleu (*brâya*) sur émail blanc, le *m'allem zuwwâq* reçoit un *ryâl* et demi (6 francs environ) par cent pièces [1].

Chaque atelier comprend encore au moins un apprenti ou commis, le *met'allem*, qui gagne selon son ancienneté et son activité, de 1 à 3 ryâl (4 à 12 francs) par mois. Comme dans les autres ateliers de terre cuite, le *met'allem* fait les commissions et transporte les pièces soit pour le séchage, soit pour les mettre à portée des ouvriers en travail ; *iferreq, iḥomm, iqarreb lèššḥin, iḥarrej, iqarreb lèlm'allmin*, comme on dit pour ces diverses opérations. ·

Tous les chiffres donnés ci-dessus ne sont naturellement qu'approximatifs ; ils varient légèrement selon les saisons, la cherté de la vie, la plus ou moins grande activité du travail et de la vente. Mais le malaise qui frappe depuis quelque temps beaucoup d'industries et qui est dû pour une part aux mauvaises récoltes consécutives, ainsi qu'aux troubles qui ont régné dans

---

[1] Quelquefois le salaire du *m'allem zuwwâq* est calculé d'après la quantité d'émail blanc formant le fond, employée pour les pièces qu'il décore. On sait que le blanc est obtenu par l'oxyde de plomb et d'étain (le *lfîf*) ou calcine. L'émailleur reçoit 16 ryâl (64 francs) pour la décoration des vases et objets ayant reçu un quintal *'aṭṭâri* d'émail blanc. Cet émail blanc représente la quantité nécessaire à un nombre de *triḥa* variant de 3 à 6, selon que les objets sont plus ou moins gros.

le pays durant les années d'avant le Protectorat et même au début de notre installation au Maroc, a atteint également et assez gravement les potiers. Les riches propriétaires qui faisaient jadis orner leurs maisons, dans les villes et les campagnes marocaines, avec des faïences vernissées, qui couvraient les murs des chambres avec des plats et de belles faïences polychromes d'une riche décoration, ne font plus de tels achats. Aussi bien les ateliers des *Ṭoḷḷâya* sont-ils peu actifs en ce moment et leur nombre a une tendance à diminuer. J'ai dû moi-même aider quelques ouvriers *ṭoḷḷâya* (des *m'allem zuwwâq* même), à chercher dans les petits emplois de l'administration (chaouch ou *moḫâzni*) un salaire que leur métier ne leur donnait plus, ou qui était pour eux trop aléatoire.

J'ai dit que chez les *zâllâijîya* il n'existait pas d'associations entre patrons et ouvriers. Il en existe chez les *Ṭoḷḷâya*. Ces associations n'ont jamais lieu entre patron et ouvrier *reḍḍâd* ou *ṭoṛṛâb* qui reçoivent toujours un salaire dans les conditions indiquées ci-devant. Mais elles existent entre patron et *m'allem zuwwâq* ou *m'allem mwâ'ni*. En voici les deux principaux types :

Un patron d'atelier est lui même généralement *m'allem* soit *mwâ'ni*, soit *zuwwâq*.

Premier cas. — Un patron d'atelier fait lui-même le moulage des pièces au tour, paie de sa poche le loyer de l'atelier, l'argile employée, fournit tous les outils et les matières premières nécessaires ; il paie par moitié avec le *m'allem zuwwâq*, son associé, les autres ouvriers (*deṛṛâb*, *ṭoṛṛâb*, *mt'allem*).

Le *zuwwâq* associé fournit son travail, c'est-à-dire décore les pièces. Celles-ci étant vendues, le patron commence par prélever sur le prix de vente réalisé ce qu'il a déboursé pour le chauffage du four (*ḥarq*) et pour l'*iqâma*, c'est-à-dire pour les émaux et vernis ; ce qui reste est partagé entre les deux associés de la façon suivante : le patron prend pour sa part

60 pour 100 et le reste, soit 40 pour 100, revient à l'ouvrier émailleur.

Second cas. — Le patron d'atelier étant *m'allem zuwwâq*, s'il prend comme associé un *m'allem muwâ'ni* dans les mêmes conditions que précédemment, sur le bénéfice restant de la vente après prélèvement des mêmes avances que ci-devant, le patron prend pour sa part 75 pour 100 et ne laisse à son associé que 25 pour cent.

Ceci montre que, dans l'esprit des *Ţoļļâya*, le décorateur-émailleur a droit à un salaire plus élevé que l'ouvrier tourneur pour le tournage et le tournassage, ce qui se conçoit très bien, ces dernières opérations ensemble étant bien plus rapides que la peinture, la décoration des mêmes objets.

B) Le travail d'atelier

I. — Tournage et Tournassage

Cette opération est la même que celle que j'ai exposée en détail au sujet des potiers. L'argile seule diffère ; mais les préparations antérieures, avant le travail sur le tour, sont identiques. Ici comme chez les potiers, il convient de laisser « pourrir » l'argile, après trituration dans la fosse, dans un coin de l'atelier, de l'y laisser « refroidir » (*brèd*), comme disent les potiers, avant de l'employer. Le malaxage de l'argile avec les pieds, puis le pétrissage avec les mains et la formation des *ţôḅâ* ou « balles » est identique. Le tour et les outils de travail sont les mêmes.

Les objets fabriqués ici sont pourtant très différents comme forme et comme dimensions. Même pour ceux des objets des *ţoļļâya* qui ont de l'analogie de forme avec ceux des *ḥaṛṛâša*, il y a de notables différences de dimensions, comme par exemple pour les diverses *ḥâbya* des faïenciers qui sont beaucoup plus petites que celles des potiers ; il en est de même pour les plats.

Je me bornerai donc à donner quelques indications sur le tournage et le tournassage des principales pièces, sans entrer dans le détail du travail qui a été exposé pour les potiers, sauf cependant pour quelques pièces qui sont ici de vieille tradition chez les faïenciers et qui n'ont pas été décrites à propos du façonnage des pots ou n'ont pas leur similaire chez les potiers.

Le *Ġoṭâṛ* (pl. *ġoṭṛân*), comme je l'ai dit, est un terme sous lequel les faïenciers comprennent tous les plats, de forme variable, qu'ils font. Les principaux de ces plats sont : les *ṣḥan* (pl. *ṣḥûna*), sorte de plat très plat reposant sur un pied circulaire (fig. 115) ; il y en a de trois grandeurs différentes

<table>
<tr><td>Fig. 115.</td><td>Fig. 116.</td></tr>
<tr><td>Coupe d'un ṣḥan.</td><td>Coupe d'un ṭobṣil.</td></tr>
</table>

et le *ṣḥan* de chaque catégorie est appelé *kbîr* (grand), *wusṭi* (moyen), *sġîr* (petit) et l'on compte, par catégorie, 60, 80 et 100 pièces à la *ṭriḥa*.

Ce premier plat est à rebords minces et très bas.

Le *ṭobṣil* ou « assiette » ne diffère du précédent que parce qu'il est à rebords plats (fig. 116). Aux trois types de grandeur différente indiqués pour le *ṣḥan*, il faut en ajouter un quatrième pour le *ṭobṣil*, plus petit que les autres, le *šbîri* « d'un petit empan » dont on compte 200 à la *ṭriḥa* ce qui rapporte à l'ouvrier travaillant au tour un 1/2 ryâl (soit 2 francs).

Puis vient la série des plats un peu plus profonds qui ont trois noms distincts selon la forme de leurs rebords : la *jâfna* (*ât*) à bords minces et droits, la *ġṣi'a* (*ât*) à bords plats terminés sur leur pourtour externe par un bourrelet dit *ḥabba*, la *meqlûḥa* (*ât* ou *mqâleb*) à bords arrondis et retournés vers le bas. Ces plats se font dans une grande variété de dimensions et on les désigne par des noms différents dans chaque variété : *dlèmya* « de cent (à la *ṭrîḥa*) » est le plus petit de tous; *šäbriya* (d'un empan de diamètre), *râb'a*, *tâlta* « 4ᵉ et 3ᵉ espèces » ; *lwustiya* (moyenne) *kbîra* (grande). La figure 117 donne en coupe la forme de ces trois types de plats.

La *moḥfiya* (pl. *mḥâfi*) ou plat en forme d'entonnoir est également à pied circulaire et se fait dans trois dimensions (fig. 118).

Pour faire ces divers plats sur le tour-à-potier, l'ouvrier procède comme nous l'avons dit précédemment ; il place une *ṭôba* d'argile sur la girelle

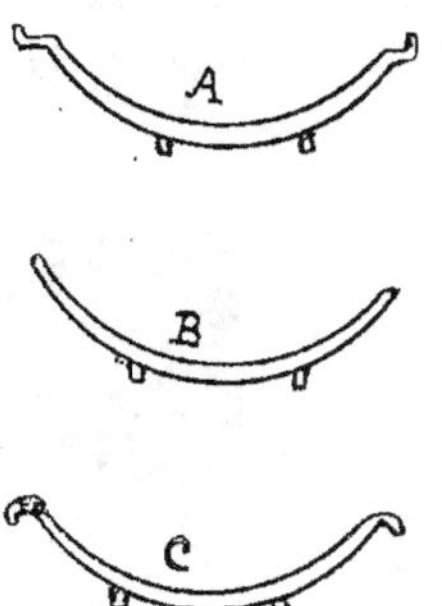

Fig. 117. — Coupe de plats.

A. *qṣîɛa*.

B. *jâfna*. - C. *meqlûba*.

de son tour, met le tour en mouvement et, avec ses mains humides, donne à la motte d'argile la forme du vase à faire.

Fig. 118. — *Moḥfiya*.

Ayant ébauché le travail à la main, il arrondi régulièrement l'intérieur du plat, dans sa partie centrale (*wust* ou *fèls*) ou sur les flancs internes (*ḥâïṭ* ou *solèr*) à l'aide d'un tesson de pot de forme arrondie appelé *šqaf* (pl. *šqûfa*). Il finit les rebords ou lèvres *šârcb* (pl. *šwârcb*) à l'aide du petit morceau de cuir mouillé (*bornâṭa*). Il coupe ensuite avec un fil la motte d'argile, pour détacher la pièce, un peu au-dessous de la courbure du ventre, de façon à laisser de l'argile pour le pied du plat. La pièce ainsi préparée est déposée par le *mt'allcm* soit dans la cour, soit dans le *sqîf*, pour séchage partiel à l'ombre pendant une moyenne de 15 à 20 heures.

La figure 119 nous montre des *met'allmîn* transportant des plats dans la chambre du séchage.

La pièce est reprise ensuite pour le tournassage à l'aide de la *ḥadîda dètsefya*, dont on a parlé à propos des potiers. L'opération est la même que celle que j'ai décrite ci-devant

Fig. 119.

Apprentis transportant des plats après « tournage »
pour séchage en attendant le « tournassage ».

pour les potiers. Il reste seulement à percer sur le cercle de pourtour du pied deux trous pour le passage de la ficelle servant à accrocher ces plats au mur. Cette opération se fait avec un petit bâtonnet cylindrique que l'ouvrier enfonce de dehors en dedans dans l'argile du pied.

Tous ces travaux se font sans ou presque sans se servir de mesure. L'ouvrier a une telle habitude, une telle sûreté de main, qu'il fait toute une série de plats de même nature, absolument identiques les uns aux autres. C'est à peine s'il a besoin, soit

avec la main ouverte (pour les petites assiettes d'un empan),
soit avec une baguette de la longueur voulue (*qyâs*), de mesurer
le diamètre du plat qu'il fait pour une série donnée. Mais
naturellement dans son travail il opère par série de même
espèce ; ainsi il fera une *triḥa*, ou plusieurs consécutives, d'une
seule espèce de plats du même type, par exemple de *ṭobsil wûsṭi*.

De la même façon se fabrique la série des
vases et récipients de forme et de destination
variées, tels que :

a) Les *joḥḥâna* (pl. *jḥâḥen*) qui sont des
pots trapus sur un large pied très bas
(fig. 120) ; ils n'ont que quatre modèles
distincts selon leurs dimensions (*kbîra,
wûsṭîya, ṣġîra, llîtaḥt mènhâ*). Ces vases ont
toujours un couvercle (*goṭa dèjjoḥḥâna*) du
type indiqué dans la figure 120 [1]. La *joḥḥâna*
comporte trois parties : le pied (*qâ'*), le ventre (*kèrš*), les bords de l'ouverture (*šâreb*).
Le couvercle en comporte quatre : les
rebords de la rainure (*läšfär*) dans laquelle

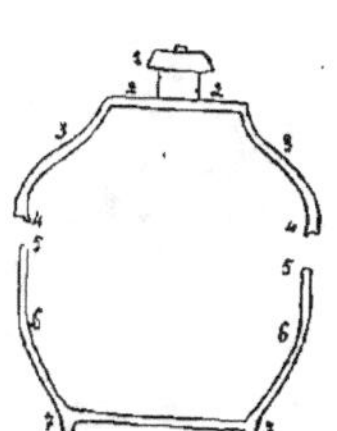

Fig. 120.

Coupe d'une *joḥḥâna*

1. *fèlka* ; 2. *staḥ* ;
3. *sder* ; 4. *šfâr* ;
5. *šâreb* ;
6. *kèrš* ; 7. *qâ'*.

s'emboîte le rebord du vase, la courbure ou *sder*, surmontée
d'un plan circulaire appelé *staḥ* (terrasse), au milieu duquel
se dresse une tige supportant un bouton en guise de poignée.
Ce bouton est de trois types distincts portant chacun un nom
spécial : la *fèlka* (pl. *flâki*) est une rondelle plate qui porte le
même nom que celle du fuseau à filer la laine parce qu'elle a la
même forme ; la *ṭûma* « ail » (pl. *ṭûmât*), qui rappelle plus ou
moins vaguement la tête d'ail ; le *jâmûr* (pl. *jwâmer*), qui est

---

(1) En Espagne, les faïenciers décorateurs font des vases de ce type
et de cette forme qu'ils décorent de bandes circulaires unies et parallèles
au cercle d'ouverture. Les bandes de couleur uniforme pour chacune
d'elles sont de plusieurs couleurs sur un même vase. Ce genre de décor
par bandes unies ne se fait pas à Fès.

aussi le nom donné aux boules de cuivre supportées par une
tige de fer plantée verticalement au-dessus des minarets des
mosquées, ou des tentes en toile appelées *ḫozâna*, désigne
ici un bouton sphérique.

. Les couvercles de ces *joḫḫâna* sont faits à part, et comme ils
n'ont pas tous exactement la même ouverture puisqu'ils sont

faits sans mesure exacte, l'ouvrier les place,
après les avoir essayés, sur les *joḫḫâna* pour
lesquelles ils ont été faits.

Il y a cependant un autre type de pot à couvercle, la *jḫêḫna* (petite *joḫḫâna*) qui est dite

Fig. 121.

mèḫdûma moṭṭaṣla lḡoṭatha, « fabriquée adhérant
à son couvercle » parce qu'ici le couvercle n'est
détaché du vase qu'après façonnage au tour de l'ensemble du
vase avec son couvercle. Celui-ci est détaché par découpage au
couteau selon une dentelure telle, que des dents
du couvercle s'emboîtent exactement dans les
interstices des dents du vase et réciproquement
(fig. 121). Comme ce vase est de volume moindre
que les *joḫḫâna* ordinaire, on le nomme petite
joḫḫâna, c'est-à-dire *jḫêḫna*.

b) Les *ḫâbya* (pl. *ḫwâbi*) qui sont de trois
dimensions différentes sur le même modèle
(fig. 122), ainsi que la série des *ḫwîbya* (pl. *ât*)
qui sont de trois grandeurs, mais toutes plus
petites que la plus petite grandeur des *ḫâbya*.

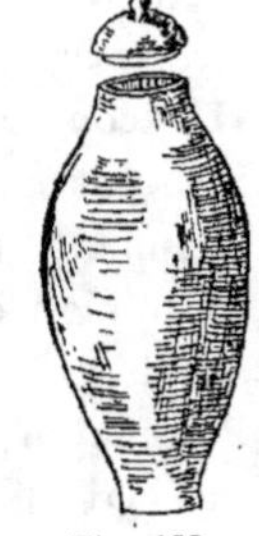

Fig. 122.
La *ḫâbya.*

c) Les *zlâfa*, pl. *zlâîf* (fig. 123), sont de profondes cuvettes comme des saladiers, elles sont plus ou moins
grandes. presque sans pied et ressemblant au *ṭarbûš* (pl. *ṭrâbeš*)
qui n'en diffère que par son pied un peu plus élevé (1). Ces

---

(1) Dans la figure 123, la pièce de gauche en haut et celle de droite en
bas sont des *zlâfa* ; celles de gauche en bas est un *ṭarbûš*, celle du milieu
en bas est une *joḫḫâna*.

vases qui servent à divers usages, mais sont surtout employés pour boire ou recevoir des liquides, ont des similaires parmi les produits de terre cuite comme la *zlâfa nṣâṣiya* ; celle-ci ne diffère des précédentes qu'en ce qu'elle a un pied comme le *ṭaṛbûš*, mais elle se distingue de ce vase par ce fait qu'au

Fig. 123.

Groupes d'anciennes faïences de Fès peintes sur émail.

(Photo Larbe)

lieu d'être émaillée d'une manière régulière sur toute sa surface externe comme le *ṭaṛbûš*, elle est toujours émaillée en deux couleurs (vert et blanc) unies et sans peinture. La zone verte et la zone blanche occupent chacune l'une des deux moitiés extérieures du vase partagé par la trace imaginaire d'un plan vertical passant par un diamètre du cercle d'ouverture du vase.

d) Les *'ānina* (pl. *āt*) qui sont des bols à bords droits achetés à Fès par les Sahariens uniquement, notamment par les gens du *Tâfilelt* (fig. 124). Les *tâjdārt* ou *rômiya* qui sont des soupières utilisées à Fès pour servir le potage à plusieurs personnes ou à des invités. Ces soupières, comme les autres vases, se décorent en peinture sur émail (fig. 125).

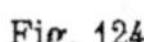

Fig. 124.   Fig. 125.

e) Les *gôṛṛàf* (pl. *gṛàṛof*) sont des pots à eau pour boire ; il y en a de deux types, selon que les bords sont droits [*šâreb uaqef*] (fig. 126) ou évasés [*šâreb mšännef*] (fig. 127) ; chacun de ces vases a une anse [*meqbaṭ*] qui permet de le saisir.

f) Les encriers simples sont de petites bouteilles toutes du même type (fig. 128) et de la même capacité. Les encriers

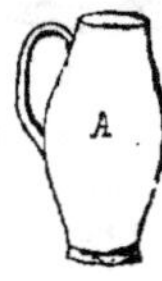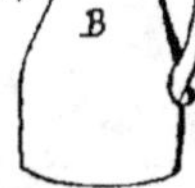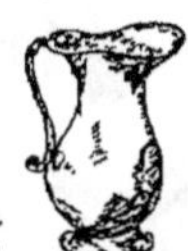

Fig. 126.   Fig. 127.   Fig. 128.

(*dwâiya*, pl. *āt*) se font à raison de 300 à la *triḥa*. J'ai parlé ci-devant des encriers décorés d'un type tout différent de ceux-ci.

ĝ) Où l'ouvrier potier manifeste sa fantaisie, c'est lorsque, sortant des objets de fabrication traditionnelle comme ceux qu'on vient d'examiner, il confectionne des flacons, des bouteilles qui servent plutôt à orner les appartements qu'à recevoir de l'eau et à être utilisés dans les usages domestiques.

Selon leur forme, ces objets recoivent des noms divers ; il y a :
les *bôṭa* (pl. *ât*) dont les types les plus fréquents sont donnés
par la figure 129 ; c'est un flacon sans
anse [1]. Les *berrâda, farrúj (frârej)*
rekwa (rkâwi), qar'a (qra'i), dâmlij
(pl. *dmâlij*), *gern (grûn)* ou poire
à poudre, dont la figure 130 donne
un ensemble des principaux types.

Fig. 129.

Principaux types de *bôṭa*.

1. *mkawûra ;*
2. *mrebb'a* ; 3. *bjûj dêlkrîšât,*

Mais ces vases, ces flacons, sont
des fantaisies, non des objets d'un
usage commun et les faïenciers
n'en font que très peu ; ils n'y
travaillent guère d'une façon régulière et suivie, mais bien
plutôt en dehors de leurs travaux ordinaires et comme par

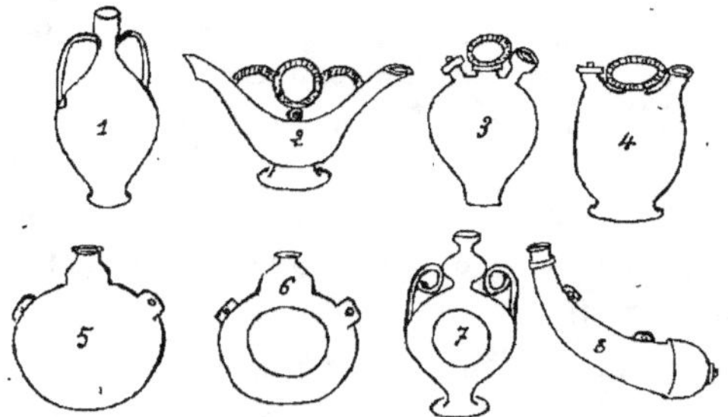

Fig. 130. — Pièces de faïence émaillée.

1. *barrâda ;* 2. *farrúj* ; 3. *rekwa mkowûra ;*
4. *rekwa mestûba ;* 5. *qar'a ;*
6. *dâmlîj* ; 7. *dâmlîj bêlqâ'* ; 8. *gern.*

---

[1] Les faïenciers de Fès ne font plus aujourd'hui de ces flacons, d'une
forme très ancienne, appelés *motrob*, qui sont de hautes bouteilles, à la
panse et au col cylindriques, avec un petit bouton en forme de chapeau
conique servant de couvercle.

La photographie (fig. 123) ci-devant en donne un spécimen, au milieu
de la rangée supérieure.

14

distraction. Il n'en est pas de même des objets tels que les *qandîl* ou quinquets fabriqués en grande quantité pour les campagnes et même encore pour quelques familles de la ville. Tous les faïenciers en font, mais surtout à la fin de l'été ; lorsque les grandes nuits d'hiver approchent, cela devient presque le seul travail de certains ateliers. Aussi vais-je donner ici quelques détails sur cette fabrication.

h) Le *qandîl* (pl. *qnâdel*) est le vieux quinquet à l'huile. Il comporte essentiellement quatre pièces : le quinquet proprement ment dit (*râs*) « tête », dans lequel se trouve l'huile et la mèche, supporté par un pied plus ou moins long (*'emûd*) fixé au milieu d'un large godet (*shâfa*) à bords plus ou moins hauts et à fond plat sur lequel repose tout l'ensemble. Une anse sert à saisir le quinquet.

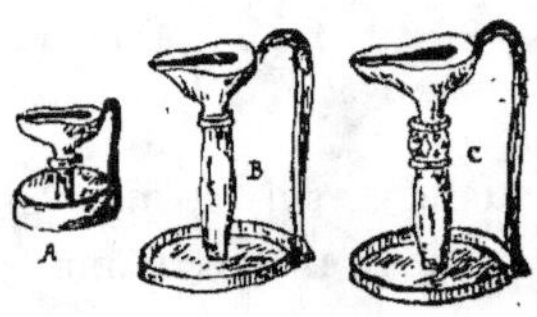

Fig. 131.

Les trois types de quinquet.

A. *bû shîfa ;*

B. *bû 'oqîda ;* C. *bû teffâḥa.*

Les potiers de Fès font actuellement trois types de quinquets qui portent les noms de : *bû shîfa, bû 'oqîda* [1] et *bû teffâḥa* [2] (fig. 131). Tous sont émaillés en vert.

Pour faire un *bû shîfa*, le *m'allem mwâ'ni* ayant posé une motte d'argile sur son tour, commence par tourner la tête (*râs*)

---

(1) Le *bû 'oqîda* est de deux types : l'un plus petit, appelé *znîbrî*, de 21cm de hauteur au point culminant de l'anse et de 19cm au sommet du godet supérieur ; l'autre, de deux doigts plus haut, est le *bû 'oqîda* proprement dit.

(2) De deux modèles également : l'un plus petit ou *bû tfîfḥà* de même hauteur que le *bû 'oqîda* et l'autre *bû teffaha* de deux doigts plus haut. La forme et le décor sont les mêmes.

Quand au *bû shîfa* il est le plus petit, le plus bas de tous, puisqu'il n'a que 10cm 1/2 au sommet de l'anse et 9cm 1/2 au sommet du godet supérieur.

du *qandîl* en forme de godet circulaire, puis le support *'emûd* sous ce godet. Tout en le tournant, l'ouvrier fait un petit bourrelet circulaire en couronne vers le haut du support. Il moule ensuite le godet plus large de la base, qui est ici d'un diamètre plus petit et plus profond que dans les autres *qandîl*, de là sa désignation par le diminutif *shifa* « petite écuelle » qui donne son nom à l'objet tout entier (*bû shifa*). Les bords de ce godet sont plus hauts que ceux des godets des autres *qandîl*. C'est dans ce godet qu'on dépose les mouchettes et les débris de mèche.

L'ouvrier ayant fait le godet supérieur, le support, le godet inférieur, qui sont les parties essentielles de l'objet, se met en mesure de le détacher de la motte d'argile. Dans ce but il amincit avec les mains cette motte immédiatement au-dessous de la *shifa* et coupe la partie adhérente d'argile avec un fil (*qannba*) selon un plan horizontal.

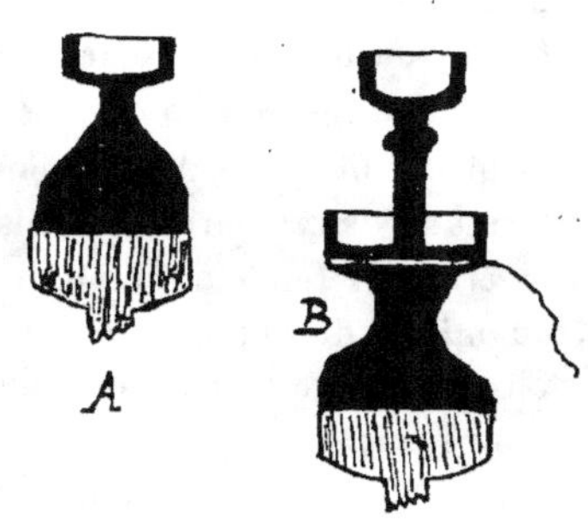

Fig. 132.

Tournage du quinquet dit *bû shifa*.

Ces opérations sont indiquées par la figure 132, *A* et *B*. Sans séparer encore la pièce de la motte d'argile qui l'a fournie, il donne au godet supérieur la forme définitive de bec de quinquet. Pour cela, de ses deux mains, entre le pouce et l'index de chacune d'elles, il comprime le cercle de pourtour du godet supérieur de façon à en faire une ellipse. Puis entre le pouce et l'index de la main gauche, il comprime et rétrécit la moitié de gauche de cette ellipse pour n'en faire qu'un canal étroit à sa partie supérieure. Ce canal prolonge l'autre moitié de l'ellipse qu'il aplatit encore, mais dans le sens diamétralement opposé, et en rabattant la partie supérieure vers le canal, avec l'index de sa main droite [1]. Il polit et arrondit le dessous de son godet pour former la cuvette à huile du quinquet. Ensuite, passant délicatement deux de ses doigts de part et d'autre du support, juste au-dessous du godet à huile de son quinquet, il enlève tout l'objet en le soulevant doucement et le dépose à terre à côté de lui, où un aide vient l'enlever pour l'emporter sécher.

Après un léger séchage d'une journée environ, l'ouvrier place les anses de ces *qandîl* de la même façon que pour les *bû 'oqîda* dont on va parler maintenant.

Le façonnage du *bû 'oqîda* est de tous points identique à celui du *bû shîfa*. Au-dessous de la double saillie du support, formant deux couronnes voisines et en relief, ce support est légèrement renflé en son milieu. La cuvette inférieure ou *shâfa* au milieu de laquelle repose le support (*'emûd*) est beaucoup plus large que dans le modèle précédent, mais ses rebords sont moins hauts.

La pièce terminée et détachée comme précédemment de la motte d'argile à l'aide de la *qannba*, l'ouvrier la saisit toujours entre l'index et le majeur sous le *râs* et la dépose à côté de lui pour le séchage provisoire. Il arrive parfois, l'argile étant trop molle, que le support, assez long dans ce type de *qandîl*, s'infléchit et risquerait de se briser si on ne le soutenait. L'ouvrier le maintient verticalement au moyen d'un gros brin de paille ou d'un léger bâtonnet qui s'appuie sous le *râs* d'une part et contre le rebord du godet inférieur d'autre part.

Voici maintenant comment, après séchage de 24 heures environ, le *m'allem mwâ'nî* adapte l'anse à ce *qandîl*. Il fabri-

---

(1) L'ouvrier régularise l'ouverture supérieure et étroite du quinquet, avant la première mise au four de la pièce ; après séchage presque complet, il racle les deux côtés de cette rainure (par laquelle on introduira la mèche), à l'aide de la lame d'un couteau *(jânmî)*. Cette opération qui précède la mise au four en première cuisson, se nomme *èl-flîh*, parce que l'ouvrier « ouvre » *(flâh)* la rainure.

que avec de l'argile préparée une série de boudins cylindriques.
rangés les uns sur les autres sur une planche. Chacun de ces
boudins a 2^{cm} 1/2 à 3^{cm} de diamètre et une longueur à peine
supérieure à celle de l'anse. Ayant déposé à côté de lui ces
boudins, un vase d'eau et les *qandîl* à terminer, il saisit l'un

Fig. 133.

Pose des anses du quinquet du *bû 'oqîda.*

(Photo A. Bel)

de ceux-ci, le dépose devant lui, mouille avec les doigts la partie
large du *râṣ* à l'endroit où il va coller l'un des bouts de l'anse,
puis tenant son boudin de la main gauche, allongé sur la main
ouverte dans la direction du bras, de façon que le bout à coller
soit sur l'extrémité de ses doigts, il applique cette extrémité du
boudin sur le *râṣ* à l'endroit voulu et l'y écrase en pressant de
bas en haut (fig. 133), puis il recourbe l'anse qui vient se souder
par son autre extrémité contre le rebord extérieur du godet
inférieur, à l'endroit voulu et dans un plan passant par le
support. La partie du boudin qui se trouve en excédant est

enlevée avec les doigts. Enfin, avec ses doigts mouillés l'ouvrier nivelle la prise d'anse sur le *ŗâṣ*, tandis que sur le godet du bas, après avoir assuré l'adhérence de l'anse à ce godet, il pince le bas de l'anse entre deux doigts, pour faire un bec en saillie.

Le *bû tèffâḥa* se fait comme le *bû ʿoqîda*, à cette différence près que les deux couronnes en saillie sont distantes l'une de l'autre de trois à quatre centimètres ; elles comprennent entre elles un renflement gravé, à la pointe de roseau, de rainures en forme de minces folioles, c'est la pomme (*tèffaḥa*), qui donne son nom au *qandîl* de ce type (fig. 131, C).

On compte à la *ṭrîḥa* une centaine de *qandîl* de ce type et du type dit *bû ʿoqîda* et cent dix du type *bû šîfa*.

i) J'ai dit que les tambourins en terre cuite, dits *taʿrîja* (pl. *tʿârej*), se faisaient surtout à l'approche de la fête de *ʿašûra*. C'est qu'à l'occasion de cette fête, les parents font don de ces tambourins à leurs enfants. C'est une coutume générale à Fès que de donner entre autres jouets des *tʿârej* aux enfants pour *ʿašûra* et c'est par milliers que se vendent ces tambourins à cette occasion.

Les *ṭollâya* sont les seuls à émailler les *tʿârej*, mais ils ne sont pas les seuls à les façonner. Les potiers, ou *ḥaŗŗâša*, en fabriquent peut-être plus qu'eux et les leur vendent après la première cuisson ainsi que je l'ai dit ci-devant ; les *ṭollâya* dans ce cas n'ont qu'à les émailler et à les décorer de peinture sur émail. Aussi bien les *tʿârej* sont-ils fabriqués soit avec de l'argile gris-bleue, soit avec de l'argile jaunâtre. Que l'objet soit façonné au tour par un *ṭollâï* ou par un *ḥaŗŗâš*, la manière de faire est la même.

Le *mʿallem mwâʿnî* fabrique sur son tour : d'une part, une série de *ṭâŗa* (c'est-à-dire moitié du tube de poterie qui doit recevoir la peau tendue) qu'il laisse sécher avant de monter le reste de la pièce, d'autre part il a confectionné également sur son tour la série correspondante des autres moitiés des *tʿârej* (cette seconde moitié est appelé *el-'onq*) et les a laissé sécher un peu pour leur donner plus de solidité.

La *ṭâra* en premier façonnage ressemble assez à un petit pot de fleurs de jardinier, en forme de tronc de cône, dont la petite base est fermée et percée d'un trou central, la grande base étant ouverte.

Pour réunir *ṭâra* et *'onq* et monter ainsi la *ta'rija*, l'ouvrier met sur son tour une motte d'argile à laquelle il donne la forme voulue à son sommet pour recevoir exactement la *ṭâra* ; il saupoudre de cendre ce support d'argile pour faciliter le décollement des pièces qui vont se succéder sur le tour. Cela fait, il applique sur le support d'argile successivement chaque *ṭâra* sur laquelle il va monter le *'onq* correspondant, dans la position indiquée par la figure 134.

Fig. 134.

Schème du montage de la *ta'rija*.

La *ṭâra* ébauchée étant dans cette position, avec la pointe de roseau l'ouvrier coupe le fond circulaire *a b* (fig. 134) et l'enlève ; pose son aiguille de roseau, et avec les doigts humides il amincit et régularise les bords circulaires de cette petite base de la *ṭâra* suivant *a b* ; puis il prend à côté de lui un *'onq* préparé d'avance comme je viens de l'indiquer, il l'applique sur les bords de la *ṭâra* qu'il vient de polir et l'y fixe avec ses mains humides en appuyant en dehors et en dedans, tandis que le tour est en mouvement. Il finit la pièce ainsi montée en lui donnant le poli et la forme définitive (fig. 2 ci-devant, comme pour une pièce quelconque et la dépose sur un *ṭbaq* de bois qu'enlève l'aide lorsque le *ṭbaq* est garni [1]. Il n'y a plus qu'à la laisser

---

(1) La figure 2 donnée ci-devant, p. 19, représente un ouvrier faïencier finissant le tournassage des *ta'rija* ; il a à sa droite les *'onq*, à sa gauche les *ṭâra* et devant lui les pièces achevées.

sécher et à mettre au four ensuite. On a ainsi le tube d'argile de la *ta'rîja*, formé par la réunion du tube à peu près cylindrique de la partie qui doit rester ouverte (ou *'onq*)

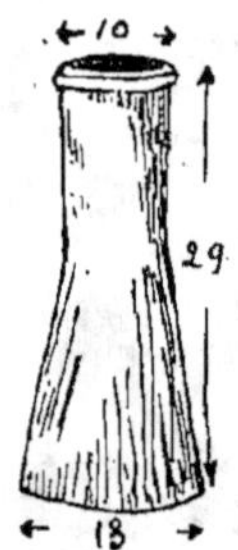

Fig. 135.

Dimensions de la *ta'rîja*.

et du tube en tronc de cône de la partie appelée *tâṛa* dont la grande base doit recevoir la peau tendue qui fait de cette pièce un instrument de musique très répandu à Fès dans tous les milieux ; c'est l'instrument d'accompagnement des chanteuses appelées *šîḫât*.

La *ta'rîja* de dimensions moyennes mesure 29^{cm} de hauteur, 10^{cm} au diamètre de la petite base et 13^{cm} à celui de la grande (fig. 135). Mais il y a un modèle beaucoup plus grand que l'on fait à Fès, également en poterie, qui prend le nom de *'aṛṛâsî* (pl. *'aṛṛâsiyîn*) et que les arabes bédouins nomment *gwâl 'aṛṛâsî*. Cet instrument de musique, de même forme et de même fabrication que la *ta'rîja*, mesure 41^{cm} de hauteur, 13^{cm} au diamètre de la petite base et 18^{cm} au diamètre de la grande.

j) Citons encore dans cette catégorie de petits objets d'un rare débit, le vase porte-bouquet dit *mešmûm* qui se fait sur un seul modèle et d'une seule grandeur (fig. 136). Pour le faire au tour, l'ouvrier fabrique séparément le col (*šâreb*, pl. *swâreb*) et le ventre (*gèrrûj*), d'une part, et le pied (*el-'onq*) d'autre part. Du premier coup il donne à la panse et au col leur forme définitive, il les polit avec le dos de sa *qaṣba* (*l'âwut*) puis avec sa *boṛnâṭa* (*ibornet*) ; il détache la pièce de la

Fig. 136.

balle d'argile du tour en la coupant avec la ficelle et la laisse sécher un peu. Le pied (*'onq*) est ajusté ensuite sur la panse renversée sur une motte d'argile placée sur le tour. On dit

de l'ouvrier qui ajuste le pied du *mešmûm* sur la panse:
t'annaq (infinitif: *ta'nâq*). Les anses sont placées de la façon
décrite précédemment.

Une *triḥa* de ces porte-bouquets en compte cent, mais il est
bien rare que l'on compte par *triḥa* pour ces objets qui se font
en petit nombre et pour ainsi dire par occasion.
presque à temps perdu. Les faïenciers de Fès
fabriquent encore, non pour les Fâsis qui ne s'en
servent pas, mais pour les ruraux, les récipients
suivants :

Fig. 137.

beṭṭa dèzzit

k) La *beṭṭa dézzit* ou flacon pour l'huile qu'a-
chètent surtout les Marocains du Tâfilâlet. C'est
une amphore à large goulot et dont la panse
ou *gèrrâʃ* est ovoïdale et rayée à la surface, dans
le sens de la hauteur, de côtes séparées par des
rainures profondes faites sur le tour au moyen de la *ḥudîda*
dèlṣefya. (Ces raies se nomment les *ḥṭûṭ délbeṭṭa*). Il y en a de
deux grandeurs : la plus grande ou *kbîra* mesure 9^{cm} intérieurement, à l'ouverture du goulot, qui porte un bec pour verser,
.23^{cm} de hauteur totale extérieurement ; la petite ou *ṣġîra* pour
les mêmes dimensions donne les chiffres de 7^{cm} 5 et 19^{cm}.
L'ouverture ou goulot en forme d'entonnoir se nomme *maḥgen* ;
au-dessous se trouve une petite anse s'appuyant sur lui et
sur le col très court (*'onq*). Ce col comporte à sa base une large
bande de décor en *ḥâtem*, fait comme on l'a dit au décor des
poteries et cette bande de décor en *ḥâtem* est elle-même
partagée en deux par un bourrelet formant ruban en relief à 9^{cm}
au-dessous du rebord du goulot, comme l'indique la figure 137.
Et la base inférieure de l'anse s'appuie juste au-dessus de ce
bourrelet appelé *ḥarz* ou *ḥozâm*. Enfin, au-dessous de la panse
se trouve le fond ou pied (*qâ'*) qui ne comporte pas de côtes.
Ces sortes de vases sont émaillés en vert foncé;

l) La *ṣennûna* (pl. *ât*) est un récipient émaillé en vert également et dont la forme est donnée par la figure 138. Bien que sa forme soit très différente de celle du vase précédent,

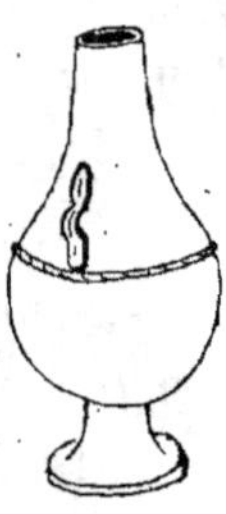
Fig. 138.
Ṣennûna.

ses diverses parties portent les mêmes noms. Il n'y a qu'un format de ces vases et la hauteur totale est de 39^{cm} y compris le pied, l'ouverture du goulot est de 8^{cm}, un bourrelet circulaire sur la panse, à peu près au milieu de la hauteur totale du vase, forme ceinture (*ḥozâm*). Une petite anse très aplatie est placée au-dessus du bourrelet et se trouve prolongée de part et d'autres par deux saillies de même longueur que l'anse elle-même, de telle sorte que l'ensemble de l'anse et de ses deux prolongements fasse une longueur totale de 12^{cm} 5. La circonférence de la panse sous le *ḥozâm* est de 52^{cm}.

II. — Cuisson des pièces

Les différentes pièces fabriquées au tour puis séchées au soleil ou à l'ombre, vont subir une double cuisson. La première donnera la poterie dite rude *ḥârš*, analogue à celle que font les potiers (*ḥarrâša*), dont on a parlé ci-devant, la seconde fixera l'émail et donnera aux couleurs déposées sur la terre cuite leur teinte et leur brillant ; elle les fixera d'une manière définitive par la vitrification.

La température des fours étant toujours ici relativement assez basse, les émaux variés employés ne redoutent pas la destruction qui se produit avec les hautes températures. Nous dirons dans le chapitre suivant comment on applique sur la poterie à décorer la matière vitrifiable. Les émailleurs de Fès ne pratiquent pas aujourd'hui la décoration de leurs faïences par les émaux cloisonnés, si toutefois ils ont jamais connu ce procédé.

Ayant exposé ci-devant les cuissons des carreaux de faïence il y aura peu à ajouter à propos des objets fabriqués par les *Tolláya*. Les fours sont les mêmes, les instruments utilisés également, ainsi que le combustible. Ce qui diffère ici c'est la manière de charger le four pour le *shin* ou « enfournement ». Il s'agit en effet comme toujours de donner aux plats et objets le maximum de chaleur homogène en toutes leurs parties en même temps, d'éviter que la fumée et les poussières qu'elle transporte, ne viennent souiller les surfaces émaillées, au moment même ou l'émail fondu sous l'influence de la chaleur forme sur les objets une masse gélatineuse, sur laquelle viendraient se coller les impuretés. Pour cette raison, pas plus pour la cuisson des carreaux de faïence que pour celle des pots des *Tolláya*, on ne met jamais d'objets en deuxième cuisson, c'est-à-dire enduits de matière vitrifiable dans la chambre de chauffe ou *sjen*, mais seulement dans la *frina*.

D'une manière générale, il n'y a pas de cuisson spéciale pour la poterie crue ou *néi* et pour la poterie émaillée ou *molli*, mais à chaque fournée, les *Tolláya* mettent au four des poteries crues et des pièces en seconde cuisson dans des proportions d'ailleurs variables selon les objets dont dispose l'atelier au moment de la cuisson.

A titre d'indication, je donnerai, pour quelques pièces, la manière de les ranger dans le four.

Pour les différentes espèces de plats et récipients similaires, le dispositif d'encastage est toujours le même, qu'on ait affaire à une première ou à une seconde cuisson : le plat est placé le pied en l'air et repose sur un support dont je vais parler, tandis qu'il supporte lui-même une pile d'autres plats séparés les uns des autres par des cales en terre cuite (fig. 139 et 140).

Ces objets en terre cuite servent à séparer les plats pour permettre entre eux la circulation des gaz chauds et éviter les adhérences qui se produiraient à la fusion des

émaux. Ils sont de deux espèces selon qu'il s'agit de plats
émaillés ou non :

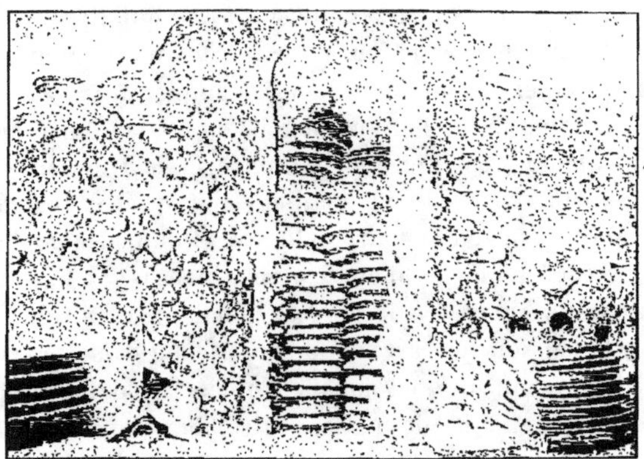

Fig. 139. — Encastage des plats dans le four.
(Photo A. Bel)

Fig 140. — Jeune ouvrier travaillant à l'encastage.
(Photo A. Bel)

a) Pour les plats en première cuisson, on se contente de mettre sur le rebord du pied du plat inférieur trois demi-colliers ou coussinets en terre cuite, à cheval sur le rebord et recevant sur leur partie bombée le fond interne du plat suivant. Ces coussinets se nomment *kâ'ba* (pl. *k'âb*) « chevilles » (fig. 141).

b) Pour les plats en seconde cuisson, c'est-à-dire ceux qui sont enduits de la matière vitrifiable qui donnera l'émail, il faut adopter un système de séparation tel que la

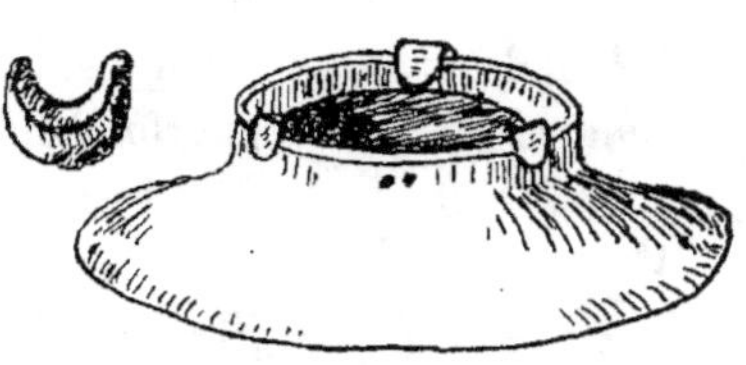

Fig. 141.
Ka'ba et position des trois *Ka'b* sur le fond du plat.

surface des contacts avec le plat vernis soit aussi faible que possible pour éviter les « touches » trop considérables, la chaleur faisant fondre le vernis provoquerait le collage des parties en contact et l'émail serait arraché, après la cuisson, en cet endroit pour le décollage. Il faut donc que la surface d'émail soit aussi faible que possible. On y parvient ici comme en Europe, comme dans l'antiquité même, au moyen des « colifichets »[1] appelés par nos potiers de Fès : *tâfel* (pl. *twâfel*). Un *tâfel* est placé comme l'indique la

---

[1] J'ai signalé que des supports de ce genre existaient à Tlemcen dans l'atelier du xe siècle d'Agadir et dans celui de Bàb el-Qarmâdin. (Cf. mon *Atelier de poteries et de faïences à Tlemcen*, p. 33). Le terme de « pied-de-coq » dont je me suis servi dans ce travail pour désigner ces « colifichets » n'est pas tout à fait exact. Le « pied-de-coq » ou la « patte-de-coq » est de forme différente bien que servant au même usage. Quant aux « pernettes » elles sont également employées ici ainsi que je vais le dire. Sur les supports employés par les céramistes européens pour la cuisson et les divers procédés d'encastage, l'*Encyclopédie-Roret* (p. 374 et suivantes et surtout 378-379) donne des indications très précieuses .

figure 142 sur le fond du plat renversé et c'est sur les trois sommets déterminant les trois branches du *tâfel* que l'on pose le plat, renversé, le fond en l'air. On élève les plats en piles voisines les unes des autres dans le four, comme l'indiquent les figures 139-140.

Pour la *frina*, le remplissage se fait comme toujours, en commençant par le pourtour du *ğorbâl*. L'ouvrier qui charge le four dispose d'abord, renversé sur son ouverture un pot en terre cuite non émaillée, du type dit *ğellâs*, dont on a parlé ci-devant, sur le fond duquel il met — l'ouverture tournée vers le bas — un plat non émaillé. Ce plat inférieur a pour but de

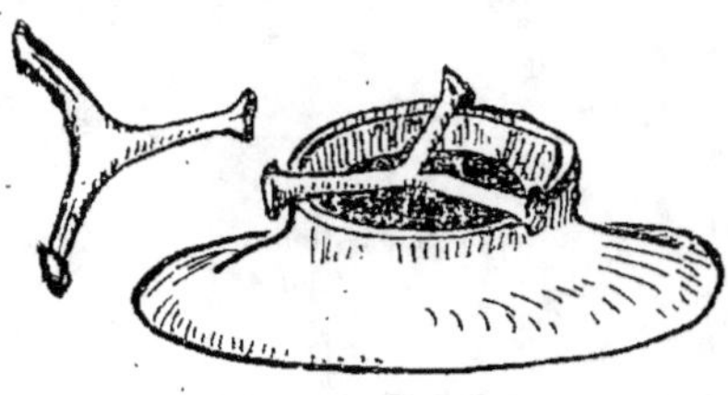

Fig. 142.

Tâfel et sa position sur le fond du plat en cuisson.

protéger les autres plats émaillés de la pile dont il est la base, contre les poussières de charbon et les impuretés qui s'élèvent avec les gaz chauds et qui se colleraient à l'émail fondu des plats si l'on ne prenait cette précaution. Lorsque le *ğellâs* supportant la pile des plats à cuire doit être placé au-dessus d'un des trous, dits *šâbel*, du *ğorbâl*, l'ouvrier le pose sur deux bâtons de terre cuite qui sont ici, ou des « colombins » d'argile cuite ou des anses cassées de grand *qandîl*, des *maqboṭ* (*mqâbeṭ*) comme on dit[1]. Le *ğellâs* qui supporte la pile des plats se

---

[1] Ces supports sont appelés ici *qa'da*, pl. *qwâ'd*. Ce sont des supports de ce genre que j'ai trouvés en abondance dans l'Atelier d'Agâdir et dont j'avais bien soupçonné l'usage lorsque j'ai écrit mon étude sur cet Atelier (*op. cit.*). L'usage de ces objets que font les faïenciers de Fès me montre que mon hypothèse était fondée. Ce sont ces supports que nos céramistes français appellent des « pernettes ».

nomme pour cette raison *qa'da dèrrfûd* « siège de support » et le plat posé dessus est appelé *qa'da dèlqsa'* « siège des plats ».

Pour la cuisson on ferme les trous du milieu du *ġorbâl*. On ne met d'ailleurs de *gellâs* formant support des piles de plats que sur le pourtour. Vers le milieu on se contente de mettre sur le plancher du *ġorbâl* un simple plat non émaillé comme support de chaque pile.

On remplit le four jusque vers les *mnâfes*, avec des plats émaillés, le tout est recouvert jusqu'à la hauteur des *mnâfes* avec de la poterie en première cuisson. Les intervalles des piles de plats peuvent être remplis avec des objets divers en prenant soin d'éviter, le plus possible, les surfaces de contact avec les émaux.

Pour les *qandîl*, dont on fait des fournées spéciales, le remplissage est un peu plus délicat.

Fig. 143.

Position des *qandil* émaillés dans le four pour la cuisson.

Ici aussi il faut comme toujours éviter les contacts des surfaces émaillées pendant la cuisson tout en mettant dans le four le plus grand nombre possible d'objets à cuire. L'ouvrier arrive à ce double résultat de la façon suivante : les *qandîl* (je ne parle pas ici des petits *qandîl* appelés *bû-ṣḥifa* qui se placent sur le pourtour, en bordure contre les parois de la *frîna*) sont disposés, couchés horizontalement sur leur anse, les uns à côté des autres, de façon que les pieds alternent avec les têtes (fig. 143) ; sur la rangée inférieure on place une autre rangée disposée comme la précédente, mais de telle façon que les pieds et les têtes des uns et des autres ne se touchent pas. Les pièces de la rangée du haut sont intercalaires de celles du bas et les anses des *qandîl* de la rangée supérieure reposent sur une série de

fragments de carreaux de terre cuite (*anṣâṣ dèmzâhrî*) supportant des bâtonnets de poteries (pernettes formées d'anses brisées.
de *qandîl*). Si les *qandîl* ne sont pas en seconde cuisson après
émaillage, il n'est pas nécessaire de se servir des *anṣâṣ* et des
pernettes pour les séparer, puisqu'on ne craint pas le collage
des pièces.

Pour la cuisson des pièces des *Ṭoḷḷâya* il n'y a rien à ajouter
à ce qui a été dit précédemment pour les *zälltj*; les fours sont les
mêmes, le combustible également, de
même que les précautions à prendre.
pendant et après, la cuisson pour éviter
un trop brusque refroidissement.

Fig. 144.

Ḥadîda dèl ḫrûj.

Malgré toutes les précautions prises
pour éviter. les trop larges surfaces
de contact entre les faces émaillées, il y a toujours des points
de contact entre les pièces et par conséquent adhérence, entre
deux ou plusieurs pièces voisines dans le four, après la cuisson.

Pour les plats, le décollement est relativement facile parce
que les pointes d'appui des *twâfäl* n'offrent qu'une surface très
restreinte. Mais pour d'autres objets et particulièrement pour
les *qandîl*, le déchet par casse à la sortie du four est considérable. L'ouvrier qui procède au défournement des pièces émaillées, se sert d'un instrument appelé *ḥadîda dèl ḫrûj* (fig. 144).
Il est formé d'une seule pièce de fer : un bras central et droit de
7 ^{cm} de longueur environ sur 1 ^{cm} de diamètre et prolongé à ses
deux bouts par une lame aplatie et élargie, assez épaisse et se
terminant par un tranchant de 4 ^{cm} de largeur. L'ouvrier qui
extrait de la *frîna* les objets émaillés, les détache les uns des
autres en frappant légèrement sur les contacts avec l'une des
lames de sa *ḥadîda*, ou en introduisant cette lame entre deux
faces à séparer et en exerçant une pression convenablement
réglée.

Les pièces ainsi obtenues sont immédiatement livrables au
commerce.

III. — Pose de l'émail et de la peinture

Avant d'émailler les pièces il faut que la surface à émailler soit parfaitement propre. Dans ce but, après la première cuisson, les pièces sont essuyées avec soin pour enlever la poussière ramassée dans le four. On se sert pour cela d'un chiffon de laine appelé *gèḍwâr* (pl. *gḍâwur*). De l'ouvrier qui essuie ainsi les plats avec ce chiffon on dit : *yänfed*.

Fig. 145. — Essuyage des plats
après la première cuisson pour enlever la poussière.
(Photo A. Bel)

La photographie (fig. 145) représente un ouvrier en train de faire cette opération.

Les objets à émailler étant ainsi nettoyés, on peut poser l'émail.

La préparation du bain de vernis ou d'émail, c'est-à-dire le mélange aqueux des matières minérales servant à l'émaillage, se fait soit dans la chambre d'atelier, soit, quand il fait beau

15

temps, dans la cour de l'atelier. L'ouvrier fait ses mélanges dans les proportions indiquées ci-devant, sans se donner la peine de peser exactement les quantités des divers produits qu'il emploie. Il a autour de lui les cuves (*mḥâbes*) en terre renfermant chaque catégorie de bain (calcine, silice, etc.). Il puise, à l'aide d'une écuelle en terre dans les diverses cuves, y prend les quantités voulues de chacun des bains qu'elle

Fig. 146. — Préparation des bains à émail.

(Photo A. Bel)

renferme et les verse dans la cuve où se fait le mélange. Il a disposé au-dessus de cette cuve un tamis très fin supporté par deux tringles de bois ou de fer (fig. 146) et c'est dans ce tamis qu'il verse les produits dont l'ensemble constituera le mélange voulu pour former l'enduit à émail.

Pour les vases et objets qui ne doivent pas être revêtus de peinture sur émail, l'émaillage se fait comme la pose du vernis pour les *zällîj*, c'est-à-dire dans la couleur qui doit uniformément recouvrir tout ou partie de la surface. Par exemple s'agit-il de *qandîl*, ceux-ci devant être uniformément verts, sans peinture, c'est dans un bain à base d'oxyde de cuivre (voir ci-devant sa composition) que l'ouvrier plongera ses *qandîl*.

Pour les autres objets, c'est-à-dire ceux qui doivent recevoir de la peinture sur émail, il y a deux opérations successives à accomplir :

1° Pose de l'émail plombo-stannifère blanc (à base de calcine) sur toute la surface de l'objet ;

2° Peinture sur ce fond d'émail blanc.

1° POSE DE L'ÉMAIL PAR IMMERSION

Pour la première opération il suffit de plonger la pièce entière, ou les faces à émailler, dans le bain obtenu par le mélange dans les proportions voulues de calcine (oxyde de plomb et de zinc) et de sable de Meknès. La position de l'ouvrier émailleur qui plonge la pièce dans le bain pour la pose de cet enduit est donnée par la figure 147. Il a soin d'agiter avec sa main le bain pour maintenir l'homogénéité du liquide.

On laisse sécher ensuite les objets ainsi recouverts du liquide qui donnera l'émail. Ce séchage n'est pas très long, quelques heures suffisent.

Après ce premier séchage, on peut facultativement plonger ou non les pièces dans un bain d'eau salée, après quoi on peut, sans même laisser sécher, commencer la peinture des pièces.

Ce bain d'eau salée, qui est rare avant la peinture sur émail, est obligatoire après la peinture en bleu préalablement bien séchée pendant une demi-journée environ.

Nous lisons dans *La fabrication des émaux et l'émaillage*, par RANDAN (traduction CAMPAGNE, 1 vol. in-8°, Paris, chez Dunod, page 28) :

« Le sel ordinaire est obtenu par l'évaporation de l'eau de
» mer ou celles des sources salées, ou extrait du sol sous forme
» du sel gemme. Ce dernier est généralement coloré en gris
» ou en jaune par l'oxyde de fer ; il contient en outre du
» gypse et de l'argile. Le sel ordinaire est très peu employé
» dans la fabrication des émaux, car on possède des sels de
» soude d'un emploi plus avantageux ».

Fig. 147.

Emaillage des pièces par immersion dans un bain
contenant
les éléments de la glaçure stannifère.

(Photo A. Bel)

Il est à peine besoin de dire que les faïenciers de Fès ignorent
ces sels d'un « emploi plus avantageux ».

Le sel employé par eux pour cette opération est très impur.
C'est un sel gemme qui provient de la région de Fès où il
abonde au Nord et à l'Est de la capitale. Il est exploité par
les indigènes qui l'apportent à la ville sous la forme de pains

cylindriques [1] de 17^{cm} de diamètre, de 4^{cm} 1/2 de hauteur et d'un poids moyen de trois *rṭal 'aṭṭârî* chacun, c'est-à-dire environ 2 kg. 250. Ce sel est très impur, il est de couleur grisâtre et apporte au vernis des éléments sans doute dangereux pour la pureté de l'émail. L'eau salée est préparée à froid dans un grand vase en terre cuite (*maḥbcs*) comme les autres vernis et l'on met environ deux *sṭûla* (pl. de *sṭol*) ou seaux d'environ

Fig. 148. — Le bain d'eau salée.

(Photo A. Bel)

10 litres d'eau pour cinq ou six de ces pains de sel. On agite jusqu'à dissolution du sel et le bain est prêt. On procède à l'immersion des pièces dans le bain d'eau salée comme pour l'immersion dans le bain à vernis. La figure 148 indique la position de l'ouvrier qui passe les pièces au bain d'eau salée.

---

(1) Appelées *rḥâ* (pl. *rḥâ*) à cause de leur forme qui rappelle celle des meules du moulin hydraulique.

Il n'y a, paraît-il, pas plus d'une cinquantaine d'années que les faïenciers se servent du bain de sel pour leurs plats et objets de faïence. Voici ce qu'ils disent à ce propos. Autrefois les faïenciers ne faisaient pas subir à leurs pots le bain de sel après l'émaillage et avant la seconde cuisson. Ils ignoraient les avantages du sel dans l'émaillage. Aussi bien leurs plats, et les autres objets de faïence qu'ils fabriquaient, étaient-ils après la seconde cuisson d'un aspect fort médiocre surtout les bleus. Les vernis étaient piquetés de points blancs, *mšowwäk* comme ils disent.

Or, il advint que l'un d'entre eux, nommé Sî l'Ayyâši El Gèzzârî, obtenait, au contraire de tous ses collègues, un émail uni et d'un bel éclat. Bien entendu il gardait pour lui le secret de son procédé. Mais les autres faïenciers intrigués et pleins du désir de savoir comment Sî l'Ayyâši obtenait de si beaux émaux, s'entendirent pour aller en son absence examiner la chambre d'atelier de cet émailleur et se rendre compte des matières employées par lui pour arriver à un pareil résultat. « Une nuit donc [1], ils percèrent le mur de l'atelier, pénétrèrent dans la chambre du vernis, examinèrent les bains, goûtèrent même le contenu et découvrirent ainsi le bain d'eau salée. Ainsi fut dévoilé le secret de la bonne fabrication de l'émail. Et depuis ce jour, les faïenciers n'ont jamais manqué de passer leurs pièces à l'eau salée, au moins une fois, après la pose de la peinture, parfois deux, dont l'une après l'émaillage et l'autre après la pose de la peinture bleue, et avant celle de la peinture de couleur, si l'on doit peindre en couleur. » Remarquons enfin que pour que la terre cuite prenne mieux le sel, on la fait chauffer au soleil avant le bain d'eau salée.

---

(1) Il y a une quarantaine d'années paraît-il. Je cite ici les dires des ouvriers qui m'ont raconté cette aventure.

2ᵉ Peinture sur émail

a) Outillage. — L'outillage du faïencier de Fès pour la peinture n'est pas moins rudimentaire que pour le façonnage des pièces. L'ouvrier travaille dans la chambre d'atelier, soit dans la chambre du tour quand la place est rare, soit — et c'est le cas fréquent — dans une chambre spéciale, dans laquelle sont déposés les objets et vases à décorer.

Pour travailler, l'ouvrier du tour aussi bien que le peintre sur émail retrousse les larges manches de son ample chemise à l'aide d'une cordelette double qui passe derrière son cou et retient les manches, à la hauteur des biceps, cette cordelette est appelée *mšâmer*. Il place en outre devant lui, pour ne pas salir de peinture ses vêtements, un tablier de cuir de mouton (*tbânḍa*) ou une pièce de toile jouant le même rôle.

Pour peindre et faire les dessins du décor de ses plats, l'ouvrier travaille toujours assis sur un banc, le *korsi*, formé de deux pieds bas, d'une ou plusieurs planches, laissant en haut un évidement en forme d'arc de cercle sur lequel on cloue les planches composant le siège incurvé de ce tabouret. Ce siège nommé *gulîsa* a 55ᶜᵐ de long sur 30ᶜᵐ de large.

Fig. 149.

La hauteur du fond du siège au sol est de 20ᶜᵐ, tandis qu'on en compte 26 des bords au sol (fig. 149). L'ouvrier s'assied perpendiculairement à l'axe de son tabouret, ses pieds se trouvant en avant et entre les deux pieds du tabouret de bois ; on en tapisse généralement le siège d'un feutre, d'un mince coussin ou d'un sac que l'on pose dessus.

A la droite de l'ouvrier assis se place le pot de peinture, la *zlâfa dèzzwâq*, qui est un bol d'environ 16ᶜᵐ à 20ᶜᵐ de diamètre à l'ouverture. Pour que l'ouvrier n'ait pas à se baisser pour tremper son pinceau, il met son pot de peinture dans l'ouverture étroite d'un gros tuyau de poterie ordinaire, d'un *qâdûs*, posé debout sur son ouverture la plus large. Le pot de peinture se trouve ainsi environ à 30^{cm} au-dessus du sol (fig. 150).

Dans ce bol, outre la peinture l'ouvrier dépose les pinceaux, dont il a besoin pour cette couleur, et l'agitateur en bois (*mahrek*, pl. *mhârek*) qui est une planchette de bois blanc de

forme rectangulaire d'environ 18^{cm} $\times$ 3^{cm} sur 1^{cm} d'épaisseur, servant à remuer le liquide pour éviter le dépôt, sur le fond, de la matière colorante en poudre mélangée à l'eau.

Par terre, auprès de l'ouvrier également, se trouve un autre bol contenant de l'eau. C'est la *zlâfa dèlqlûma*, le « bol des pinceaux », dans lequel l'ouvrier dépose les autres pinceaux dont il aura besoin ou bien où il lave le pinceau dont il vient de se servir.

Fig. 150.

Le nombre des pinceaux est aussi nombreux que l'on veut, mais ils sont tous faits de la même façon et se rapportent à cinq types seulement.

Ces pinceaux sont faits, par l'ouvrier-peintre lui-même, d'un tube de roseau, formant le manche, dans lequel est introduite une touffe de crins de mulet, pris sur le cou de l'animal (jamais à la queue), pour former le pinceau proprement dit. Avec des ciseaux, l'ouvrier donne à son pinceau la largeur convenable. Sauf pour un pinceau, nous verrons que tous ont leurs crins coupés de façon à former une pointe plus ou moins large entourée près du sommet par le reste des crins, coupés eux aussi, mais en un cercle formant un échelon sous la pointe du pinceau. Cette disposition à évidemment pour but de soutenir les poils du milieu formant proprement le pinceau et de leur donner une certaine rigidité, sans leur enlever la souplesse nécessaire.

Le pinceau est appelé *qlem* ; et selon le type et la destination du pinceau dans le travail du décor, on fait suivre ce terme du mot voulu, indiquant le rôle du pinceau. On ne se sert que des cinq types suivants (fig. 151).

I. — *Qlem dèttbû'* appelé aussi quelquefois *qlem dèlqtib* qui sert à faire des traits pleins, des *qtib* de forte épaisseur (1ᶜᵐ environ) servant à encadrer les motifs d'ornementation.

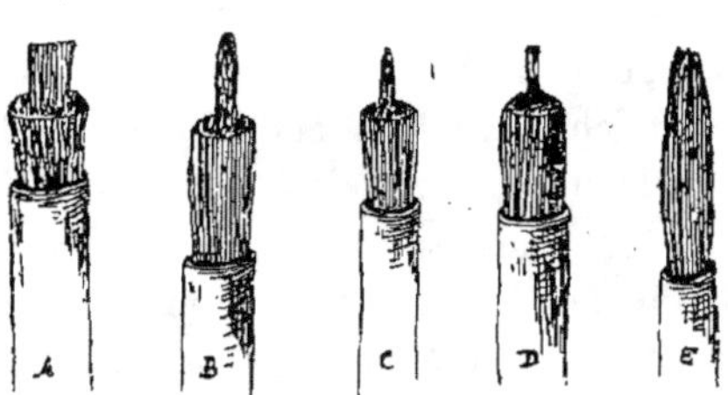

Fig. 151.

Divers types de pinceaux (1/2 grandeur nature).

A. *dèttebû'*. — B. *dèssrâta*.

C. *dènnši*. — D. *dèḍḍerḅ*. — E. *dèttšûrîba*.

II. — *Qlem dèssrâta* qui donne un trait moins épais que le *qtib* et que l'on nomme *šorta*. Nous verrons ces traits former sur les *t'ârej* des encadrements au *qtib*.

III. — *Qlem dèḍḍerḅ* est le pinceau servant à faire de gros points ronds, dans le décor géométrique ou floral.

IV. — *Qlem dènnši* sert également à faire des points, mais beaucoup plus petits que ceux du précédent. Avec ce dernier on fait des *noqta* ; avec le *qlem dènnši* on obtient des *nqîta*. On voit sur la figure 151 que la pointe de ce pinceau est très fine. Il sert aussi à tirer des traits déliés pour former des rameaux ou des rinceaux très fins.

V. — *Qlem dèttšûrîba* est un pinceau assez épais et dont les poils ne sont pas coupés, comme pour les autres, sur le pourtour, pour dégager l'extrémité. Il est employé en effet uniquement pour faire l'épaisse bande de couleur qui se trouve sur le rebord des lèvres des vases (*šwâreb*) et il convient que les poils de ce pinceau soient plus souples que ceux des autres.

L'ouvrier qui va commencer son travail, s'assied et choisit dans la *zlâfa dèlqlûma* le pinceau qui lui convient, agite le vernis dans le bol, avec le bâtonnet plat nommé *maḥrek*, y trempe ensuite son pinceau. Il prend alors auprès de lui, vers sa gauche habituellement, le vase ou le plat à décorer, le saisit de la main gauche par le pied et commence le dessin en tenant son pinceau de la main droite.

Lorsqu'il doit tracer sur une surface arrondie des raies circulaires il appuie la main tenant le pinceau sur la cuisse droite et la maintenant immobile dans la position voulue, il fait tourner de la main gauche le vase d'une façon convenable pour produire le cercle désiré.

b) Technique et Motifs de la décoration. — Comme on l'a dit ci-devant tout le décor émaillé des faïenciers de Fès se fait sur fond blanc, obtenu selon les formules indiquées plus haut. L'artisan peint ainsi sur l'objet, à peine séché après le bain d'émail blanc.

Tout décor d'un objet en terre cuite sur ce fond blanc comprend le schéma du dessin, puis le remplissage, soit en bleu seulement, soit en bleu et en couleur.

Le nombre des couleurs employées à Fès ne dépasse jamais, à part le fond blanc, les quatre couleurs déjà indiquées plus haut : brun (raisin sec), bleu (plus ou moins sombre), jaune et vert (plus ou moins clairs).

Mais toutes les pièces ne reçoivent pas ces couleurs diverses. Aussi peut-on grouper les pièces peintes sur émail blanc en trois catégories :

1° Décor uniquement en *bleu* (sans schéma préalable du dessin) ;

2° Dessin des motifs en *bleu* et peinture en *bleu, jaune* et *vert*
pour garnir ;

3° Dessin en *brun* et peinture en *bleu, jaune* et *vert*.

On va examiner chacune des catégories, en ayant soin d'indiquer pour chacune la manière de procéder et en donnant un
certain nombre d'exemples usuels.

Décor en bleu

Ce décor se nomme *ezzuwâq bèlbrâya*. L'ouvrier pour peindre
n'emploie que du bleu (*brâya*) mais il se sert des divers pinceaux
énumérés ci-dessus, selon qu'il veut faire des traits ou des
points plus ou moins gros.

Examinons, par exemple, d'abord l'objet sur lequel le décor
se fait le plus aisément : la *ta'rîja*.

Sur le fût de sa *ta'rîja* nue, l'ouvrier trace avec le pinceau
une série de *šrâṭa*, c'est-à-dire des traits circulaires, parallèles
entre eux et aux cercles des deux ouvertures de cet instrument
de musique.

Ces *šrâṭa* vont par groupes de deux (sauf pour les deux
extrêmes qui sont seules) distantes l'une de l'autre dans chaque
groupe d'environ deux centimètres. La distance des groupes
est variable, selon le motif de décoration que l'on veut y
placer.

Cette opération est le *tešrîṭ*, et de l'ouvrier qui l'accomplit
on dit : *išarraṭ* ; il se sert, bien entendu, du pinceau appelé
qlem dèššrâṭa.

La figure 152 *A* représente sur une *ta'rîja* le résultat de cette
première opération et *ab* est une *šorṭa*.

La seconde opération (fig. 152 *B*) consiste à placer entre
deux *šorṭa* consécutives une raie plus épaisse, d'environ un
centimètre de largeur appelé *sfîḥa*. On dit de l'ouvrier qui fait
ces *sfâyaḥ* (pluriel de *sfîḥa*) qu'il « ferme les *sfâyaḥ* » (*iġloq
èssfâyaḥ*) : *cd* est une *sfîḥa*.

Chaque groupe de deux *šoṛṭa* séparées par une *sfiḥa* forme la limite d'une zone nue, à décorer, qu'on appelle *ṭâṛeq* (pl. *ṭwâṛeq*). C'est donc dans le remplissage des *ṭwâṛeq* que le décor varie. Le nombre des *ṭwâṛeq* est également variable, il peut être d'un seul, de deux, trois, etc., jusqu'à cinq ou six. La figure 152 *C* représente trois *ṭwâṛeq*.

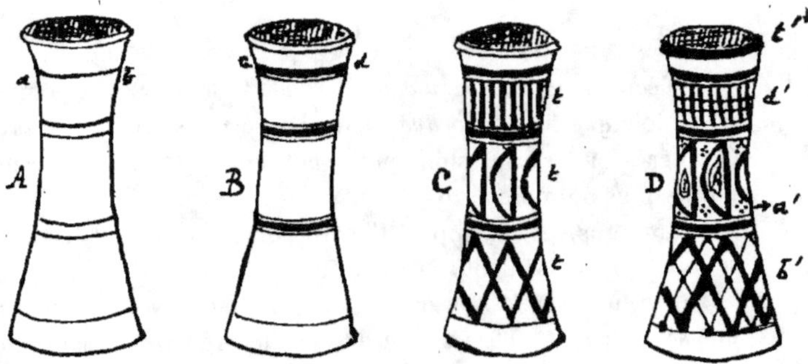

Fig. 152. — Succession des opérations du décor d'une *ta'rija*.

Les *ṭwâṛeq* se remplissent d'abord avec le pinceau épais, dit *qlem délqṭib*, de traits formant comme l'ossature du dessin que l'on veut représenter, géométrique ou floral. Puis l'ouvrier déposant ce pinceau, prend le plus fin des autres, le *qlem dènnši*, pour tracer des traits plus fins que les précédents, formant le remplissage. Il reste à orner de points ce décor de lignes grosses et fines. Ces points sont les uns épais, obtenus avec le pinceau dit *qlem dèḍḍerḥ*, les autres fins qui sont donnés par le pinceau dit *qlem dènnši*.

Enfin le décor de la *ta'rija* étant achevé il reste à colorer en bleu le rebord de l'ouverture supérieure, ce qui se fait avec le *qlem dttšûriba*. Cette large raie bleue qui recouvre tout le rebord supérieur se nomme en effet *ättšûriba*. La figure 152 *D* indique cette dernière série d'opérations (l'*tšûrîba* ; d' décor en *dîmi* ; a' 4 petits points nommés *arba'wâl* ; b' *derbûz meṭnî*).

Passons en revue les principaux motifs de décor employés pour garnir les *ṭwâreq* de la *ta'rîja*.

a) Motifs géométriques — 1° Le *dîmi* est le décor d'un *ṭâreq* obtenu par deux séries de groupes de lignes perpendiculaires les unes aux autres (fig. 153) : Le premier groupe est formé de deux ou plusieurs *šorṭa* parallèles à celles qui forment l'encadrement du *ṭâreq* ; le second groupe est formé d'une série de lignes plus épaisses appelées *jèbdâl*, perpendiculaires aux deux *šorṭa* extrêmes et également distantes les unes des autres. On obtient ainsi une série de petits rectangles ;

Fig. 153.   Fig. 154.   Fig. 155.

2° Le *mši wâji* [1] est une ligne brisée, régulière, formée d'une série de V accolés les uns aux autres, entre les deux *šorṭa* d'encadrement (fig. 154). Des points *nqâṭ* et même quelquefois des raies plus tenues et parallèles tantôt à l'un, tantôt à l'autre bras du V sont des *jbidâl* qui garnissent le décor, le « ferment ». C'est pourquoi ces motifs se nomme dans ce cas : *mši wâji meglôq*.

Les *dèrbûz* sont obtenus par l'entrecroisement régulier des V du *mši wâji* de façon à former des losanges et demi-losanges. On en compte trois types principaux : le *dèrbûz èl-meṭnî*, « doublé » par l'entrecroisement en trait délié d'un autre *dèrbûz* dans le premier qui est fait au *qlem dèttbû'*, tandis que le second se fait au *qlem dènnši* (fig. 155).

___

(1) « Va et vient » ; on entend aussi les deux participes *mâši âmâji* « allant et venant » pour désigner ce motif.

Le *dèrbûz qalbô ḫâwî*, « dont le milieu est vide », dans lequel les demi-losanges sont garnis de traits déliés et parallèles formant hâchures, tandis que les losanges ne renferment que quatre petits points *(nqîṭât)* formant losange à l'intérieur (fig. 156).

Le *dèrbûz bènnqaṭ* n'est plus fait par des lignes mais par des points très voisins les uns des autres et donnant dans leur ensemble un entrecroisement de V comme les autres *dèrbûz*. Ce décor en *dèrbûz bènnqâṭ* pourrait bien être inspiré des moucharabies, appelés *dèrbûz*, servant d'appui aux fenêtres et balcons [1] (fig. 157) ;

   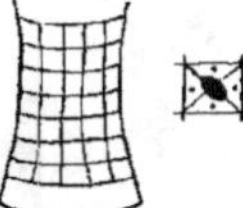

Fig. 156. Fig. 157. Fig. 158. Fig. 159.

4° Le décor en *ḍâmma* qui occupe la surface d'une *ta'rîja* entière, ne formant qu'un seul *ṭareq* est tout simplement le partage de la surface en une série de carrés formés de lignes perpendiculaires ; les unes sont parallèles aux circonférences des ouvertures de la *ta'rîja*, les autres sont des *qṭib* (pl. *qoṭbân*) ou rayures perpendiculaires, suivant la longueur. C'est ce que l'on appelle : *ḍâmma meṭlôqa*. Chaque carré, se nomme : *bît dèḍḍâmma*. L'intérieur de chaque *bît* est décoré au gré de l'ouvrier, généralement par deux minces traits formant les diagonales, avec un gros point au milieu, à leur intersection et quatre petits dans chacun des quatre triangles ainsi formés (fig. 159).

---

(1) Ces décors de *dèrbûz* ne sauraient être confondus avec le *mšî wâjî mftûḫ* qui est obtenu du *mšî wâjî* divisé par une ligne parallèle aux *šorṭa* d'encadrement et à mi-distance de celles-ci. Dans ce décor on remplit en bleu tous les petits triangles voisins ainsi formés. Trois points de *drîbât* au *qlem dennšî*, dans les trapèzes laissés en blanc, achèvent ce décor (fig. 158).

La *ḍâmma 'amîya* est une constellation de carrés disposés comme un damier, mais se détachant en blanc sur le fond que l'ouvrier à peint en bleu (fig. 160). Au centre du carré quatre petits points (*larbä'wât*), en carré aussi, forment la décoration;

5° Le *ḥozâm* « ceinture » entoure les bases circulaires, ou les panses de certains vases. Il est composé d'une succession d'arcs, dans le même sens, formant une chaînette (fig. 161). Ces

Fig. 160.

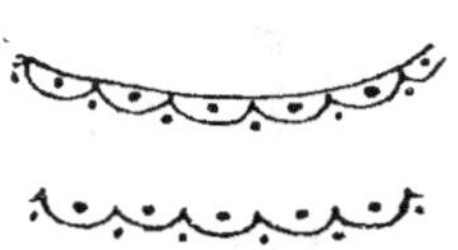

Fig. 161.

demi circonférences s'appuient par les extrémités des arcs sur une bande unie qui les assemble et les soutient. Des points au centre des arcs, sur le diamètre, et sous les intersections, achèvent le décor.

Nous avons abordé avec le *ḥozâm* les motifs curvilinéaires [1] qui, dans le décor des faïences de Fès occupent une place aussi importante que les motifs rectilinéaires dont les principaux types ont été énumérés ci-devant.

Voici quelques motifs de décor curvilinéaire, souvent mélangées, d'ailleurs, au décor rectilinéaire ;

6° La *sârya* (pl. *swâri*) est une sorte « colonne », comme son nom l'indique, formée de deux droites parallèles dans le sens de la hauteur de la *la'rîja* et terminées par un arc de façon à

---

(1) Par motif rectilinéaire j'entends celui qui donnerait des lignes droites sur la surface du vase, supposée déployée sur un plan. Le motif curvilinéaire donnerait des lignes courbes dans les mêmes conditions.

former l'ogive. On garnit l'intérieur d'un motif végétal quelconque et l'on a des *sârya bènnwâ* « aux amandes » (fig. 162) ou *bèttsâbih* « aux chapelets » (fig. 163). Il est d'autres *sârya*, notamment une qui ne se termine pas en ogive et s'obtient par deux lignes courbes parallèles partant d'une *šorṭa* pour arriver à l'autre *šorṭa* (fig. 164). C'est une bande ayant la

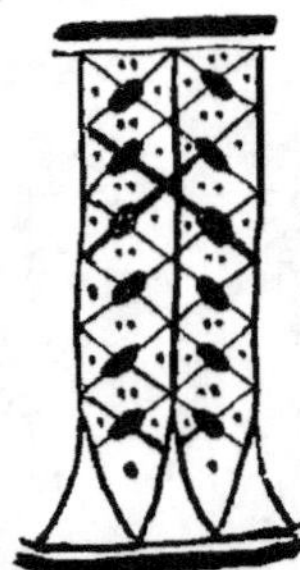

Fig. 163. Fig. 162. Fig. 164.

forme d'un rectangle aux grandes bases incurvées et dans l'intérieur duquel l'ouvrier trace un décor floral, un rameau formé de tiges déliées au *qlèm dènnši*, avec un certain nombre de points pour figurer les feuilles.

b) Motifs floraux ou végétaux. Le noyau d'olive est fréquemment employé dans la décoration, soit sous la forme d'une ovale assez grande, plus ou moins allongée (*'aḍam zîtûn*), soit d'un gros point oval (*'oḍiyem zîtûn*). Il est toujours assez difficile, d'ailleurs, de différencier le noyau d'olive de l'amande dans ces décors, et les ouvriers eux-mêmes ne font guère la distinction. La figure 165 donne

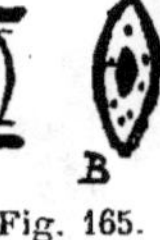

Fig. 165.

quelques types de décor au *'aḍam* : A est le *'aḍam mcftûh* ou *'aḍam qalbô hâwi*, c'est-à-dire « dont l'intérieur est vide »,

B est un *'aḍam b'odîyem mneqqaṭ fèlwusṭ* « noyau avec un petit noyau, entouré de points au milieu » ; *C* est un *'aḍam bèllesjîra fqalbô* « noyau avec arborescence au milieu ».

Ces noyaux d'olives, quand ils forment des bandes de décor des *ṭwâreq*, sont disposés de diverses façons dont quelques-unes sont indiquées par la figure 166 : *A* avec deux traits entrecroisés *(jèbdâl mḫâlfâl)*, ou parallèles « droites » *(wâqfâl)* ; en *B* ils sont séparés par un décor floral ; en *C* disposés en *mšî wâjî* avec décor floral.

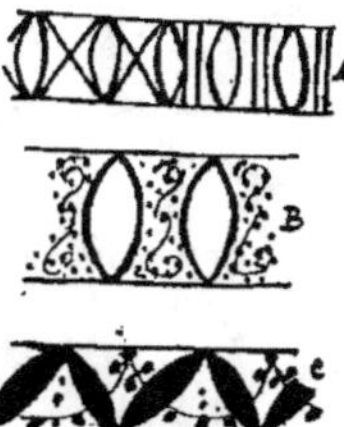

Fig. 166.

L'amande *ènnwâ* qui ressemble beaucoup, ai-je dit, au noyau d'olive, sert à décorer par exemple des *ṭwâreq*, à l'aide d'un encadrement géométrique des arceaux, comme l'indique la figure 167. Les hachures qui marquent l'amande, seules les différencient du noyau d'olive qui n'est jamais couvert de hachures (fig. 167).

Fig. 167.

Le rameau droit de *merdèddûš* (marjolaine) décore aussi l'intérieur d'une *sârya*. Une tige centrale parallèle aux deux montants de la *sârya* est ornée sur sa longueur de distance en distance de feuilles *(wurâq)* armées à leur base de deux petits pétioles divergents, sans raison d'être d'ailleurs, et tout autour quelques points représentent, disent les décorateurs, les fleurs de la plante (fig. 168). C'est une imitation bien lointaine de la nature.

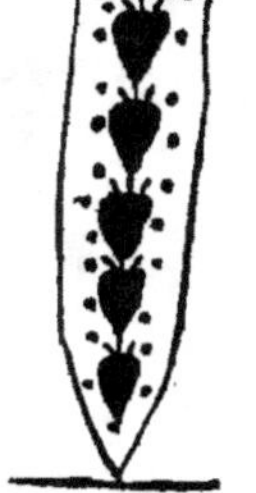

Fig. 168.

Maint décor, dit floral par le décorateur indigène des faïences, n'a plus le nom de la plante qu'il a la prétention d'imiter. On l'appelle alors simplement *tesjîr* « arborescence » (de *sèjra* « arbre »). L'ouvrier pour le

16

tesjîr se borne à tracer au *qlem dènnîsî* des rameaux rectilignes ou curvilignes de façon à occuper l'espace à décorer ; il y ajoute de gros points ou de gros traits au *qlem délîbâ'*, puis de petits points (*nqîṭàt*) un peu au hasard.

La figure 169 par exemple nous montre une séparation entre *'aḍam*, en *tesjîr* formant un seul rameau simple ; on en a vu deux autres exemples représentés par la figure 166. Dans une bande de *mšî wâjî* à lignes courbes on aura un décor de *tesjîr* représenté par exemple par la figure 170, et auquel l'ouvrier est incapable de donner un nom.

Il arrive enfin que le motif de *tesjîr* occupe tout un *ṭâreq* sans motifs partiels d'encadrement comme ci-devant.

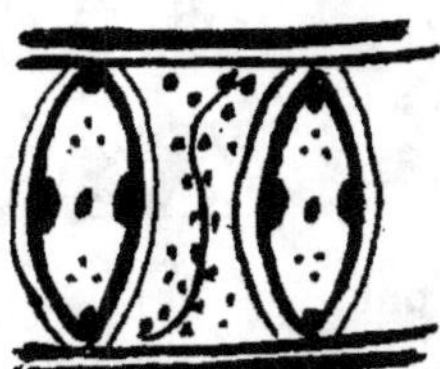

Fig. 169.

Décor en *tesjîr* séparant des *'aḍam*.

Les rameaux se poursuivent alors dans un ordre régulier et semblables les uns aux autres, comme dans la figure 171.

Les objets de fantaisie des faïenciers, tels que *dämlij* et

Fig. 170.

Décor en *tesjîr* d'un ruban de *mšî wâjî*

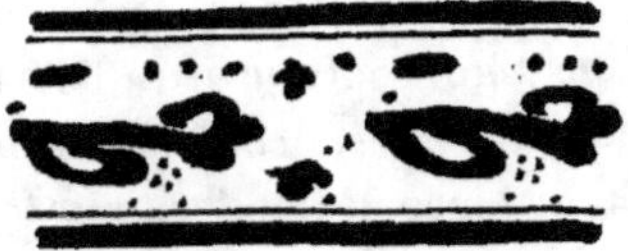

Fig. 171.

Décor d'une bande de *ṭâreq* en *tesjîr*.

qar'a, se décorent surtout en *tesjîr*, suivant les principes énumérés ci-devant et la fantaisie de l'ouvrier ; quant aux autres petits objets tels que *goṛṛâf*, *rekwa*, *bôṭa*, *mešmûm*, etc., ils sont décorés en bleu selon les mêmes principes que pour les *ta'rîja* et dans les mêmes motifs.

Pour les *zlâfa* et les *ṭaṛbûš* les décors les plus courants sont les suivants :

La *zlâfa* reçoit le décor dit : *bèlärkân* « avec les colonnes ». Notre figure 172 en donne un exemple. Entre deux colonnes l'ouvrier fait une branche de *tesjîr*.

Le *ṭaṛbûš* se décore soit *bèlmḥâreb* « en niches (de mosquées) » comme l'indique la figure 173, soit *bèṭṭolṣîya-l'âmra* « en étoffe rayée et garnie » (fig. 174).

Le premier motif est une succession d'arcs en ogive, en blanc décorés de groupes de quatre points en bleu. Le second

Fig. 172.   Fig. 173.   Fig. 174.

est le thème de décor que j'ai appelé *dîmî* dans les *ta'rîja*. Ce décor est inspiré des étoffes rayées en hauteur, qui entrent dans le costume des femmes musulmanes.

Dans tous les cas le rebord de l'ouverture du bol est couvert de la large raie bleue, dite *tšûrîba*. Lorsque cette large raie de *tšûrîba* est soutenue à l'intérieur du bol par un double filet mince et circulaire également, appelé *rbîb*, on dit de la *tšûrîba* qu'elle est une *tšûrîba bèrrbîb* (fig. 174).

Les encriers de fantaisie ne sont plus peints sur l'émail blanc, mais il l'ont été autrefois et j'en ai vu des spécimens de ce genre.

Les *joḫḫâna* se décorent en bleu également, sur émail blanc, et nous y retrouvons encore dès *'aḍam*, du *tesjîr* et quelques motifs nouveaux, comme la « main de Faṭma » appelée *ḫmîsa*, la série de points et de traits appelée *sèlla* par analogie peut-

être avec la courroie motrice du rouet à envider la laine [1],
le cercle *dwiwûra* formant centre de divergence de décors, etc.

Fig. 175.

Décor de *joḥḥâna*.

La *sèlta* est généralement soutenue par un feston formé d'une succession de petits arcs de cercle, et c'est l'ensemble de ce feston plein et du pointillé qu'on appelle *sèlta* (pl. *slâti*). On trouve en broderie de Fès un motif analogue et de même nom.

La figure 175 indique ces divers motifs nouveaux et leur arrangement. Les *'aḍam* sont ornés à l'intérieur d'un motif floral, par exemple une branche de *yasmîna* « jasmin » (fig. 176).

Le décor des couvercles est analogue à celui des panses et comporte les mêmes motifs, mais en réduction (fig. 177).

Le décor bleu sur fond blanc des *ḥâbyu* diffère un peu de ce qui précède étant donnée la forme de ces vases.

Fig. 176.

Pour ce travail, l'ouvrier, tenant à la main le *qlem dèttbû'*, a posé l'ouverture de la *ḥâbya* sur son genou. Soutenant le vase incliné, en appuyant la main gauche sur le fond, il commence par tracer, à 3ᶜᵐ environ des bords de l'ouverture, une ligne circulaire, une *šoṛta* dite *šoṛta dèlbdû* « raie du début ». Cette ligne étant tracée, les motifs de décor varient, mais en principe ils sont toujours enfermés dans une série de cadres

Fig. 177.

analogues dans chaque zone et pour une même *ḥâbya* : tantôt en dentelure pour le haut et le bas, puis en losanges de

---

(1) *Senta* à Tlemcen ; on entend *senta* pour « ruban » à Alger. Voir A. **Bel** et P. **Ricard**, *Le travail de la laine à Tlemcen*, p. 81 et 182.

dimensions variables, selon l'endroit de la panse, plus ou moins large, à décorer ; tantôt en *a'ḍâm* remplaçant la dentelure supérieure et en cadres curvilignes remplaçant les losanges.

Voici deux exemples, avec dessins à l'appui, pour indiquer la manière de procéder :

1° *Décor en losanges* — La *šorṭa* étant tracée comme je viens de le dire, l'ouvrier, toujours avec le même pinceau, appuie sur cette *šorṭa* une large dentelure, puis remontant vers la panse et le pied du vase, il trace une seconde ligne de dentelure à un centimètre ou un centimètre et demi de la première. Les lignes de cette dentelure sont prolongées vers la panse d'environ une fois leur longueur, de façon à former une bande de losanges voisins et opposés par leur sommet. Chacun de ces losanges se nomme *bît dèḍḍâmma* « case du damier » ou encore *zâllîja* « carreau de faïence ». L'ouvrier continue ainsi à faire des losanges jusqu'à ce qu'il arrive à quelque distance (c'est variable naturellement) de la base du vase (fig. 178). Il termine par une dentelure (demi-losanges) analogue à la dentelure première.

Fig. 178. — Disposition du décor en *bît* sur un *ḫâbya*.

A droite : 1. dentelure supérieure garnie de *tesjîr* ; 2. *bît* garni d'une *šèbka mneqqṭa* ; 3. *bît* en *tesjîr* ; 4. bordure inférieure en *tesjîr*.

Il dépose alors son pinceau de *tbû'* pour prendre celui de *nšî* beaucoup plus fin, et double, comme l'indique la figure 178, les lignes épaisses du *tbû'*, à un centimètre environ de celles-ci, par des lignes déliées formant le cadre secondaire dans lequel s'inscrira le motif de décoration intérieure de chaque *bît*.

Cette décoration des *bît* commence par les demi-losanges de

la dentelure qui s'appuie sur la *šoṛṭa dèlbdû* (fig. 178, n° 1),
en *tesjîr*, puis se continue par les rangées circulaires de
losanges donnant les *bît dèḍḍàmma* de la panse ; la première
rangée est décorée par exemple en un quadrillage avec point
au centre de chaque petit carré, c'est la *šèbka mneqqṭá* (fig. 178,
n° 2) ; la rangée suivante est décorée en *tesjîr* (fig. 178, n° 3)
et ainsi de suite, en alternant une rangée de *šèbka* et une
autre de *tesjîr* jusqu'au moment où l'on arrive à la dernière
dentelure vers la base du vase. L'espace compris entre cette
dentelure et les deux *šoṛṭa* du pied est orné d'un décor en *tesjîr*
qui se développe dans l'angle de chaque dent, comme l'indique la
figure 178, n° 4 [1] ;

2° *Décor curviligne.* — Ici les motifs d'encadrement ne sont pas non plus très variés et la figure 179 indique le plus courant. Les *bît* au lieu d'être en losanges sont des figures curvilignes qui se répètent dans le même thème sur la surface de la panse de la *ḥâbya*. On conçoit que la série des opérations successives avec le gros pinceau d'abord (*qlem dèltbû'*), puis avec le pinceau mince

Fig. 179. — *Ḥâbya* dont les *bît* sont curvilignes.

1. *'aḍam* garni de *šebka mneqqṭa;* 2. *bît* central; 3. *bît* de la bordure du haut.

(*qlem dènnšî*) est la même que dans le cas précédent ; la
position de la *ḥâbya* sur le genou de l'ouvrier est également
identique. Contre la raie du commencement (*šoṛṭa dèlbdû*),
l'ouvrier commence par faire une série circulaire de noyaux
(*'aḍam*) et de *bît* du type n° 3 (fig. 179), alternant les uns avec
les autres. Il fait ensuite une seconde série de *bît* du type n° 2

---

(1) Dans cette figure 182, sauf pour le n° 1, nous n'avons marqué que
le rameau en *nšî* du *tesjîr* ; il y manque les points (le *ḍaṛb*).

(fig. 179) et continue ainsi en remontant vers la base (on a dit qu'il tenait le vase le fond en l'air et l'ouverture appuyée sur son genou) à tracer le cadre des *bît* successives jusqu'à ce qu'il ait rempli enfin la panse à décorer. Il fait alors la dentelure terminale et trace un *'aḍam* entre chaque dent comme l'indique la figure 179.

Prenant son pinceau mince, il s'en sert pour doubler intérieurement tous les cadres partiels tracés au pinceau épais et forme avec chacun d'eux le cadre du décor interne de chaque *bît* et de chaque *'aḍam* ; il termine par le décor des cadres partiels ainsi tracés.

Ces décors sont indiqués sur la figure 179. Le n° 1 est un *'aḍam* dont l'intérieur est garni au pinceau mince d'une *šèbka mneqqla* ; le n° 2 comporte en son centre une fleur que tel ouvrier appelle *fšîša* « rose grimpante » et tel autre *yasmîna* « jasmin » ; tout autour de la fleur, le cadre est rempli d'un *tesjîr* en *nšî* et en *ḍarb* ; le n° 3 offre au centre un petit cercle (*dwîwûra*) et le reste du cadre est rempli au *tesjîr* de *nšî* et de *ḍarb*.

Enfin, au delà des dentelures, il y a d'abord les noyaux qui sont du type dit *'aḍam fqalbo 'odîyem* « noyau avec un petit noyau au milieu », puis, tout autour, des arborescences ou *tesjîr* en *nšî* et en *ḍarb*.

Les diverses espèces de plats et d'assiettes sont également décorées en bleu exclusivement aussi bien qu'en motifs polychromes.

On trouve à Fès encore quelques rares vieux plats dont bien peu d'ailleurs ont plus d'un siècle d'âge [1]. Pour le décor en bleu qui nous occupe pour l'instant, ce qui permet à coup sûr

---

(1) Les planches photographiques ci-après (figures 211, 212, 213) donnent des reproductions de vieux plats et d'objets anciens en faïence émaillée de Fès.

de distinguer un plat ancien d'un moderne, c'est d'une part l'éclat du blanc, qui est beaucoup plus pur dans les vieux plats, la valeur du bleu qui est moins foncé et plus doux dans les anciens que dans les modernes et, enfin, la netteté, la sobriété du décor et sa nature même.

Le bleu des plats actuels, obtenu comme on l'a dit ci-devant au moyen de smalt d'Angleterre, est sombre et violacé, les blancs ne sont pas laiteux, mais grisâtres, le décor floral enfin est généralement vague, chargé, diffus, et fait sans soin. Les anciens potiers se servaient, paraît-il, du compas pour mesurer les longueurs, les dimensions des motifs, pour tracer des circonférences régulières ; aujourd'hui le compas est presque relégué à la boîte aux oublis ; le décorateur des plats considérerait que c'est une perte de temps bien superflue que de se servir sans cesse du compas, pour donner de la régularité à ses dessins ; il craindrait en outre de passer pour un novice s'il n'enlevait pas d'un tour de main la circonférence qu'il veut tracer sur un plat.

Pour décorer un plat, l'ouvrier le saisit de la main gauche par le pied, et appuyant le dos de cette main sur son genou gauche, il incline vers lui le plat de façon à offrir l'intérieur du plat à sa main droite tenant le pinceau (fig. 180).

Dans le travail il part toujours du centre du plat, ou *fèts*, pour remonter vers les bords (*šâreb*) en passant par les côtés (*sdèr* ou *hâyt*).

Le centre du plat est orné d'un motif plus ou moins étendu, floral ou géométrique pouvant généralement s'inscrire dans un polygone régulier à quatre côtés au moins. La figure 181, A B C, peut donner une idée de quelques-uns de ces motifs centraux.

Un décor en *tesjîr*, c'est-à-dire en minces tiges dans le voisinage desquelles sont jetés des points plus ou moins épais, ou formé de longues feuilles plus ou moins recourbées (comme dans la fig. 181 *C*), sans tiges, et dans lesquelles une nervure centrale est ménagée en blanc (ce qui donne du *tesjîr meftûh*

« ouvert » selon l'expression des faïenciers) [1], s'épanouit tout autour de ce motif central et recouvre tout ou partie des plats comme l'indique la fig. 182 représentant le quart du décor d'un plat.

Fig. 180.
Position de l'ouvrier qui peint un plat sur émail.
(Photo A. Bel)

Une large *tšûriba* bleue recouvre tout le rebord extérieur du plat. Lorsque ce rebord est large il reçoit une décoration qui est une bande de *dîmî* ou un chapelet de demi-ellipses, toutes de mêmes dimensions.

Les planches photographiques qu'on trouvera ci-après en décor polychrome donnent plusieurs exemples de plats ayant pour motif central une étoile à nombre variable de pointes rappelant les motifs A et B de la figure 181.

____

[1] Cette nervure qui fait apparaître l'émail blanc du fond est obtenue, après coloration de toute la feuille, par enlèvement de l'émail bleu à l'aide d'une pointe de métal, la pointe d'un compas par exemple.

Le reste du fond des plats est occupé par un motif de *tesjîr*, en tiges, et de points des plus diffus, tandis que tout autour, et ne semblant pas se rattacher aux motifs centraux, se développe sur les côtés (*ḥâyṭ*) un motif floral de longues feuilles, appelé *waṛda* « rose » et répété successivement sur tout le pourtour La figure 182 donne un specimen d'une *waṛda* avec le voisinage du motif central.

Fig. 181.   Fig. 182.

Le décor en bleu pour les plats, décor que les faïenciers nomment *ezzuwâq bälbrâya-l-maṭḷôq* « décor uniquement en bleu », se distingue nettement de celui des *ḥâbya*, en décor bleu également, et aussi de celui des plats dans lequel il entre d'autres couleurs que le bleu comme nous le verrons tout à l'heure, en ce sens que dans les plats à décor polychrome les parois ou *ḥâyṭ* de l'intérieur du plat sont toujours partagées en *bît* ou « cases » de décor, alors qu'on ne fait jamais de *bît* dans le décor en bleu seul.

Décor polychrome sur fond blanc avec tracé du schéma en bleu

Ce décor se nomme *ezzuwâq bälbrâya wälġlîq bälluwân* « dessin en bleu et remplissage en couleurs », c'est-à-dire en bleu, jaune et vert. L'ouvrier fait le schéma du dessin et la plus grande partie du décor en bleu et se borne à remplir les motifs avec les couleurs.

Je me bornerai à indiquer, pour les plats seulement, la méthode suivie pour ce genre de décor, afin de ne pas entrer

dans des développements inutiles en multipliant les exemples
et en répétant les mêmes procédés pour des objets différents.

Le plat est ici couvert de trois décors distincts, nettement différents, dans ses trois parties essentielles : fond (*fèls*), surface interne des flancs (*hâyṭ* ou *sdèr*) et rebord supérieur *(sâreb)*.

Pour décorer un plat en bleu avec complément en couleurs, l'ouvrier com-mence par les bords. S'il s'agit d'un plat à rebord étalé, l'ouvrier trace en bleu sur la partie plate autour de l'ouverture quatre cer-

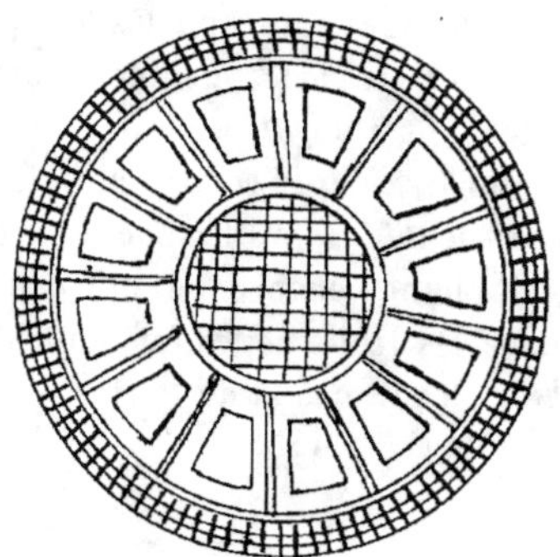

Fig. 183. — Séparations des *bit* et pose du décor en *dimi*.

cles concentriques, quatre *šoṛṭa*, puis un cinquième vers le
dedans du plat et très voisin du rebord, et enfin deux autres
très rapprochés, au fond du plat pour délimiter le *fèls*. Tous
ces cercles se font avec le *qlem dèššṛâṭa*, l'ouvrier appuyant
la main droite, qui tient le pinceau, sur son genou droit,
tandis que, de la main gauche, appuyée sur le genou gauche,
il fait tourner le plat, incliné, sous le pinceau.

Changeant alors son pinceau pour le pinceau appelé *qlem
dèttbû'*, il trace le schème et le cadre de tous les dessins à faire
ensuite avec des pinceaux plus fins.

Dans le *fèls* il dessine le motif central et les motifs voisins
ou le quadrillage [1] (fig. 183) qui occupe le *fèls* entier de
certains plats.

---

(1) Ce quadrillage est appelé par les faïenciers *zūllij Mulây Hafiḍ*, sans
que j'aie pu savoir pourquoi ils donnaient à ce carrelage le nom de ce
Sultan marocain duquel date le Protectorat français au Maroc.

Il y a, à Tlemcen, un type de broderie sur tulle que les femmes
musulmanes appellent *ṭriz Ben Qalfâṭ* « broderie de Ben Kalfat », du nom
d'un commerçant tlemcenien qui leur en avait donné le modèle moderne.

Sur les flancs du *sdèr* il marque de raies doubles, dirigées suivant des rayons, une série de séparations (fig. 183) entre lesquelles il dessine les losanges indiqués par la même figure. Ces losanges sont appelés *bît* (pl. *byût*) et serviront de cadre à des motifs variés, géométriques ou floraux, de décor à couleurs alternant d'un *bît* à l'autre.

Sur le *šârcb* ou rebord supérieur, toujours avec son même pinceau de *tbû'*, il fait les hachures qui donneront un *dîmî* (fig. 183).

Il change encore de pinceau et prend le *qlem dènnšî* pour faire les traits déliés formant les encadrements intérieurs des *bît* et les rameaux de *tesjîr* (fig. 184) ou les raies du quadrillé de *šbîka* (fig. 185).

Fig. 184.

Fig. 185.

L'ouvrier alterne les *bît*, c'est-à-dire qu'il fait suivre ces cases successives dans l'ordre que voici : un *bît* décoré en *šbîka*, puis le suivant décoré, par exemple, comme l'indique la figure 184, avec un *'adam* central entouré de *tesjîr* et ainsi de suite. Avec le *qlem dèḍḍaṛb*, l'ouvrier place les points du *tesjîr* ou ceux de la *šbîka*, car pour celle-ci chacun des petits carrés du quadrillé reçoit un point bleu en son milieu.

Il a garni le décor du *fèls* des points et des traits déliés en *ḍaṛb* et *nšî* comme l'on dit.

Il n'a plus, pour terminer le décor en bleu de son plat, qu'à passer avec le *qlem dettšûrîba* la large raie bleue sur le rebord extrême de l'ouverture.

Puis il laisse sécher et passe les deux couleurs, jaune et verte, aux places qu'elles doivent garnir dans l'ensemble du décor. Pour les *bît* l'ouvrier enferme le motif central dans la bande,

alternativement jaune ou verte, qui l'entoure dans l'intérieur
du cadre de *bît* (partie sombre des figures 184 et 185).

Il est évident que le type de décor donné ci-devant n'est pas
unique. Les *bît* peuvent être de forme différente, des losanges,
des cercles, des ellipses, avec un remplissage variable également

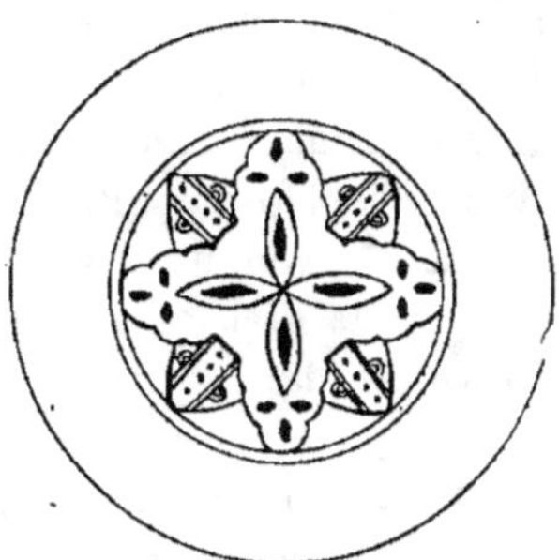

Fig. 186.

Décor d'un *fèls* en bleu avant
le remplissage
en jaune et vert.

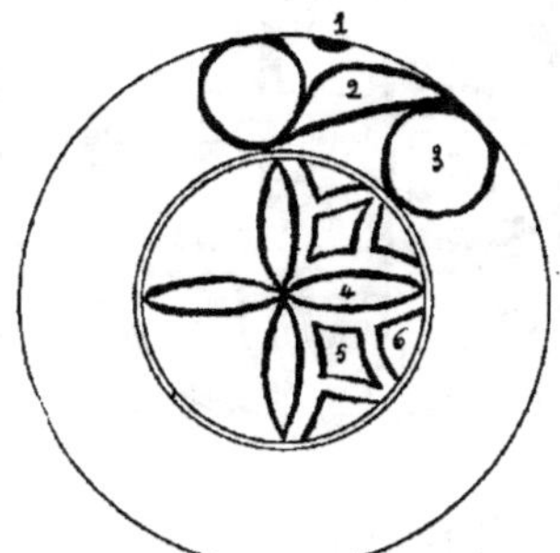

Fig. 187. — Décor de *fèls* et de *sdèr*
en bleu. — 1. *flaq elqôra* ; 2. *ka'ba* ;
3. *teffâḥa* ; 4. *'aḍam* ;
5. *bûwîyet* ; 6. *noṣṣ bûwîyet.*

au gré de l'ouvrier. Il en est de même du *šâreb* qui, au lieu des
hachures du *dîmî*, peut recevoir des *'aḍam* ou des demi-*'aḍam*,
par exemple.

Quant au décor du *fèls* il varie presque à l'infini et peut
renfermer également des cases décorées ou *bît* qui sont désignées
aussi par le diminutif *bûwîyet* (pl. *bûwîtât*).

La figure 186, par exemple, donne un type de décor géométrique de *fèls* tracé en bleu. Il reste à garnir avec du jaune et
du vert dans les vides des quatre branches de l'étoile centrale,
puis des deux autres étoiles circonscrites, et enfin de l'intervalle
entre cet ensemble de motifs et le cercle d'encadrement.

Dans la figure 187 qui donne le schème d'un décor de *fèls* et
de *sdèr*, on aperçoit la division en cases du *fèls*. Dans ces cases
qui recevront des couleurs jaune ou verte, l'ouvrier met aupa-

ravant un motif de remplissage varié, en bleu. Cette même figure sur le *sdèr* nous offre un nouveau type de décoration où nous trouvons quelques noms intéressants, comme le *flaq èlqôra* qui est le nom des petits morceaux de cuir cousus sur la pelote des enfants musulmans de Fès ; la *ka'ba*, qui est le nom d'une pâtisserie *(ka'beġzâl)* des Fâsis ; la *teffâḥa* ou « pomme » que l'on décore généralement d'une étoile à nombre variable de pointes.

Fig. 188.

Fèls d'un plat (décor tracé en bleu).

Je donnerai enfin un dernier exemple de cette division en *bît* du *fèls* des plats (fig. 188) à décor en bleu, complété par du jaune et du vert. Ici un carré central, décoré de raies, de gros et petits points, sert de départ à quatre demi-ellipses dont les sommets s'appuient sur la circonférence d'encadrement du *fèls* ; ces demi-ellipses sont naturellement nommées *noṣṣ 'aḍam* et la partie comprise entre deux *noṣṣ 'aḍam* est un *noṣṣ bît*. Le décor de ces cases diverses se fait en *tesjîr*, terme général qui dispense l'ouvrier de donner un nom spécial à tel ou tel motif floral particulier. Cependant, lorsque le décor floral se précise en une fleur à pétales dessinées, celle-ci se nomme généralement *warda* « rose ». Et pour distinguer les diverses *warda* dont le nombre de pétales est variable, on ajoute un adjectif numérique auquel on donne la forme d'un relatif

Fig. 189.

et l'on dira *warda 'ašrîya* « rose à dix (pétales) », *warda tn'ášîya* « rose à douze pétales » comme celle que représente notre figure 189. Le schéma des pétales et du bouton central est tracé en bleu, des points bleus gros et petits décorent l'intervalle entre deux pétales et se placent en avant de la pointe de chacune d'elles. Le remplissage se fait en jaune et en vert de la façon suivante : le bouton central est en jaune ainsi que la moitié des pétales, à raison d'une sur deux, les autres pétales sont en vert. Naturellement le nombre des pétales est toujours pair.

Décor polychrome sur fond blanc avec tracé des motifs en brun

Ce décor des terres cuites se nomme, dans le langage des faïenciers : *èzzuwâq bèlmoġnâṣîya wlġlíq bèlbrâya ûlaḫḍar ûlaṣfar* « dessin à la mognâsiya (brun) et remplissage en couleurs bleue, verte, jaune. »

Les mots *zuwâq* et *ġlíq* ont toujours dans le langage de ces décorateurs sur émail le même sens, le premier, de dessin (schéma) ou cadre des motifs à peindre ; le second, de remplissage en couleur au pinceau, c'est-à-dire proprement : peinture.

Pour ce genre de décor l'ouvrier trace sur l'objet avec le pinceau le plus délié, le *qlem dènnšī*, les dessins qu'il remplira ensuite avec un pinceau plus large, donnant les trois autres couleurs sur le fond blanc qui constitue la cinquième couleur de l'ensemble.

Ici la série des opérations à exécuter est la suivante :

1° Dessin fait en brun (*ènnšī bèlmoġnâṣîya*) ;

2° Peinture des cases qui donneront les bleus (*ġlíq bèlbrâya*) ;

3° L'ouvrier étale les pièces au soleil de façon qu'elles s'échauffent un peu et que la poterie absorbe mieux l'eau salée du bain qui va suivre (*îferreq el fḫâr lèlgâyla bâš isḫon wîšreb èl melḥa*) ;

4° Les pièces sont plongées dans le bain d'eau salée ; c'est le *tämlîḥ* (salure) et l'on dit de l'ouvrier qui le fait *îmellaḥ lfḫâr* ;

5° Peinture en jaune et en vert (*ġlíq belaṣfar ûlaḫḍar*). Cette

série d'opérations se termine par la pose d'une bande de bleu [1]
— une *tšûrîba*, du verbe *sûreb* — sur le rebord du plat.

Après cette septième et dernière opération, le décor est achevé
et l'objet peut être mis aussitôt au four, après bain salé.

Avant d'examiner quelques types du décor polychrome, il
convient de faire une observation au sujet des pinceaux utilisés.
Pour la peinture, les pinceaux employés pour le jaune et le vert
sont de même espèce que le pinceau pour la peinture en bleu :
c'est le pinceau qu'on appelle *qlem dèttbû'*. Toutefois, pour le
jaune et le vert, on ne saurait employer un pinceau ayant déjà
servi pour le bleu ; on prend un pinceau spécial qui ne peut
guère servir d'ailleurs que pour cinq à six séances au maximum,
car son emploi dans le vernis jaune et dans le vert enlève aux
poils leur souplesse et rend bientôt le pinceau inutilisable ;
on en prend alors un neuf et l'ancien qui a servi pour le jaune
ou pour le vert est soigneusement lavé et employé dorénavant
pour le bleu.

Pour donner une idée de la façon dont procède l'ouvrier pour
décorer en couleurs les divers objets de terre cuite, je me bornerai, comme ci-devant, à prendre quelques exemples typiques
parmi les principaux objets décorés de la sorte. Il suffiront à
nous indiquer la technique générale et les principaux motifs de
la décoration aux émaux polychromes.

A) Bôṭa. Ces sortes de flacons en terre cuite ont des formes
et des dimensions variables, mais on peut les ramener à peu
près aux deux types représentés par les figures 190 et 192.

La *bôṭa* reçoit à sa surface des zones de décor sur des bandes
circulaires, parallèles aux cercles de l'ouverture et du pied.
Ces zones de décor se nomment encore *bît* (pl. *byût*)

---

(1) Quand je dis ici le nom d'une couleur je veux, bien entendu, parler
du bain d'émail qui ne donnera cette couleur que par l'effet de la cuisson, car le bain n'a pas lui-même cette couleur, sauf le smalt qui donne
le bleu.

Dans la figure 190 le col compte trois *btt* et le centre en compte autant. Les motifs représentés sur chaque *btt* sont du même type pour toute la zone ou compartiment de décor et chaque *btt* est séparé du suivant par une rayure blanche, bande circulaire étroite, non décorée, comprise entre deux *šorṭa* successives limitant deux *btt* voisins.

Prenons maintenant, à partir du haut du col, en descendant vers le pied, chaque *btt* successifs nous aurons :

1° *Btt* décoré de *swári* « colonnes » parallèles formées de deux traits voisins. Chaque colonne ou *sárya* recevra une couleur distincte au moment de la pose du vernis et ces couleurs seront alternativement : bleu, jaune et vert ;

Fig. 190. — Schème du dessin en brun d'une *bóṭa*.

2° *Btt* décoré de ʻaḍam zitún en bleu, jaune et vert alternativement et séparés par un trait brun indiqué sur le schéma de la figure ;

3° *Btt* décoré en *derbûz* dont les différents losanges recevront les trois couleurs, comme ci-devant, et dans le même ordre ;

4° *Btt* décoré en ʻaḍam zitún ;

5° *Btt* formé de demi-ʻaḍam décorés de *mšṭa* (pl. *mšṭát*) ou « petits peignes » tandis qu'un ruban de *mši wáji* repose sur la *šorṭa* de base ;

6° *Btt* décoré d'une succession de groupes d'un ʻaḍam zitún suivi d'un *btt dèḍḍerb wännši* « case de rameaux floraux » de la forme indiquée sur la figure 190. La disposition de la pein-

17

ture aux trois couleurs est toujours la même : alternativement
du bleu, du jaune et du vert, sauf pour cette dernière bande
où le cœur de chaque *'aḍam* est en vert, tandis que l'enveloppe
marquée de 4 points de chaque côté est en bleu et en jaune
alternativement [1].

Fig. 191. — Position de l'ouvrier qui décore une *bôṭa*.

(Photo A. Bel)

La figure 192 représente une *bôṭa* d'une forme différente et
dans laquelle le décor est encore divisé en 6 compartiments ou
bît représentant, de haut en bas, les motifs suivants :

Premier : *'aḍam zîtûn* ; second : *yasmîna* ou *tesjîr*, représenté en agrandissement par la figure 192 (1) ; troisième : *mši
wâjî meġlóq bèllwân* (garni en peinture polychrome), représenté
aussi en agrandissement (fig. 192 *B*) ; quatrième : *derbûz
dzällîj* ou bandes de carreaux, comme le sixième qui porte le

(1) La position de l'ouvrier décorateur *(m'allem zuiuwâq)* en travail,
pour le décor de la *bôṭa*, est donnée par la figure 191

même nom quoique d'un dessin un peu différent ; le cinquième
est un ʿaḍam zítún comme le premier.

Je viens de dire que le second motif porte le nom de
yasmîna « jasmin » ; c'est un décor floral fort répandu parmi
les faïenciers de Fès et qui prend les formes les plus variées. Je

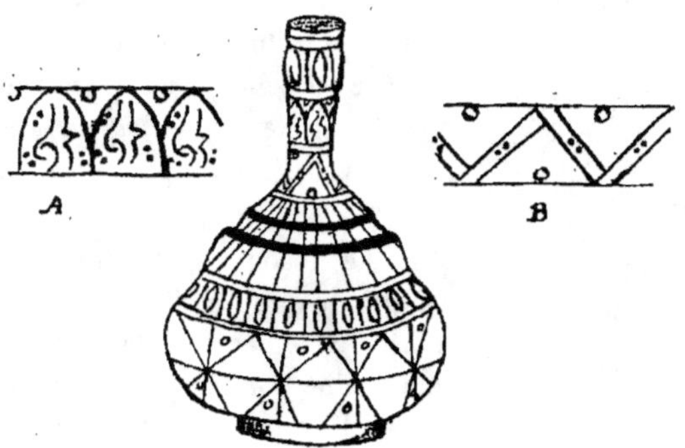

Fig. 192. — Schème du dessin d'une *bóṭa*,
avec agrandissement de deux des motifs du décor.

l'ai déjà mentionné ci-devant comme type de décor d'objets
émaillés en bleu uniquement. Dans le décor en couleur, bien
que la forme des contours varie légèrement, le type d'une
yasmîna est celui donné par la figure 193 ; il est
dit *bèlaʿḍâm fqalbó* « avec des noyaux au
milieu ». Le dessin est fait comme toujours en
brun, les points, marqués sur la figure, en bleu,
les ʿaḍam en jaune, les pétales en blanc (c'est
l'émail du fond) et le pourtour externe en vert. On ne s'explique d'ailleurs pas pourquoi la fleur de jasmin qui, dans la
nature, a cinq pétales n'en a plus que quatre dans la représen-
tation des faïenciers. Ou plutôt on peut l'expliquer par l'indifférence des ouvriers à une imitation quelconque de la nature.

Fig. 193.

Il est frappant, en effet, que la plupart des motifs décoratifs des faïenciers soient très éloignés du modèle naturiste qu'on a la prétention d'imiter. Au surplus, le nom même du motif qu'ils reproduisent leur importe peu, ils l'ignorent le plus souvent ou sont en désaccord pour nommer un même motif. C'est ainsi que la fleur reproduite par la figure 193 est appelée *yasmîna* (ou son diminutif : *îsîsmîna*) par les uns, *waṛḍa* « rose » par d'autres et *teffâḥa* « pomme » par d'autres encore.

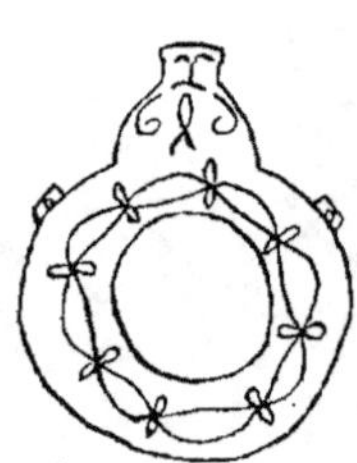

Fig. 194.

Dessin en brun du décor d'un *dèmlîj*.

B) Le décor polychrome du *dèmlîj* ne s'applique que sur l'une des deux faces. Il est extrêmement varié. Toutefois il semble que l'on part ordinairement d'une chaîne d'ovales, de ʿaḍam (fig. 194), courant sur la surface du tube en poterie, formant le corps de l'instrument et que l'on attache aux nœuds de cette chaîne des motifs secondaires, identiques pour un même *dèmlîj*, mais divers pour des *dèmlîj* différents. Ces motifs secondaires sont ordinairement encore des ovales (ou ʿaḍam) plus petites que celles de la chaîne et opposées par leurs pointes deux à deux, perpendiculairement à l'axe de la chaîne (fig. 195). Cette figure indique en même temps en hachures le bleu des ovales ;

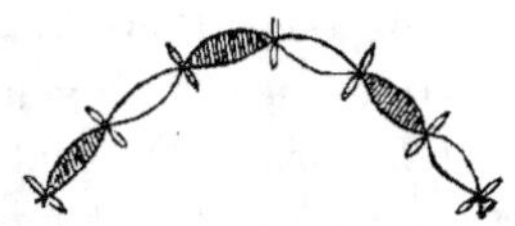

Fig. 195.

Motif du décor de la fig. 194 (Les hachures sont en bleu, les autres ellipses alternativement en vert et jaune).

les autres ovales, ainsi que les groupes de deux ʿaḍam à leurs extrémités, sont alternativement en vert ou en jaune.

C) Le décor de la *joḥḥâna* comporte : 1° le décor de la plateforme du couvercle ; 2° celui des flancs du couvercle ; 3° celui de la panse.

La plateforme représente un cercle au centre duquel se trouve le bouton ou poignée du couvercle. On le décore d'un cercle gaufré, appelé *hozâm* (pl. *hzûm*) dont chaque arc partiel est soutenu par un petit tiret détaché, puis d'une série de demi-ovales ou *'aḍam* s'appuyant par les extrémités de leur arc sur le cercle de pourtour (fig. 196). Ces *'aḍam* se décorent alternativement en bleu (hachures de la figure 196) et en jaune, tandis qu'on met du vert dans la partie comprise entre le polygone interne et le *hozâm*.

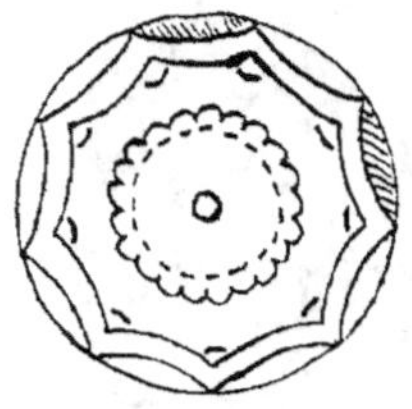

Fig. 196.

Décor de la plateforme d'un couvercle de *joḅḅâna*.

Les flancs extérieurs du couvercle reçoivent la même série de bandes ou *bît* que la panse du vase ; et ces bandes sont identiques deux à deux, l'une sur le couvercle, l'autre sur la panse, mais disposées en sens contraire. Ainsi, c'est la première en haut du couvercle qui est semblable à la première en bas de la panse (fig. 197).

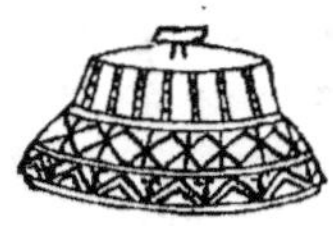

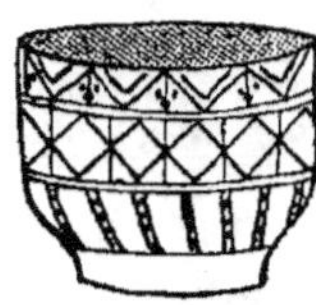

Fig. 197.

Décor d'une *joḅḅâna*

Ces bandes de décor sont ici : sur le couvercle, en descendant, de haut en bas, ou en allant de bas en haut sur la panse : Une bande de *swâri* « colonnes » toutes peintes en vert ; une bande (au milieu) de *derbûz dzällíj* dont chacun des losanges consécutifs, tangents par une pointe, est alternativement bleu, vert, jaune ; enfin une bande de *mší wâjí* dont chaque dent (∧) est peinte alternativement avec les trois mêmes couleurs (fig. 197).

Il ne s'agit ici que d'un thème décoratif de *joḅḅâna* ; il en est d'autres, nombreux, qui s'inspirent d'ailleurs de ce même principe que la décoration du couvercle et celle de la panse doivent naturellement être dans le même ton et les mêmes motifs. Si par exemple le décor est tout entier en *tesjîr* sur le couvercle, il doit en être de même pour la panse. La plate-forme du couvercle ne suit pas ces règles et reçoit toujours une décoration originale, différente de celle du reste de la *joḫḫâna*.

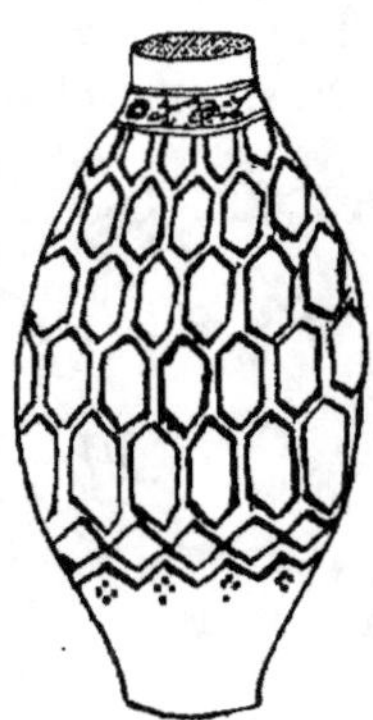

Fig. 198.
Schème d'un décor
de *ḫâbya*.

D) Le décor des *ḫâbya* est également très varié certes, mais il s'inspire du principe de la division de la panse en cases plus ou moins rapprochées les unes des autres et disposées dans un ordre régulier.

Lorsque les cases, comme dans la figure 198, sont très voisines les unes des autres, on ne met rien dans l'intervalle qui les sépare et leurs lignes voisines sont parallèles deux à deux. Lorsque ces cases ou *bît* sont assez distantes les unes des autres, on remplit l'intervalle en *tesjîr*.

Dans l'exemple que donne la figure 198 au-dessous de l'ouverture de la *ḫâbya*, à la naissance du col se trouve une bande circulaire nommée *mḍomma dèlḫâbya*, « ceinture de la *ḫâbya* » [1] décorée d'un motif floral, composé comme l'indique la figure 199, que les ouvriers nomment *tesjîr fqalbô yâsmîna*, c'est-à-dire « décor floral au milieu duquel se trouve une fleur de jasmin ». Dans ce motif floral qui forme un rinceau, la fleur de jasmin a de nombreuses pétales et reçoit les couleurs suivantes : le petit cercle central reste blanc, le cercle qui l'entoure est vert et

Fig. 199.

---

(1) La *mḍomma* est le nom d'une étroite ceinture de femme ; elle est ornée de grosses broderies d'or en relief sur fond de velours ou de soie.

les pétales sont jaunes, et toutes ces couleurs, ajoutées au grand nombre de pétales, font que cette fleur ne ressemble en rien au jasmin. Quant à la tige qui réunit les fleurs de jasmin du rinceau, elle est formée d'un rameau brun — comme le cadre de la *yâsmîna* — supportant des points bleus.

Dans la même figure 198, la panse de la *ḫâbya* est entièrement couverte de *bît* géométriques, dont les types sont successivement de haut en bas : *a*) une ligne de rectangles s'appuyant par une petite base sur la *šoṛṭa* inférieure de la *mḍomma* et terminés à leur autre extrémité par un angle en pointe vers le bas ; *b*) plusieurs rangées d'autres rectangles dont les petites bases, en haut et en bas sont remplacées par des angles aux côtés parallèles à ceux des angles voisins, les grandes bases des rectangles étant elles-mêmes parallèles à celles des rectangles voisins ; *c*) une série — quelquefois deux selon les besoins et la surface qui reste à garnir — de losan-

Fig. 200.

ges, termine les *bît* vers le bas. Une ligne brisée régulière forme enfin la ceinture inférieure limitant ce décor ; quatre petits points bleus placés dans chaque ouverture d'angle, du côté du pied de la *ḫâbya*, complètent le tout.

Toutes les cases ou *bît* ci-devant énumérées sont décorées de

Fig. 201.

motifs laissés au gré de l'ouvrier. C'est assez souvent un *tesjîr*, dont la figure 200 donnera une idée : les branches sont en brun comme le cadre, les feuilles ou pétales en jaune, les points en bleu et les séparations des *bît* sont en vert.

Dans les petits losanges du bas, le tracé du cadre et des tiges est en brun et les points en bleu (fig. 201).

On peut broder, presque indéfiniment, sur un arrangement semblable des cases. Ainsi, par exemple, le type de *bît* indiqué ci-dessus peut être remplacé par le type en losange. Alors les

losanges sont séparés les uns des autres ; un demi-losange —
c'est-à-dire un triangle — forme alors la bande supérieure de
décor, juste au-dessous de la *mdomma* Le décor interne de
chacun de ces losanges peut être une fleur quelconque, par
exemple celle que représente la figure 202 et que certains

Fig. 202.

ouvriers appellent *yâsmîna* « jasmin » tandis que
d'autres la nomment *fšîša* « petite rose grimpante ».
Cette fleurette dessinée en brun et ornée de cinq
points en bleu est entourée alternativement de jaune
ou de vert. Ces losanges appelés *zällîj* formant
l'encadrement de cette fleur peuvent enfin disparaître eux-mêmes
et il ne reste plus alors pour orner la *ḥâbya* qu'une constellation de fleurs (fig. 203). Dans ce motif, la pose des couleurs,
est la suivante : le centre de la fleur est jaune ou vert, peu
importe, les 4 pétales restent blanches avec un point bleu au
milieu, l'espace compris entre les fleurs, le *ğlîq*
comme on dit, se fait en vert si le cœur des
fleurs est en jaune ; il se peint en jaune dans
le cas ou le cœur de chaque fleur est en vert.

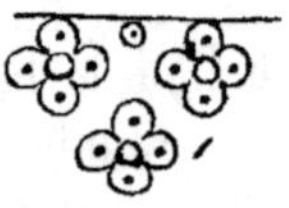

Fig. 203.

Dans les *ḥâbya*, de petite taille, on supprime
la *mdomma* et l'on réduit les dimensions des *bît* ou des motifs
de décoration.

E) Le décor des plats en couleurs varie à l'infini. La division
du plat en trois parties pour le décor subsiste et le genre de
décor diffère quand on passe du *šâreb* (rebord) au *ḥâyṭ* (bords),
et au *fels* (fond). Ces trois parties du plat sont, en effet, des
surfaces de forme différente sur lesquelles, par conséquent,
l'arrangement des motifs — sinon le motif lui-même — doit
être approprié à la surface à décorer.

Pour le *šâreb*, il s'agit d'un mince bandeau circulaire
(quand le plat à des rebords plats ou étalés) et les motifs
pour l'orner sont naturellement réduits à ceux précédemment
indiqués et à quelques autres, géométriques simples (des 'aḍam
généralement).

Quant à l'harmonie du décor du motif central ou *fèls* avec celui des côtés ou *ḥâyṭ*, quelques exemples permettront de s'en faire une idée et de connaître un certain nombre des motifs géométriques ou floraux usités à l'heure actuelle.

La figure 204 représente le décor floral d'un plat (motif central) qui comporte un cadre appelé ici *miḥrâb* (niche de l'officiant à la mosquée) en vert, surmonté d'un croissant (*ḥâlâl*) en vert également, surmonté lui-même d'un motif floral (*ka'b*) en jaune. Cet ensemble de motifs, surtout le *miḥrâb* et le *ka'b*, se retrouve constamment dans la décoration hispano-moresque du XIVᵉ siècle (plâtres, marbres, bois, cuivres), et on pourrait en citer des exemples nombreux, tant à Tlemcen qu'à Fès et en Espagne, sur des monuments, sur des vases, sur des stèles funéraires même [1].

Fig. 204.

Décor floral d'un plat
(motif central).

Dans l'encadrement du *miḥrâb* est un rameau floral à feuilles jaunes, que les uns appellent simplement *sjira* mais que j'ai entendu nommer aussi *merdeddûš mrékkba 'alih yasmîna* « marjolaine sur laquelle on a monté une fleur de jasmin ». Les points noirs marqués ici sont en bleu sur le plat. Pour le remplissage du reste du *fèls* en dehors du cadre principal, l'ouvrier jette quelques fleurs, des *teffâḥa* « pommes » ou rosaces étoilées à branches jaunes avec au centre un cercle blanc marqué d'un point bleu en son milieu. Ce cercle central est appelé *fšiša* « petite rose grimpante », tandis que les bran-

---

[1] Voir par exemple pour Fès les illustrations données dans mes *Inscriptions arabes de Fès (Journal asiatique*, nᵒˢ de 1917-1918).

ches de l'étoile sont des *'aḍam*. Il y met aussi des fleurs plus petites que les *teffâḥa*, des *yâsmîna* ou plutôt — comme elles sont plus petites que la *yâsmîna* du motif central — des *isismîna* « petites fleurs dé jasmin ».

La figure 204 donne 2 *teffâḥa* et 4 *isismîna*.

Le décor des *ḥâyṭ* dans un plat dont le *fèls* ou fond est décoré comme on vient de le dire, est indiqué par la figure 205. Deux cercles ondulés en brun ferment la bande circulaire sur laquelle court un chapelet de *'aḍam zitûn*, alternativement verts et jaunes ; tout le pointillé qui borde les cercles ondulés est en bleu.

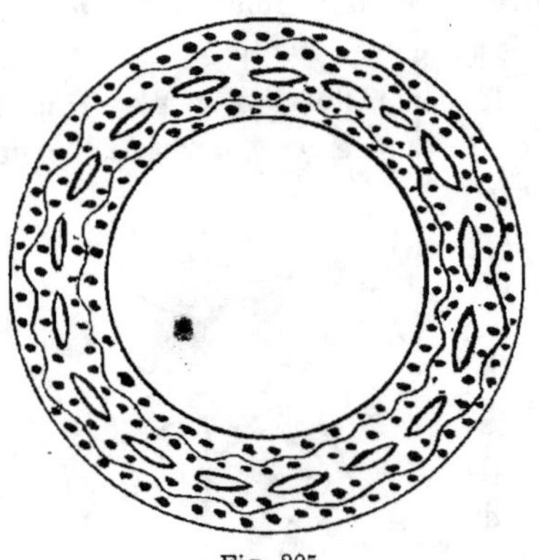

Fig. 205.

Arrangement décoratif du *ḥâyṭ* d'un plat.

Un autre type de décor est donné par le plat représenté ici par la figure 206. Le *fèls* est formé d'un cercle qui circonscrit un premier pentagone régulier à côtés courbes au lieu d'être droits.

Au milieu de ce pentagone s'en trouve un second dont les côtés sont parallèles à ceux du premier, puis un troisième dans lequel est inscrit un

Fig. 206. — Motifs décoratifs d'un plat (esquisse partielle).

carrelage ou *šèbka*. Trois rubans circulaires concentriques couvrent le *fèls* et reçoivent chacun un arrangement décoratif qui lui est propre : le premier vers l'intérieur est décoré en *zällïj*, le second et le troisième en *'aḍam*. Toutes les lignes représentées sur la figure 206 sont en brun sur l'original, les points de la *šèbka* et les *'oḍyem* des *'aḍam* sont en bleu. Pour la pose des deux autres couleurs, l'ouvrier met du jaune sur les bandes comprises entre le grand pentagone central et le moyen. Les *zällïj* ou losanges du ruban circulaire interne sont

Fig. 207. — Autres motifs décoratifs d'un plat
(esquisse partielle).

alternativement bleus et jaunes ; les *'aḍam* qui portent en leur milieu un o'*ḍïyem* bleu, sont alternativement jaunes et verts.

La figure 207 qui représente l'esquisse sommaire d'un autre décor de plat, nous montre un nouvel arrangement décoratif des dessins géométriques et des *'aḍam* sur les diverses parties du plat. Dans le cercle du *fèls*, un carré à côtés arqués en sens opposé aux arcs de cercle qu'ils soutendent, et entre deux arcs un *'aḍam* en bleu ; au centre un filet (*šèbka)* de *zällïj*, avec, au milieu de chaque carré, un point tantôt bleu, tantôt jaune.

Sur les *ḥâyṭ* on a : une bande circulaire externe de *zällîj* alternativement bleus, verts, jaünes; une bande circulaire interne, avec un décor un peu plus complexe : deux *'aḍam* affrontés, avec un noyau brun ou bleu dans l'intérieur de chaque *'aḍam* et entre les deux un triangle à côtés courbés, renfermant un *tesjîr* de *nšî* et de *ḍeṛb* (ce triangle est appelé *flâq el-qôra*); entre deux groupes de *'aḍam* est une double circonférence formant une zone qui englobe un cercle : le cercle est en *šèbka*

Fig. 208.

Esquisse partielle d'un autre décor de plat.

et la zone peinte en jaune, tandis que la zone externe, entre cette zone circulaire et le groupe de deux *'aḍam* est peinte en vert.

A ces exemples qui pourraient être beaucoup plus nombreux ajoutons encore la décoration représentée par la figure 208.

Je me bornerai à signaler, ici, le motif nouveau *jnâḥ* « aile » qui figure dans le *fèls* et sur la bande circulaire centrale des *ḥâyṭ*. Dans un cas comme dans l'autre il y a opposition des *jnâḥ* deux à deux et chaque *jnâḥ* dans chaque groupe a une couleur différente de l'autre ; ainsi, dans les groupes de *jnâḥ* du *fèls,* ceux qui sont le plus rapprochés du centre du plat sont jaunes et les autres verts ; il en est de même des *jnâḥ* de la bande des *ḥâyṭ*.

Ce motif, appelé aujourd'hui *jnâḥ* « aile » par les modernes faïenciers de Fès, pourrait bien être une adaptation au plat d'un décor commun autrefois — et notamment au xiv⁰ siècle — sur les monuments hispano-moresques du Maghreb : c'est la stylisation de la palmette d'acanthe, qui joue un rôle considérable dans toute la décoration des monuments musulmans d'Occident jusqu'à nos jours [1].

Vente des Faïences peintes sur émail

Les faïences peintes sur émail ne se vendent pas à l'atelier. Il y a en ville, dans les Souks, tout près du marché des poteries de Sîdî Frej, toute une petite rue occupée par les boutiques de vente des faïences émaillées.

Cette rue, qui d'un côté aboutit au marché des poteries, a son autre extrémité dans le voisinage de la pittoresque place des Nejjârîn et se trouve dans un quartier, voisin d'El-Mâllâḥîn et de Sîdî Frej, qu'on appelle *Ṣôq-el-bdi'* ou *El-feḫḫârîn.*

Les patrons en céramique émaillée vendent eux-mêmes, par l'intermédiaire généralement d'un parent ou d'un associé, les objets de leur fabrication dans ces boutiques ; ou bien ils

---

[1] Sur la transformation de la palme d'acanthe sous le ciseau du sculpteur dans la décoration architecturale du Maghreb, voir, par exemple : W. et G. MaNçais, *Monuments arabes de Tlemcen,* p. 106-107, et fig. 12, ainsi que les figures de mes *Inscriptions arabes de Fès* dans le *Journal asiatique* (1917-1918).

vendent en gros les produits de l'atelier à un marchand de ce Souk.

Les objets divers qui se trouvent dans ces boutiques sont tous de fabrication récente. On n'y trouve plus de vieilles pièces. Les vieux plats comme les vieux cuivres, les vieilles broderies ou les vieux bois, par exemple, qui sont depuis la fin de 1914 très recherchés des touristes européens venant à Fès, sont accaparés par quelques habiles commerçants du *Moreqṭân* (nom d'une partie des Souks) et revendus, par eux, à des prix de plus en plus élevés à mesure qu'ils deviennent de plus en plus rares.

Quant aux objets neufs vendus dans les boutiques du Ṣôq-el-Bdî' [1] du quartier d'El-Mellâḥîn, ils n'ont à subir aucune transformation avant la vente.

Cependant le marchand occupe quelquefois les longues heures de désœuvrement qu'il passe à attendre la rare clientèle. Il fait subir à ses plats et récipients en faïence émaillée deux opérations : la première est considérée comme nécessaire, la seconde est une ornementation supplémentaire :

a) Les plats et objets apportés de l'atelier au magasin de vente présentent des bavures d'émail et des boursouflures dues à la cuisson. Il faut faire disparaître ces défauts ; enlever ces gouttelettes d'émail, figées et vitrifiées ensuite, les dépôts d'émail aux endroits où plusieurs pièces ont été en contact dans le four, les boursouflures produites par des bulles de gaz.

J'ai dit plus haut (pour les *qandîl*), que lors de la sortie des pièces du four, l'ouvrier armé de la *ḥadîda dèl ḫrâj* séparait les pièces accolées et faisait sauter sous les coups de cet instrument les verrues de terre cuite ou d'émail. Mais cette opération faite à la hâte n'est jamais parfaite ni définitive, elle a bien

---

(1) *El bdi'* « le brillant » est aussi le nom que les potiers donnent aux objets émaillés et peints sur émail, par opposition aux pots non émaillés.

plus pour objet la séparation des pièces que leur polissage aux endroits mal nivelés.

Ce nettoyage des surfaces par la suppression des bavures et des adhérences malheureuses de l'émail se fait surtout dans le magasin de vente et à l'aide du même instrument (*hadîda dèl ḫrûj*) qu'on nomme ici *hadîda detteqrîṭ*, avec la lame duquel l'ouvrier râcle les surfaces (*iqaṛṛaṭ*) ;

b) Nous avons vu ci-devant que le marchand de poteries de Fès donnait à certaines pièces un décor de points au goudron. Le marchand de faïences plastiques, dans sa boutique lui aussi, ajoute au décor émaillé un décor de points rouges posés comme pour les poteries, avec l'extrémité de l'index trempé — comme nous l'avons décrit pour le goudron — dans un mélange fluide à base de minium. Ce liquide sirupeux de couleur rouge se nomme *zerqṭûn* [1] ; lorsqu'il est desséché sur la faïence il ressemble à de la cire rouge. Les objets en faïence sur lesquels s'applique ce décor sont principalement les plats et les assiettes, les *qandîl*, *dämlij*, *meṡmûm* et *mrèṡṡa* (ou aspersoirs). Il se met quelquefois aussi sur les *ḫâbya* et les *joḫḫâna*. Son principal but serait de masquer les défauts et les parties où l'émail a été enlevé, m'ont dit les marchands.

Pour poser ces points rouges, sur un plat par exemple, le marchand commence par le centre du fond dont il s'éloigne progressivement en décorant ainsi successivement les circonférences encadrant les cercles concentriques jusque vers le rebord. Le nombre des points rouges augmente avec la longueur de plus en plus grande de la circonférence à décorer. Il y aura par exemple 4 points disposés en carré sur la première, 8 sur la seconde, etc., et à des intervalles réguliers de façon à faire des combinaisons de triangles, de carrés et de

---

(1) Le *zerqṭûn* des Marocains est le *zerqûn* des musulmans d'Algérie ; c'est le nom du minium. Les écoliers en Qoran l'emploie mélangé à du blanc d'œuf — qui donne plus d'éclat — pour décorer leur planchette à Qoran, aux jours de *ḫètma*.

polygones réguliers, dont les sommets sont marqués par les points rouges, comme l'indique la photographie de plat de notre figure 209.

Le décor au _zerqţûn_ des autres objets émaillés se fait de façon analogue.

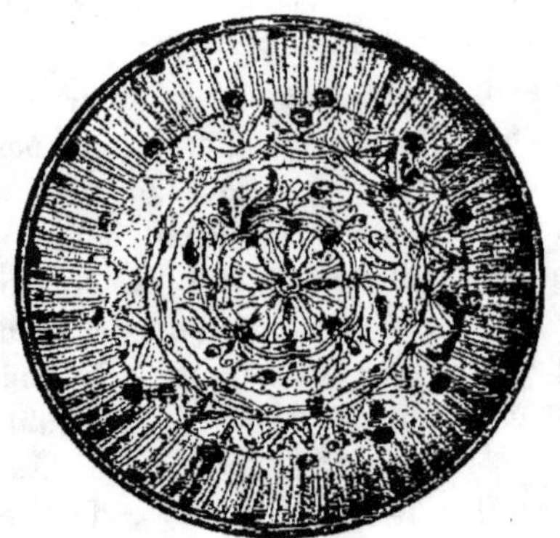

Fig. 209.
Assiette émaillée, décorée aux points de _zerqţun._
(Photo A. Bel)

Il ne semble pas que l'usage de la décoration au _zerqţûn_ des faïences peintes en bleu ou ornées d'émaux polychromes date de bien longtemps. Les anciennes pièces que nous avons pu voir et celles que nous avons acquises à Fès n'en portent nulle trace. Mais les marchands qui vendent les pièces actuelles ou les artisans qui les font n'ont pu nous renseigner sur l'époque à laquelle on a commencé à employer cette décoration. Celle-ci ajoute aux émaux la couleur rouge qui n'existait pas et n'a jamais existé dans les émaux des faïences de Fès.

Nous ajouterons que cette décoration de points rouges n'est pas très heureuse ni pour l'ensemble de la composition décorative, ni pour l'harmonie des couleurs.

LES FAÏENCES ÉMAILLÉES DE FÈS ET L'ÉVOLUTION DU DÉCOR

L'étude détaillée des techniques de la fabrication et de la décoration des faïences de Fès que nous venons d'exposer appelle quelques remarques que nous donnerons ici en manière de conclusion à ce travail.

a) Revêtements de faïence. — En ce qui concerne les carreaux émaillés, nous avons observé qu'ils sont utilisés ici, dans l'architecture religieuse et civile depuis le début du xive siècle jusqu'à nos jours, pour former une marqueterie appelée aussi mosaïque de faïence, servant au pavage des parquets et au revêtement des murs intérieurs pour les galeries, les cours et les chambres de la maison, pour la décoration extérieure des minarets des mosquées, des portes, des fontaines...

W. et G. MARÇAIS, dans leur remarquable étude des *Monuments arabes de Tlemcen* (pp. 75 à 84), ont parlé de cette « *marqueterie en terre émaillée* dite *mosaïque de faïence* »; ils ont esquissé le problème de ses origines et examiné l'emploi de cette faïence polychrome dans le décor des monuments tlemceniens, frères de ceux de Fès. A propos de la technique de construction de cette mosaïque, je ne souscris que partiellement à ce qu'ils en ont dit (p. 53), que les divers morceaux qui la composent étaient « probablement moulés, cuits, puis couverts et recuits avec l'émail » et « ajustés à la lime ». Ceci n'est vrai qu'en partie. J'ai bien trouvé moi-même, dans les débris de revêtements mérinides tlemceniens, des morceaux de faïence ayant appartenu à des panneaux de mosaïque, et qui portaient des coulées d'émail de la face sur la tranche. Une telle constatation démontre que, dans ce cas, le découpage était fait avant l'émaillage, selon une technique existant encore à Tétouan, avons-nous dit ci-devant. Mais les autres éléments en faïence

18

de la mosaïque tlemcenienne, et ce sont les plus nombreux de beaucoup, notamment ceux du Musée archéologique, ont été taillés dans le carreau cuit et après l'émaillage, à l'aide du *monqâš*, comme à Fès encore aujourd'hui. Les deux techniques de découpage du fragment de faïence (celle de Fès — la plus importante — et celle de Tétouan) semblent avoir existé à Tlemcen [1].

Dans une note beaucoup plus récente (*Bulletin Archéologique*, année 1915, 2º fascicule, p. 250-253), M. Saladin qui fait remonter à la Perse et à la Mésopotamie les origines de cette sorte de mosaïque de faïence a, très brièvement mais très judicieusement, classé les différentes séries de ses applications à l'architecture. Cela me dispense d'y revenir ici.

Quant aux compositions décoratives obtenues par la combinaison, l'arrangement des divers fragments des *zällîj*, découpés en plein dans le carreau émaillé, à la technique de cette décoration de la mosaïque de faïence dans la Berbérie et l'Espagne musulmane, j'ai signalé le travail, en préparation, de M. Ricard sur ce sujet. Il nous apportera, bientôt je l'espère, les plus précieux éclaircissements sur ces questions que j'ai laissées entièrement en dehors de la présente étude.

Après avoir vu Fès ét visité ses principaux monuments, beaucoup penseront, avec moi, qu'il faut accorder à cette ville

---

[1] A l'occasion de la publication des résultats des fouilles que j'ai faites à Tlemcen sur l'emplacement d'*Un Atelier de poteries et de faïences du Xᵉ siècle de J.-C.* (Constantine, Braham, 1914), j'ai signalé que l'on n'y trouvait pas de carreaux de *zällîj*; j'y ai indiqué, par contre ·p. 12. note 3, et p. 2', qu'un autre atelier tlemcenien de céramique — celui de Bàb el-Qarmâdîn, qui existait déjà au xiii' siècle et sur l'emplacement duquel on a fait de la céramique jusqu'au xx' siècle — faisait des *zällîj* tout-à-fait analogues à ceux de Fès. Or, dans aucun monument tlemcenien je n'ai trouvé un seul carreau de *zällîj* employé ainsi dans ses dimensions premières, 11ᶜᵐ × 11ᶜᵐ environ, mais bien toujours découpé. C'est encore ce qui se passe aujourd'hui, et que nous avons décrit, à Fès où les *zällîj* sont toujours découpés au *monqâš* avant d'être employés.

et non plus à Tlemcen, comme l'écrivait W. et G. Marçais (*loc. cit.*, p. 82), le privilège de nous offrir « les beaux et les plus complets spécimens de ce genre de décor » des revêtements en faïences polychromes.

On ne saurait d'ailleurs ici, dans cette étude des techniques actuelles de la terre cuite, insister sur ce que fut cet art de la décoration en faïence à travers les siècles passés, même dans la seule ville de Fès. Nous dirons seulement que cette industrie, bien encore que très vivante, nous paraît moins développée dans ses productions décoratives qu'elle ne le fut jadis, à une époque récente même.

Les céramistes de Fès ne font plus par exemple l'émaillage sur la tranche de certains carreaux qui, dans les entrelacs géométriques des panneaux de faïences polychromes, — modèle abandonné aujourd'hui, — formaient les baguettes blanches de l'entrelacs.

Ils ne font plus de ces larges carreaux émaillés (j'en ai rapporté plusieurs de Fès qui mesurent 15^{cm} 5 $\times$ 15,5, portant des motifs floraux et d'autres à entrelacs géométriques), sur le fond émaillé desquels étaient peints des dessins en une ou plusieurs couleurs à motif floral ou géométrique.

Ils ont abandonné aussi les inscriptions peintes sur émail et quand ils tracent aujourd'hui — ce qui est encore fréquent — des inscriptions sur une bande de carreaux de faïence, ils écorchent l'émail en l'enlevant au burin, autour de l'inscription ou du dessin, selon un procédé déjà en usage au xɪvᵉ siècle et dont les monuments de cette époque donnent tant d'exemples. C'est là une sorte de « taille d'épargne », comme l'a observé M. Saladin dans une note déjà citée.

Cependant, si certains types de carreaux, si quelques anciennes techniques décoratives des artisans en carreaux de faïence sont délaissées aujourd'hui, si les émaux ont perdu de la valeur de leurs tons et de leur éclat, le mal n'est pas irrépa-

rable. Les faïenciers de notre époque à Fès sont très capables
de revenir à d'anciens modèles et de refaire de beaux émaux,
comme ceux que l'on admire (les bleus surtout) dans la maison,
pourtant récente, du grand vizir El-Hadjj Moḥammed el-Moqri,
ou encore comme ceux qu'ils ont produits en 1915 pour la
restauration de deux médersas mérinides de Fès.

Je ne prévois d'ailleurs le maintien de la fabrication des
zällîj polychromes du type ancien et actuel que pour la restauration — qu'on ne saurait d'ailleurs souhaiter trop prudente —
des vieux et si beaux monuments que le Protectorat a le devoir
de conserver. Quant à l'usage des *zällîj* dans les maisons privées, le prix trop élevé de cette mosaïque de faïence la fera
très vite abandonner par la petite bourgeoisie marocaine
d'abord et aussi bientôt par les riches musulmans. Elle a déjà
été remplacée dans quelques maisons de Fès par nos carreaux
européens. Le carreau de ciment décoré se substituera lui aussi
aux *zällîj* pour le pavage des intérieurs.

Peut-être trouvera-t-on un moyen de parer à ces regrettables
substitutions, du moins d'une façon partielle, en amenant les
ouvriers en faïence à perfectionner leur outillage pour faire
plus vite et mieux, et surtout à adopter un modèle de carreau
plus grand que la *zällîja* actuelle, comme celui d'autrefois,
peint sur émail avec des dessins tels que l'assemblage des
carreaux reproduise la décoration des anciennes mosaïques à
entrelacs géométrique par exemple. Le parement des murs
intérieurs ainsi obtenu ne vaudra jamais la mosaïque qu'il
rappellera, mais il aura le grand avantage d'être beaucoup
moins coûteux qu'elle et surtout d'être, dans ces maisons
marocaines, moins déplacé que nos faïences européennes.

b) Faïences plastiques. — L'étude des techniques décoratives
dans les faïences plastiques nous a permis de connaître les
principaux motifs de décoration qu'on leur donne actuellement.
Or, cet art de la céramique, comme toutes les industries indi-

gènes, est en pleine décadence. Pour le cas particulier qui nous occupe ici, les causes pourraient en être cherchées notamment dans l'importation des articles étrangers et dans les « modes » nouvelles qui se propagent souvent si facilement à Fès. Les pièces de luxe du service de table sont importées d'Europe et d'Extrême-Orient. La décoration des intérieurs bourgeois a changé, et l'usage n'est plus d'orner les chambres d'étagères supportant de belles pièces de céramique. du pays. Dans les rares maisons où se voient encore des étagères, celles-ci sont garnies de porcelaines européennes ou chinoises.

Les gens du peuple et les ruraux sont seuls restés fidèles aux poteries et faïences du pays ; aussi bien les artisans, abandonnant la fabrication des belles pièces qui ne leur étaient plus demandées, se sont confinés dans celle des objets à bas prix. Par raison d'économie, et peut-être aussi pour que leurs produits puissent lutter contre la camelote européenne, ils ont, comme nous l'avons remarqué ci-devant, diminué la dose d'étain des vernis ; il en est résulté une diminution dans l'éclat des couleurs et dans la pureté des émaux.

N'étant plus stimulé par les bénéfices qui lui procurait une. clientèle de choix, l'artisan n'a plus fait l'effort nécessaire pour « composer » ses dessins, pour varier et parfaire ses décors. Comme nos fabricants de meubles à bon marché, il a vaguement répété un poncif vite et facilement exécuté et ses facultés d'inventeur, son habileté manuelle se sont atrophiées. Le jeune artisan, une fois qu'il sait tenir un pinceau, qu'il a vu son père ou son patron faire devant lui quelques motifs simples, se laisse aller dans le décor des pièces à la fantaisie de son goût ; il brode à son gré, ou à peu près, sur un thème initial dont il ne perçoit bientôt plus les caractéristiques.

Aussi bien, lorsque l'on compare les anciens plats aux modernes, on est frappé dans ceux-là par la sobriété et la simplicité du décor qui ne recouvre jamais entièrement le fond, par la netteté du dessin, la rectitude du trait, l'éclat des couleur et leur harmonie, la prédominance du décor floral sur le décor géométrique.

Aujourd'hui, au contraire, le motif initial disparaît souvent presque entièrement sous un fouillis diffus de floraisons étranges et mièvres (le *tesjir* ou « arborescence ») qui tendent elles-mêmes à être remplacées par des motifs géométriques quelconques.

C'est donc d'après les pièces anciennes, principalement celles des collections LIBERT (Musée de Rabat), MELLIER (Musée de Fès) et de la nôtre, que nous voudrions parler de ce décor des faïences plastiques dont un connaisseur en la matière, M. Raymond KŒCHLIN, a pu dire « que les faïences de Fès » réunies au Musée de cette ville et à celui de Rabat présentent » une variété de décors inconnue à celles des plus illustres » fabriques de la Syrie et de l'Asie Mineure [1] ».

Nous n'aborderons pas ici le problème des origines de ces faïences plastiques de Fès. Peut-être pourrait-on comparer le décor de certaines de leurs pièces avec celui des plats de Raghèse dont G. MIGEON donne des reproductions dans une courte note et avec celui des plats hispano-moresques figurant dans le *Manuel d'Art musulman* (t. II, Paris, chez PICARD, 1907) du même auteur.

Quelles que soient les origines premières de cette poterie, le décor des pièces anciennes que nous connaissons — et qui ne remontent guère au delà de cent ans — nous paraît avoir subi les influences de l'art hispano-moresque d'une part, de l'autre celles des arts de la Syrie et de la Perse, et même peut-être par la Perse, de l'art extrême-oriental.

Rien n'est plus naturel que de retrouver dans la céramique de Fès l'influence hispano-moresque. Le Maghreb et l'Espagne

---

(1) Cf. *France-Maroc*, n° du 15 janvier 1917, p. 16.

étaient, en effet, en rapports constants, nous enseigne l'histoire, et à toutes les époques. Au moment de la fondation de Fès (IXe siècle) tout un quartier de la ville fut peuplé d'émigrés andalous et il a conservé jusqu'ici son vieux nom de 'Adoua (el-Andalous).

Nous lisons dans une chronique de Fès écrite au XIVe siècle (manuscrit de ma collection) sous le titre *Kitâb ul-As fi binâï madînati Fâs*, par Abû l-Hasan 'Alî el-Jèznâyi, que l'émir almoravide Yûsof ben Tâšfîn, pour les importantes constructions qu'il entreprit à Fès, fit venir des artisans de Cordoue (XIe siècle). Je prépare une édition du texte, avec traduction, de cette chronique postérieure au *Qirṭâs*.

Plus tard, aux XIVe et XVe siècles, la brillante cour des Mérinides attire à Fès nombre de musulmans d'Espagne ; cette capitale sert enfin de refuge aux émigrés de la Péninsule qui fuient la domination chrétienne ; et au temps de la chute de Grenade, nombreux sont les Andalous qui vinrent en Maghreb et s'établirent à Fès « emportant leurs métiers, leurs usages, leurs animaux domestiques… » [1]. Ils créèrent même, tant ils étaient nombreux, une crise économique qui causa de sérieux ennuis aux sultans. Enfin, quelques familles de potiers de Fès disent descendre d'ancêtres andalous. Aussi, la céramique, comme l'architecture, comme l'art des tissus, nous paraît-elle aujourd'hui fort imprégnée de traditions hispano-moresques.

En ce qui touche aux influences persanes et orientales, même si l'on suppose que l'industrie de la poterie n'a point été apportée à Fès directement d'Orient par les milliers d'émigrants d'El 'Iraq et de la Syrie venus à Fès, comme nous

____

(1) Lettre du 23 septembre 1491 d'un secrétaire du sultan de Fès, publiée par J. MÜLLER et traduite par A. COUR (*L'Établissement des dynasties des Chérifs au Maroc*, 1 vol. in-8°. Paris, chez Leroux, 1904, p. 45, note 1).

l'apprend l'auteur du *Qirtâs* [1], et qu'elle y est venue indirectement par l'Espagne — ce qu'il serait difficile d'affirmer — il n'est pas étonnant qu'elle se soit exercée dans cette ville. Au Moyen-Age, des relations suivies existaient entre les pays musulmans d'Orient et ceux du Maghreb ; un commerce actif — qui existe toujours — se faisait entre l'Egypte, l'Asie Mineure et le Maroc. Les pèlerins marocains allaient en caravanes organisées faire le pèlerinage de La Mekke et rapportaient, de cette « foire », de ce bazar oriental que sont les Lieux Saints à cette époque, des tapis, des étoffes, des cuivres, des vases en terre émaillée. Les sultans de Fès eux-mêmes échangeaient des présents avec les monarques orientaux. Tout cela explique l'influence orientale et persane très nette que l'on retrouve dans le décor des faïences dont nous parlons ici.

Ce décor des faïences de Fès est géométrique, épigraphique ou floral, jamais animal, du moins dans les pièces que nous connaissons. On peut être surpris de cette absence de représentations animales ici puisque nous venons de parler d'influences persanes et andalouses. Mais n'oublions pas que les plus vieux objets en faïence peinte sur émail que nous avons trouvés à Fès n'ont guère plus d'un siècle d'âge. Or, le développement de l'Islâm mystique et étroit à partir du XVᵉ siècle a amené, avons-nous dit ailleurs, une régression dans la civilisation musulmane dès cette époque ; peut-être cela aiderait-il à comprendre l'absence de reproductions animales sur la céramique de Fès à partir de ce moment. Il n'est en tous cas pas impossible que le décor des faïenciers de cette capitale les ait connues autrefois, comme les artisans des ateliers de céramique d'Agâdir (Tlemcen) au Xᵉ siècle de J.-C., comme ceux qui, au XIᵉ siècle, ont décoré les vases dont nombre de fragments ont été trouvés à la Qal'a des Beni Hammâd.

---

(1) Le *Raûd ul qirtâs fî Akbâri madînati Fâs* donne à diverses reprises des indications sur des étrangers, orientaux et andalous qui, à plusieurs époques, vinrent se fixer à Fès.

Nous avons pu d'ailleurs, pendant notre séjour à Fès, constater à diverses reprises l'aversion de certains habitants de cette ville pour les reproductions animales dans le décor. Certains notables et commerçants de Fès visitant, à l'Exposition de Casablanca, le comptoir des porcelaines de Limoges furent séduits par des services à thé et des services de table, sur lesquels étaient peintes des fleurs. Ils en commandèrent, pour leur clientèle musulmane, mais prescrivirent toutefois à la maison de Limoges de supprimer dans le décor un oiseau qui était perché dans les branchages. Cependant on trouve actuellement à Fès des potiches, des encriers, des pièces de vaisselle dont le bouton du couvercle est formé par une chienne allaitant ses petits, un chien portant un panier dans sa gueule, une imitation de canon, etc. Ces articles, qu'on ne s'y trompe pas, sont fabriqués pour les Européens et inspirés par eux — les canons notamment ont été suggérés par un lieutenant d'artillerie. C'est l'effet du tourisme et de l'influence sur les émailleurs musulmans des goûts étranges de clients étrangers. Certaines industries de Fès, comme celles du cuivre et du petit bijou, ont subi, sous nos yeux, l'influence néfaste des nombreux territoriaux du Midi de la France, venus tenir garnison à Fès pendant la guerre, et désireux d'emporter un souvenir — de leur goût — de la capitale marocaine

Dans presque tous les plats et vases de faïence peinte sur émail que nous avons pu voir, les motifs épigraphiques, géométriques et floraux, sont mêlés sur chacun d'eux. Des guirlandes florales se suspendent aux hampes des lettres, les fleurs sont encadrées par des cercles ou des étoiles à huit pointes. Dans toutes, enfin, l'ordonnance de la composition décorative est géométrique. Si ce sont des plats, les motifs sont disposés symétriquement autour du centre ; si ce sont des vases, des bouteilles en forme d'albarelle, les motifs semblables — dont les lignes de construction sont des rectangles égaux ou des circonférences égales — se répètent en zones circulaires autour de l'objet.

Dans aucune nous ne retrouvons la liberté de composition des faïences de Damas par exemple, où le dessin a souvent pour point de départ un des bords de l'objet et s'épanouit comme une plante réelle sur toute la surface à décorer [1].

Ces pièces de Fès, surtout les récentes, nous font plutôt penser par la rigidité de l'ordonnance du décor à certains plats hispano-moresques des ateliers de Valence [2]. Dans ceux-ci et ceux-là, la surface d'un plat est divisée en cases (*bît* chez nos artisans de Fès) qui rayonnent autour du centre. Les planches données ici par nos figures 210, 211, 212 (sauf le n° 5 de celle-ci) suffisent à montrer que la surface du plat à décorer a été divisée en quatre parties égales par deux diamètres perpendiculaires et que les motifs se répètent, semblables à eux-mêmes, dans chacune des quatre cases ainsi obtenues.

Mais pour serrer de plus près la composition décorative des faïences de Fès, il nous faut examiner les éléments dont elles se composent :

1° *Éléments du décor géométrique.* — Une remarque s'impose d'abord : si l'on compare les pièces anciennes représentées par nos figures 211, 212, 213 et 123, avec les pièces modernes de la figure 210 et les dessins donnés ci-devant, on constate qu'autrefois ces éléments étaient beaucoup moins envahissants qu'à présent et qu'ils étaient moins confus. Lorsqu'ils sont employés dans les faïences anciennes, ils sont traités avec ampleur et viennent au premier plan de la décoration, les motifs floraux n'occupent qu'une place secondaire.

---

(1) Cf. G. Migeon, *Manuel d'Art musulman*, ii, p. 306, fig. 258.

(2) Cf. G. Migeon, *Manuel d'Art musulman*, ii, p. 312, 319, 320, 321 et surtout p. 322.

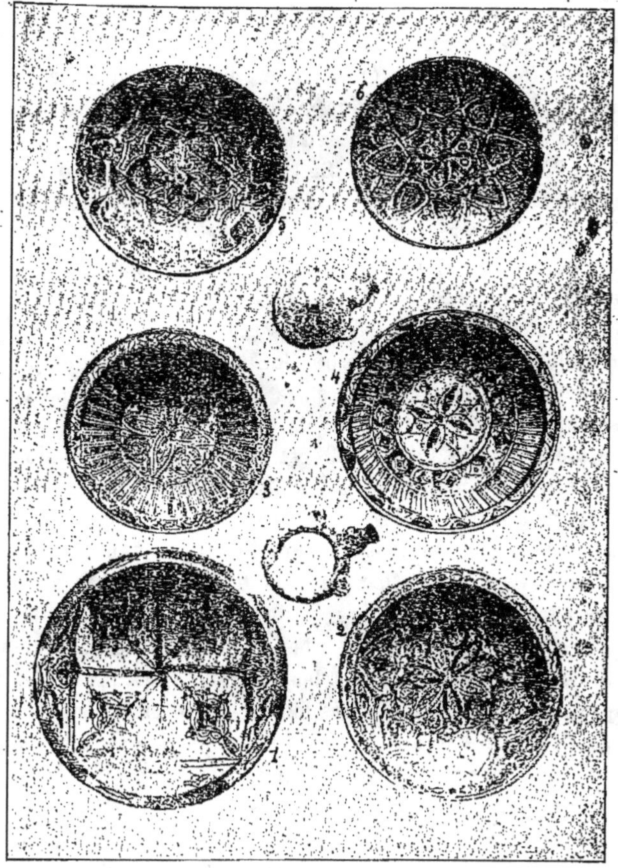

Fig. 210. — Groupe de faïences modernes
à émaux polychromes (des collections G. Mellier et A. Bel).

(Photo du Comm' Laribe)

Parmi ces motifs géométriques nous retrouvons les éléments caractéristiques de l'art maghribin dans la sculpture sur plâtre et sur bois, dans la mosaïque des revêtements, dans les cuivres, etc. : l'étoile à 8 pointes qui occupe généralement le centre du plat (fig. 211, n° 2) ; le polygone étoilé à 8 côtés concaves et inscrit dans un octogone régulier sur lequel est construite encore l'étoile à 8 pointes (fig. 211, n° 5) ; les circonférences sécantes construites sur les diamètres qui se coupent à angle droit, avec un rayon égal au quart du diamètre du fond et pour point de tangence deux à deux le centre du plat (fig. 211, n° 4).

La figure 212 (n° 1) reproduit un très beau plat de la collection Mellier ; le centre est orné d'un carré imitant une plaque de mosaïque de faïence à entrelacs blancs, dans le genre des carreaux qui se faisaient autrefois.

La pièce 3 de la figure 123 est un pot (collection Mellier) dont l'élément géométrique est constitué par des circonférences concentriques et sécantes.

Les motifs de « remplissage » ont été étudiés dans le chapitre ci-devant, réservé à la technique de la décoration. Ce sont des lignes parallèles de couleurs variées, comme sur la figure 123 (n° 5, de notre collection), des quadrillages avec ou sans points dans les carrés ou sur leurs angles (fig. 211 n° 5), des ellipses ou des ovales allongées entières (figures 210, n° 2, 4, 5) ou partielles, des lignes brisées, etc. Tous ces motifs étaient utilisés en Espagne. Les circonférences concentriques, les hachures, formées de lignes obliques se coupant — si fréquentes dans l'ornementation de la poterie berbère non émaillée — les lignes brisées du type que nous avons appelé *mši wájt* avec les artisans de Fès, ont été elles aussi abondamment employées pour le remplissage par les artistes décorateurs de la céramique andalouse. Il suffit d'ailleurs de jeter un coup d'œil sur les belles reproductions de l'Album de *l'Exposition*

Fig. 211. — Plats anciens
aux émaux polychromes (des collections G. Mellier et A. Bel).

(Photo du Comm' Laribe)

des Arts musulmans au Musée des Arts décoratifs [1] (planches
53, 54, 57, 58, 61 et 62) pour se convaincre de l'étroite parenté
du décor de nos faïences de Fès avec celles de l'Espagne
musulmane.

2° *Le décor épigraphique.* — Il ne se fait plus aujourd'hui,
mais autrefois il a donné de belles productions, dont notre
figure 212 (n° 3, 4 et 5) donne des spécimens sur des plats
de notre collection. Il se compose de lettres coufiques défor-
mées, stylisées, ne donnant d'ailleurs ni date, ni inscription
dédicatoire quelconque. Les trois plats de la figure 212
reproduisent vraisemblablement la même formule, peut-être
le mot الملك « *El-Mulk* » très déformé par l'ornementation
et répété en sens inverse pour affrontement des deux ك
finaux. Ce mot se retrouve fréquemment tant en Espagne qu'à
Fès, sculpté sur plâtre ou sur bois dans les monuments du
XIVᵉ siècle. Les potiers de la Qal'a des Benî Ḥammâd l'estam-
pait sur les produits de leurs ateliers [2] aussi bien que ceux
de Tlemcen [3]. Mais alors que à la Qal'a et à Tlemcen ce mot
reste parfaitement lisible, alors qu'il l'est encore sur les monuments de Fès où nous l'avons vu tant de fois, il est tellement
déformé dans le décor des plats que nous possédons, qu'il n'est
plus reconnaissable que par l'analogie frappante qu'il présente
avec le même mot sur les boiseries et les plâtres. Dans les
plats 4 et 5 (figure 212) le dessin conserve encore assez bien
la forme des lettres ; dans le plat n° 3 elle n'existe plus. Les
hampes des lettres des nᵒˢ 4 et 5 se prolongent et se réunissent

---

(1) Cette exposition a eu lieu en 1903 au Pavillon de Marsan. Elle
nous a valu un précieux Album publié (à Paris, chez E. Lévy) par
l'Union des Arts décoratifs, avec préface faite par M. G. MIGEON.

(2) Par exemple la pièce D, 14853 g. de la collection de Beylié au
Musée des Arts décoratifs

(3) Voir A. BEL, *Quelques monuments de céramique de Tlemcen*, extrait
du *Bulletin archéologique*, 1911, p. 9 et 11, figures 4 et 7.

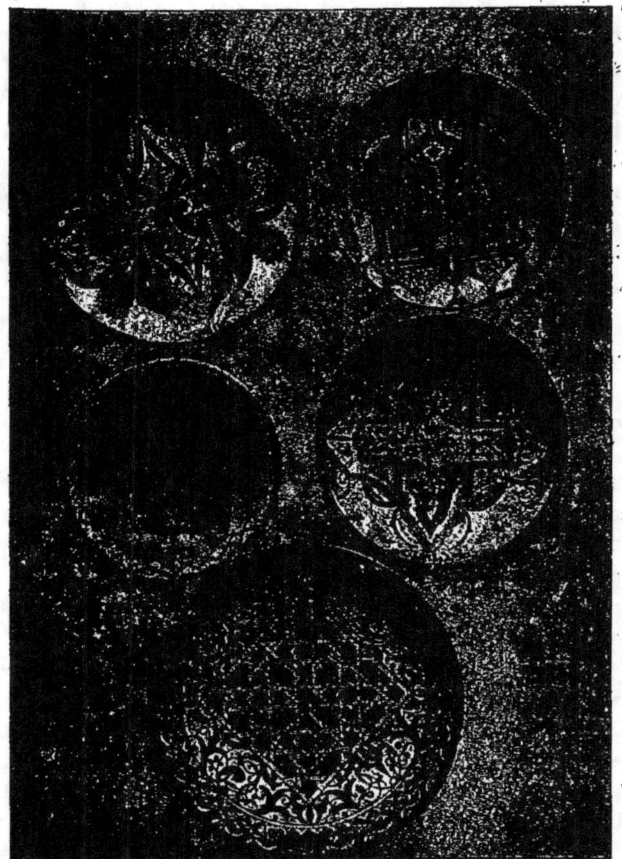

Fig. 212. — Groupe de plats polychromes anciens
en faïence peinte sur émail (des collections G. Mellier et A. Bel).

(Photo du Comm' Laribe)

en formant des arcs lobés. Dans le plat 5, la hampe du ك se noue en motif de grecque et se prolonge en arc de cercle jusqu'à sa rencontre avec celle des ل. Dans le plat nᵒ 4, le ك est remplacé par un motif floral. Enfin dans le nᵒ 3 la hampe seule des lettres subsiste.

Peut-être doit-on voir dans la figure 212, nᵒ 2, une lointaine imitation de l'écriture coufique ornementale, à moins que ce ne soit une déformation du motif en losanges qui garnit les minarets mérinides. Je pencherais plutôt pour la première hypothèse.

3ᵒ *Le décor floral.* — Il ne procède nullement de l'imitation de la nature. Il reproduit des modèles, connus des artisans, et qui leur étaient venus sans doute d'Andalousie, d'Orient (Perse et Asie mineure) et même d'Extrême-Orient.

Les céramistes de Fès sont extrêmement influençables. Nous avons vu toute une série de plats évidemment inspirés de modèles européens. Ils ornent aujourd'hui leurs plats avec notre alphabet, remplacent les boutons des couvercles de leurs pots par des animaux, des canons, copiés sur des images. Ils ne s'inspirent jamais directement de la nature, avons-nous dit ; ou quand ils s'en inspirent c'est pour la dénaturer (1).

La palme d'acanthe, dans toutes ses déformations, décore les vases et les plats. Elle orne très gracieusement l'intérieur de l'arc formé par les hampes des lettres coufiques (fig. 212, nᵒˢ 4 et 5) ou donne le très beau rinceau qui court sur le rebord du plat nᵒ 1 (fig. 211). Un peu plus déformée et composée de trois feuilles lancéolées, elle garnit les vides entre le motif central et les bords des plats nᵒ 1 de la figure 212, nᵒˢ 1 et 3 de la figure 211.

Elle forme parfois les motifs enveloppants et compose les

____

(1) Voir dans *France-Maroc*, premier fascicule, p. 35 et 37, des dessins de fleurs exécutés par des écoliers musulmans de Fès.

bords extérieurs des écussons ou des pendentifs comme sur une potiche de notre collection (fig. 214). Elle prend toutes les formes qu'elle a dans la sculpture hispano-moresque sur marbre, bois ou plâtre ; devient le fleuron trilobé (fig. 123, n° 5 ; fig. 211, n° 1 ; fig. 212, n° 1). Elle se combine pour former des motifs de belle tenue décorative qui garnissent le pot n° 1 de la figure 123.

Fig. 213. — Groupe d'anciennes faïences
polychromes de Fès (des collections G. Mellier et A. Bel).
(Photo du Comm' Laribe)

Dans le plat n° 2 (fig. 212), c'est cette palmette qui donne le vague motif épigraphique de l'ornementation symétrique du carreau de fond.

Elle nous paraît toujours beaucoup plus ressembler à la palme hispano-moresque qu'à la palme orientale dont elle n'a pas les formes arrondies.

L'influence hispano-moresque s'affirme encore si l'on compare le décor du grand vase conique (*moḥfiya*) (fig. 213, n° 6) aux

19

faïences d'Espagne, surtout à celles des ateliers de Valence. Le motif *a* de ce vase qui donne vaguement l'impression d'un iris rappelle assez les motifs de plats de la planche 58 dans l'*Album de l'Exposition des Arts musulmans*, cité plus haut. Comme eux, il est formé d'un fouillis de lignes courbes ; et le motif *b* de cette *moḫfiya* est évidemment le même que ceux que nous offre le même *Album* (planches 54 et surtout 55).

Ceci confirme peut-être, avec les ornements géométriques et

Fig. 214.   Fig. 216.   Fig. 215.

les floraisons irréelles qui recouvrent les plats actuels de Fès (*fšiša, yasmîna*, etc.), l'influence de l'art espagnol sur la décoration de nos faïences.

Beaucoup d'autres de leurs motifs floraux semblent empruntés à l'Orient, notamment à l'Asie-Mineure et à la Perse.

Sur le rinceau qui orne la partie supérieure d'un vase de ma collection, on distingue nettement (fig. 215) la tulipe persane interprétée par l'artisan de Fès. Ce sont bien des œillets qui forment le motif décoratif de la terrine n° 4 dans la figure 123. Sur un autre vase de ma collection, des jacinthes bleues aux longues feuilles recourbées forment des rinceaux et des écussons ornant la partie supérieure de la panse (fig. 216 et 217). Nous avons vu encore ce motif en jacinthe sur plusieurs plats de la collection MELLIER et de la nôtre. Dans l'un de ceux-ci les jacinthes garnissent quatre cases supportées par quatre des pointes d'une étoile centrale à 8 branches et tout le décor dans ce cas est en bleu, sur le fond blanc du plat.

Peut-être peut-on aussi rapprocher la fleur ronde, qui figure sur les n°s 1 et 7 de la figure 123 et 2 de la figure 213 de celle qui se trouve sur la bouteille de Rhagès datant du XIIIe siècle et dont M. G. MIGEON donne une photographie (*Manuel*, p. 260, fig. 209). Nous voyons encore sur cette bouteille de Rhagès un motif identique à la *fšīša* ou à la *yasmīna* de nos faïenciers, laquelle pourrait s'en inspirer, à moins qu'elle ne reproduise l'églantine ou la fleur d'amandier des décorateurs persans. L'épi de blé que nous retrouvons si net sur les n°s 5 et 6 de la figure 123, 4 de la figure 212, dérive peut-être de la longue et souple feuille si souvent employée par les artistes de Damas [1].

Fig. 217. — *Ḥâbya* ancienne, de ma collection — décor en bleu.

(Photo A. Bel)

Faut-il voir — en ce qui se rapporte à l'influence extrême-orientale — une déformation du « tchi » chinois dans le dessin en ruban (fig. 218) ornant une *jobbâna* de notre collection ?

---

[1] Cf. G. MIGEON, *Manuel...*, p. 308-309 ; *Album de l'Exposition des Arts musulmans*, précité, pl. 40 et 41.

Les décors en larmes du plat 3 de la figure 211, ceux de la *jobbâna* n° 1 de la figure 213 ne font-ils pas songer aux motifs mongols des châles de Cachemire? Le dernier de ces motifs est encore fréquemment employé dans la décoration des tissus de Fès.

Il est évident qu'en ce qui touche à ces emprunts du dehors, à cette recherche des origines du décor on ne saurait se montrer trop prudent, ni trop réservé dans ses suggestions. Nous avons vu, cependant, dans la collection MELLIER un plat dont le décor de rubans et de fleurs était très certainement inspiré de l'art français du XVIIIe siècle ou des nombreux pastiches qui en ont été faits.

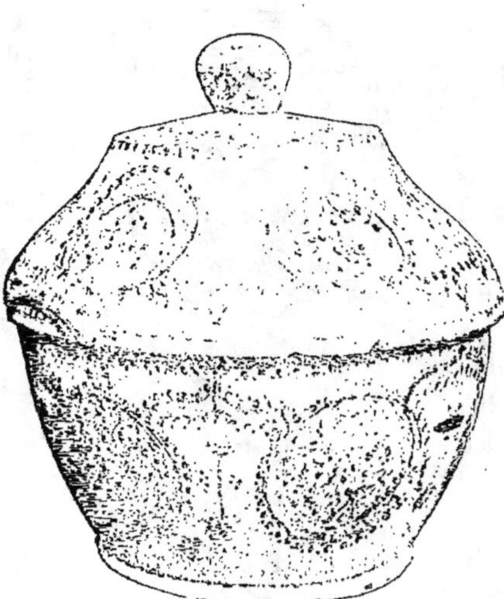

Fig. 218. — *Jobbâna* ancienne, de ma collection — décor en bleu.
(Photo A. Bol)

Que sont devenus tous ces motifs hispano-moresques ou orientaux dans la décoration moderne des faïences de Fès? Reproduits de mémoire, par tradition, ils se sont déformés. Les artisans ont bientôt oublié le modèle copié par leurs prédécesseurs. Ne comprenant plus le sens de ce qu'ils dessinaient, ils ont donné à ces motifs les noms d'objets ou de plantes, qui autour d'eux s'en rapprochaient plus ou moins vaguement. Dans les poteries modernes, la palme d'acanthe se retrouve parfois sous le nom d' « aile », les longues feuilles des faïences orientales sont devenues une sorte de plume d'oiseau ou de corne d'abondance que l'on continue cependant à nommer « épi » (fig. 210, n° 5) ; la *teffâḥa* ou « pomme » des faïences anciennes 1 et 7 (figure 123) est réduite à un gros point bleu orné de circonférences concentriques ou d'un quadrillage dans les faïences d'aujourd'hui. On peut penser encore que le motif appelé aujourd'hui *mcrdeddûš* par les décorateurs en faïence de Fès est une simple déformation de la jacinthe persane.

L'influence étrangère a apporté ici, comme dans tous les pays, des modèles nouveaux qui, une fois adoptés dans le décor par les artisans, se sont fixés dans leur mémoire ; mais comme ils n'étaient plus rapprochés de l'original, ils se sont transformés suivant le génie propre des artisans, les influences de l'ambiance et d'après les traditions de l'art local et de la race. Par un travail long et inconscient, l'artisan a stylisé le motif primitif, l'a adapté après l'avoir adopté, lui a imprimé la marque de son génie et du génie de son milieu, en le faisant entrer dans le cadre de son art. Des fleurs de la nature qu'ils ne regardent pas, les artisans de Fès comme tant d'autres ont composé des motifs qui n'ont plus d'équivalent dans la réalité et qui ressemblent bien plus aux décors jetés autrefois par leurs ancêtres d'Espagne sur les vases des ateliers de Valence par exemple qu'à ceux de leurs initiateurs persans.

Il y aurait eu encore pour la décoration de ces faïences de Fès à faire des comparaisons avec celles de certaines poteries berbères. Il y a peu de rapprochement à faire de l'une et de l'autre. Certes, on retrouve dans les éléments géométriques de chacune d'elles des analogies, car ces éléments sont forcément toujours des motifs originels identiques : des triangles ou polygones, des cercles, des ovales, etc., dont les combinaisons seules donnent des ensembles caractéristiques et dont le « remplissage » varie à l'infini. Or, ce n'est pas seulement la

technique décorative, mais encore l'arrangement décoratif,
le groupement des motifs géométriques garnissant les surfaces
et le « remplissage » de ces motifs qui diffèrent complètement
de caractère dans ces deux catégories de pièces en terre cuite.

Les hachures, qui dans l'art berbère du Nord aussi bien que

Fig. 219. — Groupe de poteries berbères de la Région de Fès.

(Photo du Comm' Laribe)

chez les Berbères sahariens forment souvent des bandes de
dentelures comme les dents d'un peigne, ne se trouvent pas
dans nos faïences où elles occupent toujours des surfaces
fermées de toutes parts. Bien plus, ce décor en hachures est,
pourrait-on dire, l'ornement fondamental, s'alliant ou non
au décor géométrique, de la poterie berbère ; dans nos faïences
de Fès les hachures n'occupent qu'une très faible place sur de
toutes petites surfaces ; elles sont tout-à-fait accessoires.

L'examen, même superficiel, des planches I, II, III de poteries kabyles données par Van Gennep [1] et celui des figures 219 et 220 de poteries berbères de la région de Fès reproduites ici suffit à confirmer les contrastes entre ces poteries et les faïences étudiées dans ce livre.

Une exception toutefois paraît nécessaire en ce qui concerne

Fig. 220. — Groupe de poteries berbères de la Région de Fès.

(Photo du Comm' Laribe)

le décor des plats. Celui de quelques plats berbères de la région de Fès semble (figure 220) se rapprocher dans l'ensemble du décor de certains plats en faïence de la capitale ; la décoration des plats de la Kabylie algérienne, d'après les planches de Van Gennep, et de ceux du Rif marocain, d'après les dessins de Joly [2], s'en éloigne considérablement.

---

(1) *Etudes d'Ethnographie algérienne*. Paris. chez Leroux, 1911, entre les pages 16 et 17.

(2) *L'Industrie à Tétouan*, *Archiv. maroc.*, nov. 1906, p. 278 et 279.

La conclusion à tirer de ces remarques est que les faïences de Fès ne s'inspirent pas du vieux décor berbère des poteries, de ce décor qu'on a pu rapprocher avec quelque raison de celui de la céramique préhellénique de l'île de Chypre, dont R. Dussaud a donné des spécimens intéressants [1].

Si des ressemblances existent entre l'allure générale de la décoration de quelques plats berbères des environs de Fès et celle des plats émaillés des faïenciers de la capitale voisine, il faut y voir seulement croyons-nous une influence de ces belles faïences sur l'imagination des Berbères ruraux du voisinage. Nous savons de même que, dans la région de Marrâkech, quelques femmes berbères ont modifié le décor traditionnel de leurs tapis pour chercher à imiter le décor des tapis de Rabat ornant les palais des Seigneurs de ces contrées.

Ce que nous avons dit des différences du décor peint sur les poteries berbères et les faïences de Fès est également vrai pour les formes de ces vases. Si des rapprochements étaient permis entre les formes des pièces de céramique, rurales et citadines, ce serait dans la poterie de Fès plus que dans la faïence qu'il les faudrait chercher.

Mais nous n'allongerons pas davantage ces observations en abordant ici le problème des formes et de leurs origines possibles. Nous nous contenterons de remarquer que, dans la faïence de Fès, les anciennes formes des plats, des pots ou *joḫḫâna*, des amphores ou *ḫâbya*, qui sont parmi les principaux objets de la fabrication, sont demeurées à peu près ce qu'elles étaient autrefois. Mais, parmi les autres vases de faïence, un certain nombre de belles formes ont disparu aujourd'hui. Citons par exemple le type d'albarella (figure 123, n° 6), la grande *moḫfîya* (figure 213, n° 6), les pots à col droit et à

____

(1) *Les Civilisations préhelléniques dans le bassin de la Mer Egée.* Paris, chez Geuthner, un vol. 1910, figures 99, 101 à 104, 107, 108

panse cylindrique (figure 123, nᵒˢ 5 et 7) les *goṛṛâf* du type donné par la figure 213 (nᵒ 2) et quelques autres.

Arrivera-t-on à faire revivre ces formes anciennes disparues ? à ramener aussi l'artisan de Fès à une composition décorative plus soignée ? à lui faire employer des émaux plus riches d'éclat et plus harmonieux de tons ?

En un mot, pourra-t-on provoquer une évolution de cet art de la faïence émaillée en sens contraire de celle qui se manifeste aujourd'hui ?

Voilà bien des questions auxquelles il n'est pas facile de donner des réponses immédiates et tranchantes. Leur solution dépend plus des artisans, qui doivent évoluer dans la norme de leurs propres traditions et selon leurs goûts et leurs tendances héréditaires, que de nous, étrangers en la matière.

Nous pouvons, nous Français, apporter à ces artisans des perfectionnements à leur outillage ; nous pouvons aussi éduquer leur goût dans une certaine mesure, en leur mettant sous les yeux des collections de belles pièces et de beaux modèles anciens, leur donner même une certaine instruction technique, les encourager au travail par des primes, des rétributions, des salaires bien distribués ; mais qu'on n'oublie pas que pour faire bien il ne faut pas pousser à la vente, ni laisser le client imposer son goût en faisant reproduire à l'artisan des modèles qu'il lui soumet. Une pareille entreprise n'a rien de commercial, et, comme l'a dit M. Raymond Kœchlin [1] : « Ce qui importe avant tout en ce moment, c'est la qualité du travail, c'est de former des artisans capables de le relever, et il n'y a pas à s'inquiéter du prix de revient ».

Je suis heureux de voir ces idées, que j'ai essayé de semer autour de moi à Fès pendant mon séjour dans cette capitale,

---

[1] *France-Maroc*, nᵒ du 15 janvier 1917, p. 17.

exposées avec tant d'autorité par le Directeur du Musée des Arts décoratifs.

Je suis convaincu, d'autre part, que si quelques rares industries citadines des arts indigènes de l'Afrique du Nord peuvent être conservées encore, vivre dans leur milieu et donner des produits de valeur, c'est à Fès plus que dans toute autre ville de cette Berbérie que des expériences doivent être tentées avec le plus de chances de réussite.

APPENDICE [1]

La poterie sigillée à la matrice : *maḥbes* des marchands de graisse

Ainsi qu'on a pu le remarquer au cours de cette étude, le décor des poteries et des faïences de Fès à l'aide de marques ou matrices n'existe pas actuellement. On ne saurait en effet classer dans la catégorie des poteries estampées celles que font aujourd'hui les potiers de Fès et qu'ils décorent, comme il a été dit, à l'aide du *maršem* ou tube de roseau découpé en dents de scie.

A-t-on fait dans cette ville autrefois de la poterie et des faïences estampées, à motifs floraux et épigraphiques, comme à Tlemcen, comme à la Qal'a des Beni Hammâd par exemple, au xe et xie siècles ? Nous n'avons pas encore trouvé ici de documents probants comme ceux qu'ont révélés les fouilles entreprises dans ces deux endroits ; par conséquent la question reste entière.

Cependant, comme on va le voir, la poterie sigillée avec de petites marques, à décor géométrique surtout, n'y était pas inconnue des céramistes.

Ainsi que je l'ai signalé dans la préface de ce livre, on trouve encore à Fès, dans les boutiques des marchands de graisse, de beurre, de savon et d'huile, appelés *boqqâla* (et qui sont tous originaires du Soûs, comme ceux de Meknès) de

---

(1) Ce livre tout entier devait paraître à la fin de 1917, l'impression de mon manuscrit ayant commencé au printemps 1917. Le manque de papier en a retardé d'un an la publication.

grands pots à beurre, d'une contenance de 30 à 40 litres, disposés sur gradins à l'étalage de la boutique. Ces grands vases appelés *maḥbes* (pl. *mḥâbes*) sont en terre émaillée de vert. Ceux que l'on fait encore — mais rarement — aujourd'hui ont des bandes circulaires de décor au *maršem* de roseau, comme les autres poteries. Il y a peu de temps encore on en faisait d'autres, offrant des bandes de petits motifs géométriques répétés, imprimés à l'aide de matrices fort simples. J'en ai enfin trouvé un — assez ancien cependant sans qu'il me soit possible d'en dire l'âge — qui a été sigillé avec quelques matrices inconnues aujourd'hui. Je ferai ci-après la description de ce document de céramique estampée.

Si l'on interroge les *boqqâla* — qui prennent en location à des propriétaires fâsîs la boutique et le matériel, ainsi que les vases qu'elle renferme — sur le lieu de fabrication de ces pots à beurre, ils répondent invariablement que ce sont les potiers de Fès qui les fabriquent. Si, par ailleurs, on interroge les potiers et faïenciers de la ville, ils déclarent qu'ils en ont fait, mais qu'ils n'en font plus.

En réalité, ces vases répondent à un besoin très réduit. Les *boqqâla* sont les seuls à en faire usage ; et malgré le grand nombre de leurs boutiques à Fès, on peut penser qu'ils ont rarement besoin de remplacer les *maḥbes* qui ne risquent guère la casse puisqu'ils sont à demeure dans la boutique et qu'on ne les déplace pour ainsi dire jamais. Une fois une boutique de *boqqâl* montée, avec ses trois *maḥbes* au maximum et ses quatre ou cinq *joḥḥâna*, il y en a pour longtemps. Il y a même actuellement une tendance à remplacer les *maḥbes*, cassés par accident, par des récipients d'autres formes et d'un autre modèle.

Aussi bien les faïenciers de Fès ne font-ils à présent de ces *maḥbes* de *boqqâla* que sur commande expresse et il n'existe, à ma connaissance, qu'un seul atelier capable d'en faire : c'est celui du *m'allem* El-Ġâlî Teḥîfa. Celui-ci m'a même déclaré qu'il n'en fabriquait plus depuis quatre ou cinq ans, parce qu'il en a quelques-uns en réserve et que ce faible stock suffit amplement aux rares commandes qu'il reçoit.

Un autre *m'allem* en céramique, nommé Bû Sfîḥa, m'a déclaré que son père en avait fait autrefois, mais que lui-même n'en a jamais fabriqué.

En examinant ces vases à l'étal des *boqqâla*, j'ai été frappé par le décor estampé de quelques-uns, décor qui rappelait certains motifs estampés que j'avais trouvé sur des tessons d'ancienne céramique d'un atelier de Tlemcen au xe siècle de J.-C. La figure 221 reproduit dans leur grandeur réelle à peu près tous les motifs de ce décor sigillé des *maḥbes* de Fès.

J'éspérais retrouver chez les faïenciers quelques-unes de ces matrices à estamper les *maḥbes*. Mais je n'y ai rien trouvé. Le *m'allem* El-Ġâlî Teḥîfâ m'a affirmé n'avoir jamais eu pour son travail d'autre instrument à graver la poterie que le *maršem* de roseau dont j'ai parlé ci-devant.

Chez le nommé Moḥammed Teḥîfa, parent du précédent et dont l'atelier de céramique est voisin de celui du *m'allem* Bû Sfîḥa, j'ai cependant trouvé des matrices en terre cuite qu'il a faite lui-même. Mais, d'une part, aucune de ces matrices ne reproduit l'un quelconque de ces motifs figurant sur les *maḥbes* chez les *boqqâla* et, d'autre part, il les a toutes imaginées récemment et ne s'en est jamais servi pour estamper des *maḥbes*.

Ce *m'allem* céramiste est d'ailleurs très accessible à toute sorte d'innovations dans son industrie. Il fait des vases et des objets comme n'en font pas ses collègues. J'ai vu dans son atelier des négatifs en terre cuite, obtenus par des empreintes prises sur des motifs floraux en relief ornant des vases espagnols modernes, des moules à faire les assiettes oblongues servant de pied à nos saucières européennes, ainsi que la saucière faite par lui sur un modèle que lui avait donné un officier français, un plat à poisson décoré d'après un plat analogue de faïence européenne, des lampes à huile ou quinquets d'un type tout particulier et qu'il a imaginé d'après un modèle étranger, un siège-cuvette de cabinets à chasse d'eau qu'il avait copié pour un médecin français, etc...

Ces indications permettront de se rendre compte du danger de ces innovations pour ceux qui étudient les formes et les techniques d'une industrie de ce genre. Il est certain que si quelques potiers et faïenciers de Fès ont une tendance à copier les décors et les formes d'objets et de vases étrangers, je n'en ai pas rencontré d'aussi hardi que le *m'allem* M. Teḥîfa dans ces sortes d'imitations de l'article d'importation, ni d'aussi fécond en invention de types nouveaux.

Aussi serait-il bien aventuré de s'appuyer sur ce fait que cet ouvrier possède des marques à estamper la poterie pour en conclure que l'usage de la matrice à sigiller existe à Fès aujourd'hui. Aucun autre potier n'en possède et le seul qui fasse encore des *maḥbes* de *boqqâla* autrefois estampés, se contente maintenant de les décorer avec le tube de roseau taillé en dents de scie formant sur la terre à céramique les cercles de points alternativement en relief et en creux que l'on appelle *nṭa ûdker* [1]. Ce faïencier, El Ġâlî Teḥîfa, âgé d'une cinquantaine d'années, se souvient, m'a-t-il dit, avoir vu des marques à estamper les *maḥbes*, alors qu'il était tout jeune apprenti, dans l'atelier de son père. Ces matrices auraient été en bois dur (d'abricotier peut-être), faites par les menuisiers de Fès et gravées au couteau par le faïencier lui-même. Il n'en a jamais vu en terre cuite.

---

(1) Ce motif en *nṭa ûdker* « femelle et mâle » indique toujours une succession de hauts et de bas égaux, et se retrouve avec des formes variées dans la décoration d'une foule d'objets indigènes de l'Afrique du Nord, sur des matières les plus différentes (voir par exemple Van Gennep, *Revue d'Ethnographie et de Sociologie*, nᵒˢ 11-12, de 1912, p. 355 ; A. Bel et P. Ricard, *Le travail de la laine à Tlemcen*, p. 138).

On peut donc conclure que le décor des *maḥbes*, estampés
à la matrice, a disparu de Fès depuis une quarantaine d'années.
Quelques-uns des vases figurant encore à l'étal des *boqqâla* de
Fès nous en apportent les derniers spécimens.

L'examen des rares motifs de ce décor sigillé nous révèle
une grande pauvreté déjà, puisque la figure 221 donne les
seuls types que nous avons trouvés sur les *maḥbes* de la plupart

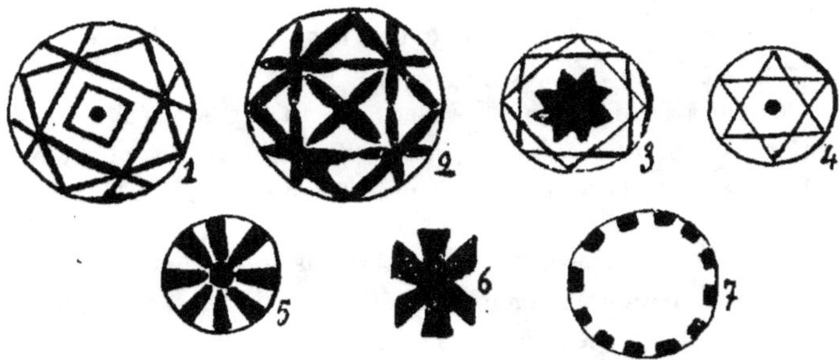

Fig. 221. — Motifs de la décoration
estampée sur les *maḥbes* actuels des *boqqâla* de Fès.

des *boqqâla* de Fès, à l'exception de ceux du *maḥbes* plus
ancien que j'ai acquis pour le Musée de Fès et dont je parlerai
à part.

Comme nous l'avons vu pour les poteries, le cercle pointillé
obtenu à l'aide du *maršem* de roseau (n° 7 de la figure 221)
forme des bandes circulaires autour des panses du *maḥbes*,
parallèlement au rebord circulaire du vase.

Les six autres motifs de la figure 221, à l'exception du n° 6,
sont également tous répétés en bandes circulaires homogènes,
disposées de la même façon que les bandes au *maršem* de
roseau.

Le n° 4 (figure 221) est un sceau de Salomon (analogue à

celui qui se trouve sur la monnaie de billon marocaine) ; il se trouve sur les *maḥbes*, combiné au motif n° 6 pour former des bandes de triangles équilatéraux. Dans chaque triangle les trois sommets sont formés par le motif 4 au-dessus duquel — sur le prolongement extérieur de la bissectrice de chaque angle — est imprimé le motif 6.

Le n° 5, qui imite vaguement les rayons d'une roue, s'emploie généralement seul pour former par sa répétition des bandes parallèles au rebord du vase. Il est exactement semblable à un motif que nous avons trouvé sur des potèries tlemceniennes du x° siècle de J.-C. [1].

Quant à la forme de ces vases, elle n'a pas varié sensiblement ; la photographie (fig. 222) que je donne du plus ancien de tous les *maḥbes* de Fès la représente encore assez bien.

Le MAHBES DU MUSÉE DE FÈS est sans conteste le plus ancien de tous ceux que nous avons pu examiner à Fès. Son grand âge ne ressort pas seulement de l'étude du décor estampé qu'il porte ; il est suffisamment montré par les profondes entailles qu'a faites, sur le rebord intérieur, le frottement de la cuiller en bois servant à prendre le beurre de ce pot. On en peut conclure que des générations de *boqqâla* ont puisé leur beurre dans le *maḥbes* de cette même boutique où je l'ai trouvé en 1915.

Ce vase nous apporte un témoignage de l'art du décor estampé sur la poterie à Fès, beaucoup plus complet que celui des *maḥbes* dont on vient de parler. C'est le plus ancien que je connaisse jusqu'ici, et c'est aussi le plus beau.

En 1916 j'ai réussi à l'acheter pour le Musée des Arts indigènes de Fès où il figure actuellement. Il y rappellera non seulement une technique décorative aujourd'hui disparue, mais aussi ce temps, heureux pour les collectionneurs, où, comme

---

[1] Cf. *Mon Atelier de poteries et de faïences d'Agâdir* (Tlemcen), *loc. cit.*

dit Léon l'Africain, ces marchands ou *boqqâla* tenaient « leurs
boutiques parées de vases en maïolique, tant que le garniment
vault beaucoup mieux que la marchandise ».

L'étude du décor de ce *mahbes* (fig. 222) nous montre quatre
motifs fondamentaux se combinant entre eux de façon à

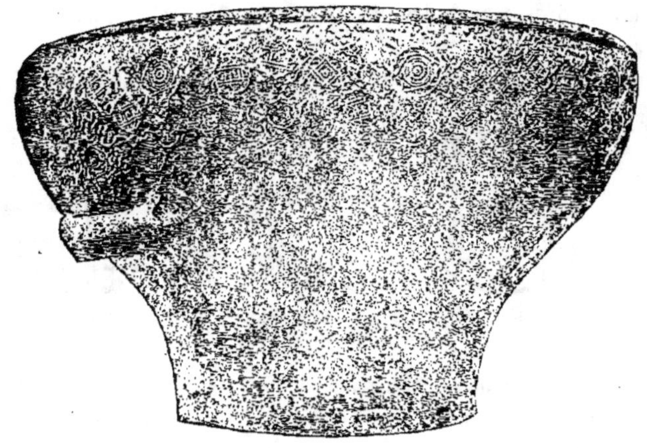

Fig. 222.

Le *mahbès* ancien, actuellement au Musée de Fès.

(Photo A. Bel)

donner l'ensemble harmonieux qui recouvre toute la panse du
vase jusqu'au rebord supérieur et jusqu'à la naissance du pied.

Le premier de ces motifs (fig. 223), que nous appellerons *A*
pour simplifier, est un cercle soutendu par quatre cordes doubles
égales entre elles et perpendiculaires deux à deux, formant
par suite un carré dans l'intérieur du cercle. Le centre du carré
et du cercle est occupé par un gros point en relief. Un autre
carré à côtés simples tangents au sommet du premier est

20

inscrit dans le cercle et forme une étoile à quatre pointes, de façon que chaque pointe, aboutissant sur le cercle circonscrit, se trouve à égale distance des points de contact des cordes doubles avec la circonférence.

Le second, *B* (fig. 224), est un cercle dont deux diamètres se coupent à angle droit. Un gros point en relief occupe le centre. De part et d'autre des deux diamètres sont tirées deux cordes parallèles, de sorte que l'ensemble forme un grillage régulier.

Le troisième, *C* (figure 225), est également un cercle dont le

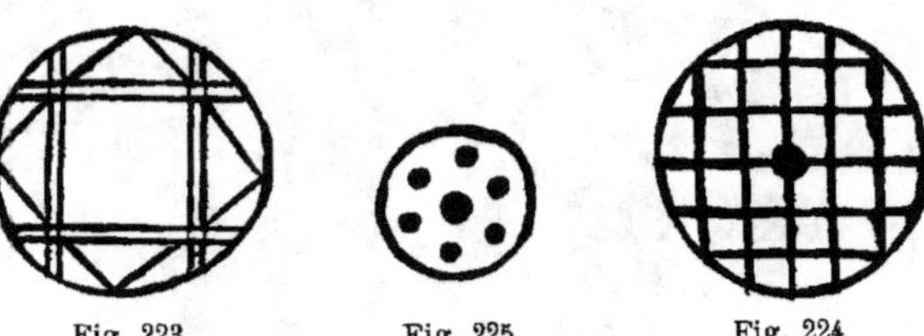

Fig. 223.   Fig. 225.   Fig. 224.

centre est encore occupé par un gros point en relief autour duquel sont disposés six autres points plus petits sur un cercle intérieur imaginaire. Ce motif reproduit assez bien une fleur stylisée et ressemble aux motifs qui décorent les bijoux de femmes appelés *ṭâba'* « sceau » et *fšîša* « rose grimpante ». Un motif estampé analogue pour le détail et les dimensions se trouve sur des poteries du XIe siècle à la Qal'a des Benî Hammâd (Cf. G. MARÇAIS, *Les poteries et les faïences de la Qal'a des Beni Hammâd*, chez Braham, 1 fasc., planche VIII, n° 16).

Le quatrième, *D* (figure 226) [1], est un cercle, toujours avec le gros point central, enfermant deux carrés qui forment une

____

(1) Ces figures 223, 224, 225 et 226 reproduisent dans leurs vraies dimensions les motifs de décoration du *maḥbès* ancien.

étoile régulière à 8 pointes, dans laquelle sont tracées trois circonférences concentriques. Ce motif est estampé seul ou entouré (comme dans la figure 226) de fleurons du modèle indiqué par la figure, et qui alternent au-dessus des pointes de l'étoile.

Ces divers motifs sont groupés pour former un décor en

Fig. 226. — Motif *D* imprimé
à la matrice sur le *maḥbès* du Musée de Fès.

ogives successives sur la panse du vase. Le pied, au 1/3 environ de la hauteur du vase, ne porte aucun décor. Les arcs en forme de fer à cheval sont fermés, à leur base, entre les colonnes de support par une ligne comprenant les motifs *B* au milieu et *C* de part et d'autre.

Enfin l'intérieur de l'arc est garni en son centre du motif *D* entouré de deux *B* en bas et de cinq *C*, accompagnés de fleurons, de sorte que l'ensemble constitue un médaillon quasi-circulaire supporté par une tige, reposant sur le milieu de la corde de base de l'arc, laquelle tige est formée de trois *C*, avec fleurons.

Les intervalles externes des arcs sont occupés par des médaillons donnés par le motif *D* (fig. 226) ; tandis que c'est une succession de *A*, garnis de fleurons, qui constitue la courbure de l'arc. Et les extrémités de la courbure des arcs reposent sur une ligne circulaire passant par les deux anses. La partie du décor au-dessous de ce cercle, placé au milieu de la hauteur du vase, représente les colonnes de support des arcs ; elles sont données par la répétition successive de trois fois le motif *A*.

La combinaison décorative ainsi obtenue, abstraction faite des détails, représente donc une succession d'arcatures supportées par des pieds droits. C'est là un type fréquent d'ornementation dans l'art musulman ; il est emprunté à l'architecture ; et l'époque mérinide, à Fès particulièrement, nous en donne de nombreux spécimens dans la décoration tracée sur les matières et les objets les plus variés, comme nous l'avons dit ci-devant, et comme le montre mainte photographie de mes *Inscriptions arabes de Fès*.

En ce qui concerne spécialement les vases, on ne trouve pas seulement l'arc lobé dans les décors de la céramique estampée, mais aussi dans les cuivres, comme je l'ai indiqué à propos de *modd en-nebî* ou vases servant à la mesure de l'aumône légale trouvés à Fès. L'un d'eux datait de la première moitié du XIVe siècle et je lui ai consacré une notice dans le *Bulletin archéologique*, ainsi qu'à deux autres plus récents [1].

---

[1] Cf. *Bulletin archéologique* (Année 1917).

TABLE

DES ILLUSTRATIONS DANS LE TEXTE

TABLE DES MATIÈRES

ERRATA

Pages	Lignes	Au lieu de :	Lire :
41	2	de *Fellâḥârîn*	des *Fellâḥârîn*
	27	*rḥâbi*	*r'ḥabi*
75	12	*dè îqâma*	*dèl îqâma*
84	31	« balle	« balle »
88	8	ou	où
94	figure	ou relief	en relief
139	24	*Keḥûl*	*Keḥûl*
145	31	*trâb*	*trâb*
149	12	Aux cloisons	Ces cloisons
151	6	*lâmjar*	*lâmjâr*
153	18	*lâmînât, des*	*lâmînât des*
155	24	la *zôba* ou	la *zôba* où
158	8	lâme	lame
187	8	comprennent	comprenne
195	19	*cherrâfât*	*šerrâfât*
203	24	*soler*	*sder*
213	15	eu excédant	en excédent
219	10	ou	où
232	28	à	a
239	3	à	a